Je n'ai pas dit mon dernier mot

ÉRIC ZEMMOUR

Je n'ai pas dit mon dernier mot

Rubempré

À tous ceux qui m'ont accompagné
et à Philippe Martel, qui m'a tant manqué.

« S'il échoue, qu'au moins il échoue en osant de grandes choses, de sorte que sa place ne soit jamais celle de ces âmes froides et timides qui ne connaissent ni la victoire, ni la défaite. »

Théodore Roosevelt

Paris, le 5 septembre 2021

La cravate

Je noue mon nœud de cravate devant la glace. Je recommence plusieurs fois. Mon geste n'est pas naturel, mais hésitant, heurté, malhabile. Je m'agace, je m'exaspère.

J'appartiens à cette génération qui a peu à peu abandonné la cravate, symbole de l'ordre ancien, hiérarchisé et compassé. Pendant ma jeunesse, dans les années 1970, on arborait sous nos cheveux longs tombant sur la nuque des chemises à grand col ouvert dit « pelle à tarte » et des pantalons moulants « pattes d'éléphant ». Nos tenues ne brillaient guère par leur élégance mais nous donnaient un air rebelle à la « société bourgeoise » de nos parents, même quand, comme les miens, ils venaient d'un milieu populaire : c'était, comme le chantait Brel avec une ironie grinçante, « le conflit des générations ».

C'est mon père qui m'apprit à nouer mes nœuds de cravate, lorsque je dus me soumettre à ce rituel pour passer les épreuves orales de Sciences-Po puis de l'ENA. « Une cravate bien nouée est le premier pas sérieux dans la vie », disait Oscar Wilde.

Mon père me fournit alors un modèle, que je crus longtemps unique et indépassable, de double nœud large et épais. Je ne savais pas alors qu'on l'appelait « Windsor ». J'ignorais également qu'il s'adaptait mieux à certains cols de chemise. Je ne me souciais guère de la différence entre cols italien, anglais ou français : entre l'Angleterre, la France ou l'Italie, je faisais mieux la distinction des types de jeux au football ou des systèmes politiques que des styles vestimentaires.

Mon apparence ne m'importait guère, et mon œil tardait à être formé. Je désaccordais les couleurs et les tissus avec un mauvais goût indéniable. Je ne regarde jamais sans honte les innombrables images télévisées qui me montrent habillé tel l'as de pique ! Mon attrait pour les couleurs vives – rouge, orange, jaune – me faisait souvent ressembler à un lumignon. J'en conviens humblement : je n'ai point l'âme d'un dandy.

Cette campagne présidentielle allait contrarier mes habitudes négligentes. Je découvrais que, dans mon équipe rapprochée, les jeunes gens se désolaient de ma désinvolture. Eux, si respectueux à l'accoutumée, osaient l'insolence dès qu'on entrait sur le terrain vestimentaire.

Dès le mois de septembre, ils me conduisirent avec une insistance rigolarde, mais impérieuse, dans des boutiques dont je dois avouer que j'ignorais l'existence auparavant : en quelques jours, costumes, chemises, souliers, manteaux, je fus rhabillé de la tête aux pieds à mes propres frais, évidemment, en un style à la fois sobre et élégant qui fit l'unanimité chez toutes les générations, y compris chez mes enfants, d'habitude fort railleurs de mon « look ». J'entendais partout que ces nouveaux costumes participaient de la fameuse « stature », sur laquelle je reviendrai.

On sait depuis longtemps que l'habit fait le moine et que le « corps du roi » fait le monarque. Je n'ignorais pas que Louis XIV n'aurait pas été le Roi-Soleil sans sa perruque et le faste de ses tenues, et que Napoléon ne serait pas resté dans le cœur de ses soldats sans son tricorne et sa vareuse austère de « Petit Caporal ». Lorsque de Gaulle appelle à la résistance au putsch des généraux, il revêt son uniforme de général pour passer à la télévision. J'avais compris aussi que le vêtement était, sur tous les continents et à toutes les époques, un symbole politique majeur. Lorsque le Japon s'ouvrit au monde, sous la pression des canonnières anglo-américaines, et entama, dans les années 1860, ce qu'on a appelé l'ère Meiji, l'empereur troqua son munificent habit traditionnel pour un smoking sombre coupé chez les meilleurs tailleurs de Savile Row.

Ce genre de considérations historiques distrait mon esprit tandis que je peine devant le miroir. Ma jeune garde est obsédée par mon nœud de cravate – ils font une « fixette », disent-ils. Ils le trouvent tout à la fois trop gros et trop lâche ; Julien, Jonathan, Matthieu, Olivier… chacun vient à son tour me le resserrer avec des gestes secs et précis.

Au bout de quelques semaines, lassés de devoir intervenir avant chaque émission ou chaque meeting pour arranger ma cravate, ils finissent par m'imposer une nouvelle façon de former mon nœud, qu'ils jugent plus simple et moins volumineux ; les avis divergent entre eux pour savoir si c'est un nœud italien, anglais ou demi-Windsor.

Je mettrai des semaines à m'approprier cette nouvelle manière de me vêtir ; à proscrire les chemises de couleur, mis à part le bleu. Couleur dont j'apprendrai d'ailleurs à distinguer les nuances pour mes cravates, alors que j'affectionnais jusqu'alors le vert écolo et le rouge gauchiste, qu'on me prie de ranger au placard. Je contemplerai souvent avec envie Jean-Luc Mélenchon ou Donald Trump, qui arborent des cravates écarlates : tout le monde n'a pas la chance d'être de gauche ou président américain.

La fameuse « mue » présidentielle dont les journalistes me rebattent les oreilles est, paraît-il, à ce prix : je ne suis plus un journaliste, un « polémiste », comme ils disent. La cravate en est le symbole ultime. Je dois rentrer dans le moule pour devenir présidentiable. Mais où s'arrête ce formatage que tous veulent m'imposer, parfois même sans s'en rendre compte ? Aux vêtements, aux nœuds de cravate seulement ? Si, comme je l'ai dit, l'habit est le reflet des évolutions politiques, sinon historiques, ce moule englobe-t-il les propos, les idées, les convictions ? La forme, mais aussi le fond ?

On me reprochera d'être trop sincère, trop naturel, pas assez « démago ». Les Français sont ambivalents : ils plébiscitent le parler-vrai, mais quand un homme rejette la langue de bois, ils y voient de la brutalité. Mon équipe et mes partisans eux-mêmes me supplieront de ne pas répondre aux questions oiseuses des journalistes, d'adopter la célèbre réplique de Georges Marchais à Jean-Pierre Elkabbach : « Vous avez vos questions, j'ai mes réponses. »

Ils n'avaient pas forcément tort et vous avez été nombreux, vous me l'avez dit ou écrit, à regretter aussi que je me prête si mal au cruel jeu médiatique du « ni oui ni non ». Cela fait trente ans que je dis oui lorsque je pense oui, et non lorsque je pense non. Je n'ai donc pas cessé de m'interroger sur la limite des concessions que je devais accepter pour sortir vainqueur sans me renier.

Ce sera l'une des questions majeures et lancinantes de cette campagne électorale. Une question tout entière contenue dans un nœud de cravate : jusqu'où le serrer ?

Paris, le 11 février 2021

Le sort est jeté

La bonne vieille presse écrite peut encore jouer un rôle. La une que *L'Express* consacre à ma « tentation présidentielle » fait jaser. Les piles du journal fondent dans les kiosques. Les chaînes d'info et les émissions dites de « talk-show » se ruent sur la nouvelle.

Le Tout-Paris s'échauffe : les commentateurs commentent, les experts expertisent, les sondeurs sondent, les prévisionnistes prédisent, les humoristes se moquent. La journaliste distille son enquête fouillée (trois longs articles qui se succèdent) de plateau télévisé en plateau télévisé. C'est ainsi désormais : l'écrit ne se suffit plus à lui-même ; pour avoir une chance de toucher le grand public, il doit être lancé et soutenu par l'audiovisuel.

La journaliste est visiblement fière de son scoop : elle a mélangé, comme souvent, des informations fondées et vérifiées avec des erreurs, des extrapolations, et même des malveillances volontaires. Je n'y attache guère d'importance, sauf lorsqu'elle fait parler un de mes amis très chers, mort quelques mois plus tôt, que le grand public ne connaît pas : Philippe Martel.

Philippe était un énarque chiraquien à peine plus âgé que moi, féru d'art asiatique et des Rolling Stones, compagnon des bons et des mauvais jours. Il avait été chef de cabinet d'Alain Juppé, au temps du RPR des années 1990, puis, deux décennies plus tard, de Marine Le Pen, ce qui marquait mieux que de longs discours son évolution politique – ou plutôt les trahisons de la droite dite « républicaine ».

Longtemps, il m'avait dissuadé d'entrer dans l'arène, s'opposant rudement à son ancien condisciple de l'ENA, Paul-Marie Coûteaux, qui m'incitait à me lancer dès les élections européennes de 2019. C'est ce que contait la journaliste de *L'Express* dans sa longue enquête. Mais l'histoire avait une suite, qu'elle ignorait. Au cours du premier confinement du printemps 2020, retiré à Dijon près d'un de ses fils, il m'a téléphoné pour me dire tout à trac qu'il avait changé d'avis. La présidentielle de 2022 s'annonçait, selon lui, sous les meilleurs auspices.

C'est d'ailleurs lui qui, en juin 2020, a organisé un déjeuner avec Patrick Stefanini dans un restaurant près des Invalides. Les deux hommes se sont connus quand ils travaillaient avec Alain Juppé. Patrick a contacté son vieil ami Philippe, car « l'idée de la candidature Zemmour l'intéresse ». Le déjeuner est joyeux et prospectif. Stefanini s'installe dans son sempiternel rôle de directeur de campagne qu'il connaît bien, me donnant conseils et consignes. En mars 2021, j'y reviendrai, il participera, derrière un écran, la jambe plâtrée, mais la voix impérieuse, à la première réunion que Sarah Knafo tiendra chez elle pour me présenter ceux qui constitueraient ma « jeune garde ».

Bien sûr, la journaliste de *L'Express* n'avait pas eu vent des changements de pied de Philippe Martel ; et n'avait pas pris le temps de les vérifier. Après tout, un mort est un « client » idéal : il ne corrige ni ne dément jamais les propos qu'on lui attribue.

Malgré ses nombreux à-peu-près, ses erreurs ou encore ses malveillances, cet article de *L'Express* n'en finit pas de provoquer des remous. D'innombrables personnes souhaitent sonder mes intentions réelles. Le téléphone de Sarah est assailli de messages de jeunes gens enthousiasmés par l'hypothèse de ma candidature. Ils proposent leurs services, veulent aider, soutenir, se dévouer. Je reçois ainsi discrètement amis, ou rivaux potentiels, qui viennent renifler la bête, me prodiguer des conseils ou me lancer des avertissements. Nicolas Dupont-Aignan, enhardi par un sondage lui accordant 7 %

d'intentions de vote, vient m'avertir, d'un ton qui ne souffre pas la contradiction, que sa campagne est déjà « partie », « qu'il ne m'attendra pas », qu'il a engagé des frais...

Un autre jour, c'est Laurent Wauquiez qui vient goûter chez Sarah le risotto milanais qu'elle nous a préparé. Nous faisons depuis longtemps le même diagnostic sur la France, la droite, la stupidité du « cordon sanitaire » établie par la gauche et respectée par la droite, à son détriment. Quand il m'a reçu en grande pompe au siège de son parti pour présenter mon livre *Destin français* à l'automne 2018, il m'a fait acclamer par les militants de LR qui ne demandaient que cela. « Tu es ici chez toi ! » m'a-t-il alors lancé. À l'époque, Valérie Pécresse s'est étranglée de rage dans un communiqué vengeur. Mais si je suis décidé à trancher ce nœud gordien du cordon sanitaire, je vois bien qu'il n'est pas aussi déterminé que moi et qu'il a, lui, l'intention d'éviter la transgression suprême, d'appâter, de finasser, de mettre l'orteil dans le Rubicon pour y trouver l'eau toujours trop froide.

Cet homme est un curieux mélange de brutalité et de cautèle, de précipitation et de précaution, d'audace et de pusillanimité. Toujours pressé, toujours impatient, l'œil rivé sur sa montre, il va droit au but et sans préambule : « Si tu y vas, tu auras besoin d'un type comme moi. Si j'y vais, j'aurai besoin d'un type comme toi. »

J'approuve chaleureusement son analyse. J'ai la sincérité et l'authenticité que les électeurs ne lui reconnaissent pas ; il a l'expérience politique et la compétence gestionnaire que je ne prétends pas posséder. Je lui prédis : « Si je me présente, à nous deux, on peut tout emporter comme Giscard-Chirac en 1974. » Il a beau se dire très intéressé par l'attelage, je devine dans son regard qu'il ne peut s'empêcher de me voir comme un rival.

Mais Wauquiez n'est pas le seul à lorgner cette hypothèse. Bruno Retailleau m'invite à petit-déjeuner au Sénat ; Éric Ciotti me convie à la questure de l'Assemblée nationale ; Nadine Morano et François-Xavier Bellamy au café ; Julien Aubert à dîner chez notre ami commun Bernard Carayon. Si les idées nous rapprochent, les intérêts nous éloignent. Chacun d'entre eux observe ma possible candidature avec sympathie ; aucun ne promet de se rallier à moi mais tous veulent laisser la porte ouverte.

Les politiques que je rencontre à cette époque louvoient, tergiversent, obnubilés par leur circonscription, leur poste, leurs prébendes. Leur propos est libre, leur main serve. L'un d'entre eux me le dit sans ambages : nous sommes d'accord sur tout, mais sa circonscription est « compliquée », il pourrait la perdre s'il n'avait pas l'étiquette LR (il la perdra quand même avec...). Quand, mi-amusé, mi-excédé, je finis par leur dire qu'en quittant mes fonctions, moi, je perds beaucoup plus qu'eux, ils restent cois. Je vois dans leur regard qu'ils me prennent pour un fou, qu'ils ne comprennent pas vraiment pourquoi je suis prêt à abandonner une situation si confortable. Et s'ils avaient raison ?

Robert Ménard est lui aussi de ces déjeuners de conspirateurs. Il s'est joint à quelques amis venus du Sud dans un bistrot parisien, que l'ancien maire d'Orange, Jacques Bompard, a réunis autour de moi pour de joyeuses agapes. Il n'est pas le moins enthousiaste, ne se lasse pas de brocarder Marine Le Pen de sa voix haute et forte, et me pousse à sortir de la seule bataille des idées. Quelques semaines plus tard, il convie Guillaume Peltier à nous rejoindre. Le député LR est encore hésitant ; il cherche un champion, mais sent que je ne suis pas encore tout à fait décidé à me jeter dans l'arène.

En juin 2021, le maire de Béziers commandera un discret sondage présidentiel dans lequel ma candidature ne recueille que 3 % des suffrages. Il décidera alors de rejoindre Marine Le Pen, dont il a dit tout le mal possible pendant des années. De son côté, Guillaume Peltier annonce hâtivement son soutien à la candidature de Xavier Bertrand. Nous en resterons là avant l'été, mais comme nous le verrons, les situations vont évoluer, les caractères se révéler, à l'encontre des idées reçues et des réputations toutes faites.

Mon vieil ami Philippe de Villiers, lui, n'a pas attendu les rumeurs autour de ma candidature pour évoquer la question avec moi. Nous sommes liés par un amour immodéré de la France, de son histoire, de ses traditions, de sa littérature, de sa grandeur passée. Nous sommes tous les deux des idéalistes qui rêvent de ressusciter la « grande nation » que nous avons appris à révérer sur les bancs de l'école. Mais nos expériences personnelles ne sont pas les mêmes. Il se souvient encore avec douleur de ses deux échecs à la présidentielle, en 1995 et 2007, et des ravages du « vote utile », qui détruit les autres candidats « comme un hélicoptère qui s'écrase au sol ». « C'est l'effet de sol… l'effet de sol ! » répète-t-il avec effroi. Il est alors convaincu que le Rassemblement national obtiendra au moins trois présidences de région dans les élections qui s'annoncent en juin prochain. « Si Marine Le Pen gagne ces régionales et si Wauquiez se présente, tu n'as pas d'espace. » Mais en juin, l'abstention massive ruinera les chances du RN aux régionales, et quelques semaines plus tard, Laurent Wauquiez renoncera à la présidentielle. Mon « ami de trente-six ans » reconnaîtra alors qu'une fenêtre se dégage.

C'est aussi pendant ce printemps de 2021 que je rencontre Marine Le Pen, à son initiative. Dans un appartement cossu tout proche des Invalides qu'un ami lui a prêté pour l'occasion, elle entreprend de me dissuader de présenter ma candidature. Elle se déplace avec difficulté, à cause d'une mauvaise chute, et range avec un soin précautionneux nos téléphones dans d'épaisses pochettes. Son message est simple : les Français n'aiment pas la sincérité, sont craintifs et ne veulent pas entendre les vérités que j'ai à leur dire. Je comprendrai bientôt qu'elle pense comme Philippe Olivier, son beau-frère et conseiller politique, qui assène à qui veut l'entendre sa vérité stratégique : « Les Français sont des pétainistes. Il ne faut pas leur faire peur avec un discours trop radical. » Selon moi, ce qui est pétainiste, c'est de composer avec l'ennemi et se soumettre à lui parce qu'il est le plus fort.

En sortant, je contemple le dôme doré des Invalides. Je ne sais pas encore que le sort est jeté, les rôles distribués, la pièce écrite.

Paris, mars 2021

Pater familias

Les boîtes en carton passent de main en main, tandis que l'odeur de pizza envahit la pièce. Les fenêtres sont ouvertes, et les fumeurs se rassemblent sur le balcon qui surplombe les toits parisiens. Il est plus de minuit. Un air humide balaie un ciel chargé de nuages. La soirée n'est pas finie ; après notre réunion, la conversation se poursuit en petits groupes épars. Je mets d'autorité dans les bras de ceux qui partent quelques boîtes afin qu'ils les jettent dans la poubelle. Aucun ne rechigne, bien sûr, même si je décèle certains regards et chuchotements surpris de me voir dans ce rôle fort prosaïque.

Quelques heures plus tôt, quand ils se sont assis en rangs d'oignons et se sont présentés, les uns après les autres, je n'en connaissais (ou n'en reconnaissais) aucun. Tous ont été recrutés par Sarah qui les a rencontrés qui à Sciences-Po, qui à l'UNI, qui à l'UMP. Certains ont eux-mêmes rameuté des profils utiles. Ils ont presque tous, déjà, une expérience politique et de beaux CV. Ils sont une vingtaine, rien que des garçons, à part Sarah, et Diane Ouvry, qui fait rarement entendre son timide filet de voix.

Ils ont entre vingt et trente ans, à deux ou trois exceptions près, et je pourrais être leur père. Je ne les connais pas mais eux me connaissent. Ils m'ont découvert au temps où j'officiais le samedi soir, à la télévision, dans l'émission « On n'est pas couché ». Ils étaient adolescents ; je fus pour eux une lueur iconoclaste dans cet univers conformiste que les grands médias et l'école leur construisaient d'une main de fer. Ils étouffaient dans ce corset bien-pensant ; je leur apportai un peu d'air frais. Ils m'en ont conservé une reconnaissance attendrie et un respect quasi filial, intellectuel et politique, mais aussi un petit quelque chose d'indéfinissable, comme le souvenir d'une main tendue à quelqu'un qui se noie.

J'ai mesuré, en conversant avec eux, le lien que j'avais tissé, sans le vouloir ni le savoir, avec cette génération : la rencontre improbable entre une culture classique, littéraire et historique, la mienne, avec ses passions et ses limites, et une nouvelle technologie, YouTube, qui célébrait le culte du « clash », du « buzz », de la réplique qui tue, de la tirade qui tourne en boucle. Bien sûr, mon ego désuet se satisfaisait davantage quand l'un de ces jeunes gens me citait tel ou tel de mes livres qu'il avait lus. Je me consolais en songeant que les grands destins avaient toujours su marier un discours et un moyen de communication adapté à leur époque, le journal pour Thiers, Jaurès ou Clemenceau, la radio pour de Gaulle, la télévision pour Kennedy ou Giscard, Internet pour Obama et Twitter pour Trump. « La politique, disait François Mitterrand, c'est parler aux gens ». Avec tous les moyens que l'on a à sa disposition pour le faire.

À la fin de cette soirée, j'avais déjà repéré quelques figures hautes en couleur. Le cheveu noir de jais et la voix de stentor, Samuel Lafont nous avait décrit avec une force de conviction peu commune les mille et une possibilités des réseaux sociaux comme vecteurs d'un militantisme refondé. Julien Madar, le sourire charmeur et la barbe taillée au plus près, nous avait livré les secrets du financement de la campagne d'Emmanuel Macron, dans laquelle il avait œuvré en 2017. Jonathan Nadler, jeune banquier d'affaires apprêté avec soin, ébauchait une ligne économique crédible entre libéralisme et colbertisme, en pariant qu'elle parlerait à toutes les catégories sociales, tant la mondialisation frappait chacune d'entre elles. Il nous mettait d'ailleurs en garde contre la prochaine vague de délocalisations virtuelles d'emplois en Europe de l'Est ou en Inde, qui menaçait nos ingénieurs, architectes et médecins. Bientôt, ces deux amis de Sarah deviendront si inséparables que je les surnommerai Dupond et Dupont.

J'en repérai d'autres, dignes eux aussi de personnages de bandes dessinées : l'épaisse moustache gauloise d'Antoine Diers, avec son accent du Nord et son teint rougeaud de Viking, le regard rieur de Stanislas Rigault, alors si discret, avec sa mèche de cheveux à la houppe qui lui donnait des airs de Tintin et à qui il ne manquait que la compagnie de Milou, un autre Julien, dandy italien aux cheveux mi-longs qui avait fait ses armes dans la campagne Fillon et nous apportait deux de ses brillants comparses. Et d'autres encore : Pierre Meurin, aux gestes saccadés, qui me prédit un score de 30 % au premier tour et la fin du RN. Philippe Prigent, normalien devenu avocat volubile qui nous décrit l'éventail de coups tordus qui nous attendent. Dans cette équipe, certains sont des technos aux profils scolaires brillants, d'autres sont de purs militants, créatifs et enragés.

Tous sont complémentaires et forment une ébauche d'équipe de campagne déjà soudée sous la direction de Sarah. Mais nous ne sommes alors qu'en mars et je ne suis pas encore candidat. Je ne veux pas les faire languir, mais je n'ai pas encore pris ma résolution. J'hésite, je tergiverse, je pèse le pour et le contre. Ma situation est particulière : ma position médiatique s'avère enviable et utile à nos idées ; je prends le risque de lâcher la proie pour l'ombre si l'opinion ne me suit pas.

L'ambiance était à la fois décontractée, amicale et tendue. Je leur exposais sincèrement mes états d'âme, ils m'interrogèrent eux-mêmes sans fausse pudeur : tout y passa, même ma vie privée ; je crois que c'est Antoine Diers, avec sa moustache gauloise, qui osa évoquer les rumeurs sur mes conquêtes féminines ; je lui répondis sans hésitation que j'avais connu les plaisirs de ma génération délurée mais que je n'avais bien sûr jamais forcé ni encore moins violenté personne.

Je sentis un immense soulagement sur les visages de mes jeunes interlocuteurs, sans que je sache ce qui dans mon propos, le fond sans crimes ou la forme sans façon, les avait rassurés ; sans que je sache non plus ce qui, rumeurs ou ragots, les avait inquiétés. Je songeais sans rien dire que les choses avaient bien changé depuis le temps de ma jeunesse, quand les aventures sentimentales de Giscard, Mitterrand ou Chirac entretenaient leur légende. J'étais ce soir-là le représentant esseulé d'une génération qui s'était prétendue « libérée », au milieu d'une jeunesse travaillée depuis des années par un puritanisme d'inspiration féministe qui s'offusquait de l'hédonisme de ses aînés qu'elle qualifie sans tendresse de « boomers ».

Ce conflit de générations me rappelait celui que j'avais découvert chez certains romanciers du XIXe siècle qui décrivaient avec raffinement l'incompréhension d'une grand-mère initiée dans sa jeunesse au libertinage du règne de Louis XV devant sa petite-fille, née bien après la Révolution, trop sage et prude à son goût.

Les boomers prendront leur revanche : dès les premières difficultés de la campagne, une fois ralentie la cavalcade de septembre et octobre, les journalistes, les commentateurs, et même mes premiers alliés, fustigeront la jeunesse de mon équipe, l'inexpérience politique de cette « jeune garde » qui régnait sur les réseaux sociaux, mais n'avait pas connu les malheurs d'Édouard Balladur ou de Raymond Barre.

Ces critiques étaient largement injustes, car ces jeunes gens brillants étaient justement ceux qui avaient lancé la puissante machine médiatique et politique de ma candidature sans compter ni leur temps ni leur talent. En quelques semaines, ils avaient dynamité une campagne présidentielle qui ronronnait encore. Ils surprenaient sans cesse, innovaient, déroutaient, séduisaient. Jamais une campagne classique, dirigée par des têtes chenues pleines d'expérience, blanchies sous le harnais, n'aurait pu avoir un tel impact.

Au cours de cette soirée de mars, il y avait d'ailleurs un autre participant, plus âgé que ses compères. Lui était l'une des incarnations emblématiques de la « présidentielle à la papa » : Patrick Stefanini. L'ancien directeur de campagne de François Fillon caressait alors d'un œil attendri l'idée de ma candidature, comme il me l'avait confié des mois plus tôt devant notre ami commun, Philippe Martel.

On le découvrait, souriant et silencieux, derrière un écran, une jambe immobilisée dans un emplâtre épais. « Tu as une autoroute, Éric », avait-il dit sans ambages lorsque son tour de parole était arrivé. Il avait ensuite posé d'innombrables questions aux jeunes gens présents sur leur façon de voir le militantisme de terrain, sur les atouts des réseaux sociaux dans une campagne (questions de boomer, pourrait-on dire !). Dès le lendemain, il nous transmettait son enthousiasme et son admiration sincère de la qualité des profils rassemblés autour de moi. À l'époque, lui, l'habitué des campagnes, le grognard chiraquien, n'avait pas jugé qu'il y avait « trop de jeunes ». Sarah l'interrogeait sur l'organigramme qu'elle était en train de construire, les écueils à éviter, les profils utiles à avoir ici ou là, lui demandait s'il connaissait telle ou telle personne se réclamant de la campagne de Fillon. Patrick la conseilla gentiment quelques semaines, mais choisit finalement la voie sage de la campagne de Valérie Pécresse. Avec le résultat que l'on sait.

« Il faut se méfier de la première impression, disait le cynique Talleyrand, c'est souvent la bonne ». Patrick Stefanini avait vu juste. Cette « équipe de jeunes » a réalisé ce qu'aucune ligue d'anciens plus expérimentés n'avait accompli : forger en quelques mois le premier parti de France, avec cent trente mille adhérents, et le plus important mouvement de jeunesse du pays, avec vingt mille membres, Génération Z ; établir un maillage territorial serré à partir de rien, tout en animant une campagne présidentielle enfiévrée ; réussir une levée de fonds d'une ampleur exceptionnelle, sans aucune subvention publique, grâce au talent de Julien ; élaborer un programme présidentiel d'une rare qualité, produit du travail de quatre cents contributeurs – des énarques comme s'il en pleuvait, des polytechniciens, des normaliens, des juristes, des magistrats, de hauts fonctionnaires, des chefs d'entreprise, des médecins, des universitaires, des professeurs de lycée, dirigés d'une main de fer dans un gant de velours par Jonathan Nadler ; rassembler une formidable base de contacts et mener victorieusement la guerre sur les réseaux sociaux sous la férule énergique de Samuel. Et toujours innover, surprendre, séduire : réunir près de cent mille personnes au Trocadéro – le plus gros rassemblement populaire de la présidentielle – après avoir, pendant des mois, couru à travers la France au rythme d'un meeting par semaine ; réaliser les plus belles vidéos de campagne, les plus soignées, celles qui suscitaient la fierté des nôtres et l'envie des équipes rivales.

Cette jeunesse douée a fait mentir la parabole évangélique : les premiers furent aussi les derniers, ne demandant rien pour eux, ni titres ni honneurs, quand les médias nous tressaient des louanges, restant fidèlement à mes côtés (à une ou deux exceptions qui confirmaient la règle) quand on déversa sur moi des tombereaux d'insultes et de sarcasmes.

Ces jeunes pionniers de mars avaient été rejoints après l'été par d'autres, plus âgés, et plus expérimentés, mais non moins enthousiastes. De nombreuses candidatures nous parvenaient spontanément ; on écrivait, on téléphonait, on sollicitait. Dès le mois de septembre, l'équipe s'était étoffée. Olivier Ubéda usait ses baskets blanches dans tous les Zénith et tous les gymnases de France. René Boustany dirigeait les comités de la société civile, toujours plus nombreux et créatifs : Les Profs avec Zemmour, Les Agriculteurs avec Zemmour, Les Policiers avec Zemmour… Le préfet Gilbert Payet, qui avait encadré Sarah lors de son stage à la préfecture des Pyrénées-Atlantiques, nous faisait profiter de sa rigueur toujours joviale. Un de ses collègues préfets, le non moins jovial Jean-Paul Bolufer, vint nous épauler à la chefferie de cabinet. Avec ses lunettes épaisses et son sourire d'enfant, Dénis Cieslik prenait en main la difficile tâche de la collecte des parrainages. Chaque coup de fil passé à un maire était un quitte ou double. Et il fallait reproduire l'effort à dix, cent reprises, infiniment, sans jamais se lasser, en étant chaque fois frais comme si c'était la première. La collecte des parrainages fut un stress de longue haleine, un marathon où il n'y eut pas de jours fériés.

Un jour, je reçus un SMS qui m'intrigua : il était signé Sophie Calvel ; ce nom me rappelait quelque chose, mais ma mémoire me jouait des tours. En lisant son message, tout me revint peu à peu : je l'avais bien connue il y a plus de vingt ans, lorsqu'elle était la secrétaire de Philippe Séguin. Elle proposait ses services tout uniment, car elle retrouvait en mon début de campagne l'esprit qui soufflait autour de son ancien patron. J'avoue que ces retrouvailles m'émurent ; Sophie devint vite l'indispensable maman de l'équipe, autant par son humeur constante que par son efficacité redoutable, sans oublier les boîtes de délicieux chocolats qu'elle me fournissait avec une régularité de métronome.

Les jeunes et les moins jeunes, Sébastien, Grégoire, Philippe, Nicolas, Albéric, Johanna, Éléonore, Damien, Stanislas, Anne, Jean-Raphaël, Nathaniel, Paul, Thibault, Jean, Agnès, Isabelle... tous investiront à partir de la fin novembre le QG de campagne du 10, rue Jean-Goujon dans le 8e arrondissement de Paris.

Cette antique et belle bâtisse n'avait sans doute jamais vu une telle frénésie, ces tables qui se chevauchent, ces bureaux improvisés surmontés de leurs ordinateurs, ces cloisons qui se dressent pour essayer de canaliser l'afflux toujours plus grand des bonnes volontés. J'y partagerai avec Sarah une grande pièce, aux plafonds hauts et moulurés, au milieu des photos, des livres, des dossiers, et des diverses figurines de Napoléon qui me furent offertes, où je serai censé travailler tranquillement pour préparer mes interventions médiatiques et mes discours. Je dis bien « censé »...

Sophie a installé son bureau devant la porte d'entrée, pour mieux contrôler le passage ; mais ses louables efforts sont le plus souvent vains : on ne ferme pas la porte à Philippe de Villiers quand il a une idée géniale, forcément géniale ; on ne peut pas dire non à Mathieu lorsqu'il vient me filmer au travail, pour poster les images sur les réseaux sociaux ; ni à un journaliste, à un haut fonctionnaire, à un patron ou à un responsable départemental qui a rendez-vous avec moi – rendez-vous que j'ai, bien sûr, oublié.

Le joyeux désordre qui règne n'empêche personne de remplir sa tâche avec acharnement. Au milieu de ce rythme de travail effréné, on plaisante, on rit, on se moque, Sophie distribue des bonbons à qui veut, parfois on se retrouve autour d'un bon vin qu'un de nos nombreux soutiens nous a apporté, ou on dispose à la hâte, un soir, des chaises pour admirer ensemble les exploits de l'équipe de France de rugby. Mais, abeilles dans la ruche, jamais nous n'oublions les nécessités du rude combat que nous menons.

La cabale des boomers contre cette jeune garde joyeuse me rappelait la remarque acide de Paul Morand que j'avais découverte dans sa correspondance avec son vieux complice Jacques Chardonne : « On voit toujours le conflit des générations comme le combat des jeunes contre les vieux ; on n'imagine pas à quel point les vieux détestent les jeunes. » J'en plaisante désormais, mais je dois avouer que cette bataille générationnelle m'atteignait par ricochet. La presse reprenait à son compte l'accusation de jeunesse et d'amateurisme de l'équipe. Certains soulignaient que je n'avais jamais, dans ma carrière, dirigé quelqu'un. Cela recélait un fond de vérité. J'avais évité avec soin les titres et les fonctions de direction. Je concevais le journalisme comme une « profession libérale » où l'on devait déployer avant tout son talent d'écriture, sa finesse d'analyse, sa rigueur de travail aussi, et sûrement pas comme un métier de « manager ».

J'étais davantage un écrivain politique qu'un meneur d'équipe. Davantage un joueur qu'un entraîneur. Davantage un buteur qu'un défenseur. Un jour, un ancien directeur de la rédaction du *Figaro* m'avait dit, flatteur : « Moi, je suis Aimé Jacquet, toi, tu es Zinedine Zidane. » Je me méfiais de la « réunionite », maladie contagieuse des entreprises françaises, qui aurait asséché mon temps consacré à la lecture de grandes œuvres et à l'écriture de mes propres travaux. Cet exercice solitaire de mon métier m'avait permis de mener ma carrière à ma guise, et de rencontrer un large public conquis par mes éditoriaux, mes chroniques radio, mes essais, mes romans et mes interventions télévisées. Mais cette approche particulière du journalisme et de la littérature avait fini par me conduire au bord du Rubicon de la présidentielle.

Ce lien entre journalisme, littérature et politique était, je ne cesserai jamais de le rappeler à notre époque oublieuse, une tradition française : Thiers, Lamartine, Hugo, Tocqueville, Chateaubriand, Barrès, Zola, Clemenceau, Aragon, Malraux, de Gaulle…, autant d'écrivains en politique, de politiques qui savent écrire… Et les Français ne sont pas les seuls ; les Britanniques aussi, de Burke à Disraeli, jusqu'à Boris Johnson, en passant par Winston Churchill lui-même, présentent d'illustres exemples de ce mélange des genres.

La politique, cependant, ne se conçoit pas sans une équipe ; et une équipe, sans un chef d'équipe. Me voilà ramené à ce que j'avais d'instinct refusé toute ma vie, fidèle au précepte édicté par Chateaubriand dans ses *Mémoires d'outre-tombe* : « Je ne dirigeais personne, mais je n'étais dirigé par personne. » Il me fallait trouver une issue, sans me disperser ni me renier.

Je songeais qu'un patron n'était pas obligatoirement un manager ; qu'on pouvait développer une vision sans pour autant définir un ordre du jour ; donner les grandes lignes de l'action sans s'occuper des détails pratiques. Je connaissais bien sûr la remarque tautologique de Jacques Chirac : « Un chef, c'est fait pour cheffer. » Mais j'avais observé d'assez près l'ancien président pour savoir que le même Chirac ne concevait pas sa « chefferie » sans un échange permanent, un va-et-vient intellectuel et pratique, entre lui et son conseiller privilégié, presque son alter ego, qu'il s'appelât Pierre Juillet ou Marie-France Garaud. Cette méthode chiraquienne revenait d'abord à se dispenser de répondre à tous les solliciteurs : « Voyez avec Édouard », et c'est Balladur qui s'occupait du maniement souvent délicat des hommes ; « Voyez avec Alain », et c'est Juppé qui disait non, quand Chirac, toujours bonhomme, avait d'abord dit oui. À l'usage, je saisissais, moi aussi, l'immense intérêt de cette méthode, qui limite le risque d'isolement tout en mettant un filtre nécessaire entre le « chef » et le reste du monde. C'est

« l'autre », qui est un peu soi-même, mais pas tout à fait le même, qui stimule la réflexion, reçoit les importuns, vérifie la mise en œuvre des opérations. Cet autre qui est accusé d'isoler, d'enfermer, de séparer, alors que c'est précisément le chef qui le charge de protéger, de rejeter, de refuser. De prendre les critiques et les coups, et de les épargner à son « patron ». J'avais noté que Valéry Giscard d'Estaing avait agi de même avec Michel Poniatowski, durant sa campagne éclair de 1974 ; Nicolas Sarkozy avec son épouse Cécilia, en 2007, ou François Bayrou, en cette même année électorale, avec Marielle de Sarnez.

Pour ma part, mon alter ego s'appelait Sarah Knafo. À une exception près sur BFM, je me suis toujours refusé à évoquer publiquement notre relation, et ce n'est pas ici que je vais transgresser cette règle. C'est de son rôle dans la campagne que je veux parler.

En ce soir de mars 2021, c'est une magistrate à la prestigieuse Cour des comptes qui nous reçoit ; elle a couronné son brillant parcours universitaire par une sortie de l'ENA « dans les grands corps ». Au-delà de ses connaissances techniques, ses expériences en préfecture et en ambassade lui ont donné le goût de l'organisation et de l'action. Elle dirige nos innombrables soutiens sur des boucles Telegram qui sont les agoras modernes, où les heureux élus proclament leurs pensées, idées, intentions, résolutions, actions. Elle répond à chacun, les relance, les stimule, les aide, les surveille aussi, telle une tour de contrôle.

Tout au long de l'année, ses journées sont interminables : elle peut tout à la fois chercher un QG le matin, évaluer avec de hauts fonctionnaires et Jonathan Nadler les mesures à prendre sur telle ou telle politique publique, déjeuner avec une future recrue puis, l'après-midi, étudier, avec Olivier Ubéda, l'éclairage et la mise en scène du prochain meeting, décider nos prochaines actions numériques avec Samuel Lafont, avant de rédiger un discours jusque tard dans la nuit. Alors, quand Paris dort et que son téléphone ne sonne enfin plus, elle relit et réécrit jusqu'au dernier moment ce texte que je dois prononcer le lendemain matin.

Le dimanche, tandis que j'oublie tous mes tracas en tapant dans une petite balle jaune, elle achève sa journée par une réunion d'un comité opérationnel, à son domicile tant que nous ne nous sommes pas installés au QG de la rue Jean-Goujon, où chaque membre de l'équipe lui rend compte du travail accompli et prend note de ses instructions pour la semaine à venir. Un jour, Philippe de Villiers lui fera cette remarque touchante : « Tu as vingt-sept ans, c'est l'âge idéal. C'est l'âge auquel j'ai créé le Puy du Fou. » Je remarquais d'ailleurs qu'aucun des garçons qui travaillaient sous sa férule ne rechignait ou même ne maugréait : ces représentants de « l'extrême droite », comme la presse s'obstinait à les appeler, ne respectaient d'instinct que la compétence, le mérite, le travail et la reconnaissaient donc comme patronne légitime, loin des poncifs dits « de genre » dont on voulait absolument les accabler.

Je m'amusais à observer les contorsions sémantiques des journalistes qui voulaient à la fois me présenter comme un affreux misogyne, méprisant les femmes, dédaignant leur intelligence, ignorant leur sens politique et, dans un « en même temps » très macronien, me décrivaient telle une marionnette entre les mains d'une jolie jeune femme. Ce n'était pas la première fois que je remarquais que notre époque s'était affranchie du principe de non-contradiction de ce cher Aristote, que je croyais pourtant au fondement de la pensée rationnelle en Occident depuis deux mille ans.

Mais le Moloch médiatique ne pardonne jamais de ne pas tout lui sacrifier. Malgré son travail acharné et ses sacrifices, Sarah a refusé obstinément de commenter ses propres actions à la télévision ou de répondre à des demandes d'interview dont le nombre n'a fait que croître tout au long de la campagne ; les journalistes la transforment donc en objet de fantasmes : à la fois invisible et omniprésente, discrète et omnipotente, silencieuse et omnisciente. Pour tordre le cou à ces ridicules légendes, elle insista auprès de moi pour que je désigne un autre qu'elle, en l'occurrence le général Bertrand de La Chesnais, comme directeur de campagne. Ce dernier fut d'une loyauté exemplaire, mais cela ne modifia guère le point de vue des journalistes. En revanche, les équipes elles-mêmes protestèrent contre ce changement de direction et continuèrent, malgré tout, et en dépit de ses dénégations, à lui rendre compte de leurs actions et à lui demander des instructions. Tout cela me fera dire, lors d'une émission de télévision, qu'il « n'y aurait pas eu de campagne sans Sarah Knafo ».

Jusqu'à aujourd'hui, nous nous remémorons avec nostalgie cette période de mars 2021, à l'aube de l'aventure qui allait suivre, avec ses hauts fantastiques et ses bas décevants. Clemenceau s'amusait souvent à dire que « le meilleur moment en amour est quand on monte l'escalier ». Je découvrais que cet aphorisme pouvait aisément s'appliquer à une campagne électorale. L'escalier, je l'avais monté, marche après marche, dans cette ambiance joyeuse et insouciante, lorsque je n'étais pas un candidat officiellement déclaré. À partir de cette soirée inaugurale de mars, comme un printemps précoce, cette jeune garde a déployé, dans un savant désordre créatif, un enthousiasme que rien n'entama, un acharnement au travail que rien n'affaiblit, une efficacité redoutable, une fidélité de mousquetaire, une abnégation de moine.

Ce fut une révélation pour moi, qui n'avais pas une grande confiance dans une génération que je croyais trop soumise à la propagande qu'elle subit depuis l'enfance et rendue incapable de sens critique par la baisse du niveau scolaire : les « miens » en tout cas – si j'ose m'exprimer ainsi, et je le dis avec une grande fierté et une grande reconnaissance – ont réussi par miracle à échapper à cette camisole de force idéologique dont on les a revêtus dès leur prime enfance ; dans cette folle campagne, imprévisible jusqu'au bout, ils furent vraiment ce que j'ai connu de meilleur.

Partout en France, le 29 juin 2021

Le miracle Génération Z

Il est cinq heures, la France s'éveille. Cette nuit, des milliers d'affiches « Zemmour président » ont fait leur apparition, comme au printemps les crocus sortent de terre, et s'épanouissent partout sur le territoire national.

Je marche d'un pas vif, en ce lundi matin, et j'ai la surprise de tomber nez à nez avec mon image à tous les coins de rue. C'est une expérience troublante et pénétrante que de voir sa tête exposée sur chaque mur de la ville. Le mot « surprise » ne correspond pas tout à fait à la vérité : je n'ignorais pas totalement cette opération préparée avec soin depuis plusieurs jours.

Aux côtés de Sarah, un des conjurés de mars, Pierre Meurin, est à la manœuvre. Ils ont décidé de viser les panneaux d'affichage officiels qui ont été déployés devant toutes les mairies et écoles de France pour le scrutin régional. L'idée est habile : ces placards de métal n'ont pas encore été retirés, mais leur rôle légal n'a plus cours depuis la veille au soir. Nous bénéficions donc de leur caractère officiel et symbolique sans transgresser aucune règle.

L'effet est immédiat. Les milliers d'affiches « Zemmour président » se retrouvent sur toutes les chaînes d'info, dans les journaux télévisés de vingt heures, dans toute la presse écrite, nationale et régionale. La démonstration de force impressionne la classe politique : jusqu'alors, ma jeune garde avait déployé ses talents discrètement, en coulisses ou sur les réseaux sociaux, l'univers de sa génération. Cette fois, ils surgissent sur le terrain du militantisme traditionnel, avec son matériel archaïque de papier et de colle.

La date est bien choisie : après avoir fanfaronné sur ses chances de remporter plusieurs régions, le RN vient de se décrédibiliser avec de piètres résultats aux régionales. Les hiérarques de LR ne sortent guère de leurs fiefs locaux. Le symbole est important : il est temps de montrer, dans la rue, qu'une page doit se tourner. Une nouvelle force politique jeune, vigoureuse et déjà nombreuse, annonce la relève à droite.

Dans les partis traditionnels, on a compris : alors que je ne suis pas candidat, que je n'ai encore aucune organisation politique, un millier de jeunes gens, dans chaque département, partout à travers la France, ont passé une partie de leur nuit à coller des affiches. Cette opération, aucun mouvement existant, ni LREM, ni le RN, encore moins LR et le PS, ces partis de notables, n'auraient pu la réaliser. Personne n'est en mesure d'imiter mes jeunes soutiens. J'avais eu jadis de longues conversations avec Charles Pasqua sur le rôle du militant au temps glorieux du RPR, dans les années 1970-1980. Il m'avait souvent conté, avec sa truculence habituelle, les bagarres avec ceux du Parti communiste, la matraque qui ne quittait jamais le coffre de sa voiture, l'organisation de fer qui quadrillait la France, dans les moindres recoins perdus du pays. Mais la fibre militante avait disparu et tout cela s'était évanoui depuis des décennies. Des amis députés ou anciens ministres m'appelèrent ce jour-là pour me demander : « Comment faites-vous ? On n'arrive plus à recruter trois retraités pour tracter sur un marché en pleine élection, et tu trouves des centaines de jeunes prêts à coller pour toi en pleine nuit alors que tu n'es pas candidat ? »

Un jour, alors qu'il était filmé par TF1, un député macronien avoua sa sidération : « On dit que Zemmour est un candidat des métropoles, mais on voit des affiches de lui partout dans la France rurale, dans le moindre village... alors que je n'en vois aucune de Macron ou de Marine Le Pen. » J'étais assez fier de ressusciter ce continent enfoui de la politique. Je ne m'y attendais pas. Je ne pensais pas que ma visibilité sur CNews réussirait à faire émerger cette « Génération Z ».

Quelques jours avant cet immense collage nocturne, j'avais déjà pu mesurer l'engouement que mon discours et mes idées suscitaient auprès d'une partie de la jeunesse. J'avais accepté l'invitation que m'avait faite Erik Tegnér et François-Louis d'Argenson pour le média en ligne Livre noir qu'ils venaient de lancer. Le principe était simple : un entretien de fond, au long cours, mené sur un ton courtois, où l'invité n'est pas sans cesse interrompu par des questions hargneuses ou sarcastiques.

On m'interrogea sur mon enfance, mon adolescence, mes années de journaliste ; je pus développer mes analyses, ma vision du monde et de la France ; la question de la présidentielle vint inévitablement sur le tapis. J'évoquais une phrase de Bainville, tirée d'une biographie que j'avais lue récemment, et dans laquelle il avouait, à la veille de sa mort, ses regrets amers de n'avoir jamais osé quitter son habit de journaliste, commentateur, analyste et historien, pour un rôle politique actif : « C'est au bureau de Vergennes [ministre des Affaires étrangères du roi Louis XVI] que j'aurais dû être. » Cette phrase fit beaucoup jaser dans le Landerneau médiatico-politique. On y sentait à juste titre la tentation d'une candidature. Le site Livre noir était lancé, les abonnements affluaient ; Tegnér et son équipe m'en remercièrent vivement.

En sortant de son studio d'enregistrement dans le 15e arrondissement de Paris, je tombai sur une cohorte d'adolescents, garçons et filles en goguette. Ils me reconnurent et se précipitèrent pour me réclamer selfies et autographes, dans une ambiance joyeuse et festive de monôme, me félicitant, m'approuvant, m'encourageant. « Alors, c'est vrai ? Vous allez vous présenter ? L'année prochaine, je pourrai voter ! Présentez-vous ! »

Cet enthousiasme manifesté par la jeunesse ne fera que croître tout au long de la campagne. Avec Stanislas Rigault à leur tête, les « jeunes avec Zemmour » s'appelleront « Génération Z » et seront toujours aux avant-postes. Stanislas sera leur visage juvénile et souriant, courageux et volontaire. Il affrontera avec panache Alexis Corbière sous mon regard fier et attendri et montrera que la jeunesse française n'a pas dit son dernier mot. GZ finira par rassembler vingt mille membres, toujours prêts à s'activer à n'importe quelle heure du jour et de la nuit, toujours prêts à coller et tracter, toujours au premier rang de mes meetings, toujours enjoués, toujours fidèles. Nous avions réussi en quelques mois à faire sortir de terre le premier mouvement jeune de France.

Vers la fin de la campagne, alors que la morsure des sondages défavorables nous meurtrissait chaque jour davantage, nous décidâmes en dernière minute d'organiser un meeting réservé à la jeunesse. En deux jours, les cinq mille places du Palais des Sports furent prises d'assaut. Ce soir-là, l'émotion de tous était palpable. Nous sentions que c'était sans doute le dernier meeting de la campagne. Sophie, ma secrétaire, me tomba dans les bras en larmes. Les milliers de jeunes présents ce soir-là retenaient leur souffle aux premières notes de la musique qui marquait mon entrée dans la salle.

Monté sur scène, après une interminable et chaleureuse traversée de la foule, je leur avouai tout uniment mon étonnement de les voir aussi nombreux, aussi enthousiastes et aussi convaincus. Je leur demandai par quel miracle ils étaient arrivés jusqu'à moi, jusqu'à mes idées, en dépit de cette propagande démentielle qu'ils avaient subie depuis leur plus tendre enfance, de la primaire à l'université, dans les grandes écoles, à la télévision, au cinéma, dans la publicité, sur les réseaux sociaux, sur Netflix ; le public ne me laissa pas le temps d'achever ma question qu'il hurlait d'une voix unanime : « Grâce à vous ! » J'avoue que mon émotion était à son comble. Je souris pour la dissimuler.

Voilà une jeunesse française qui vit dans sa chair les tragiques erreurs et la coupable désinvolture de ses parents et grands-parents, qui subit les insultes, les menaces, les agressions, les tabassages, les viols et les meurtres, parfois pour une cigarette, un mauvais regard, qui doit affronter le racisme anti-Blancs, l'effondrement du niveau scolaire, l'enfermement forcé du Covid, la délation institutionnalisée de #MeToo, le néo-puritanisme féministe, jusqu'aux troubles sexuels provoqués par une théorie du genre délirante.

Cette jeunesse est notre chance inespérée. Notre seule chance de préserver un héritage français dans un pays qui l'est et le sera de moins en moins. Notre seul atout pour résister à la vague islamo-gauchiste, qui prend dans la tenaille de l'islam et du wokisme tout ce qu'il reste de culture française, de langue française, d'histoire française, de galanterie française, d'esprit français, de liberté française.

Ces jeunes sont un miracle, mon miracle, ce dont je peux être le plus fier.

Dans le Var, août 2021

Sous la plage, les pavés

Je suis mollement étendu sur le transat d'une plage du Var. Un parasol me protège des rayons ardents du soleil. Devant moi, la Méditerranée étend à perte de vue ses flots bleus de carte postale. Les enfants jouent dans l'eau, et seuls leurs cris joyeux me distraient parfois de ma lecture. Comme chaque été, j'ai emporté une valise entière de livres, petite bibliothèque portative où j'aime à retrouver mes maîtres révérés, de Chateaubriand à Taine, de Balzac à Flaubert, des grands romanciers russes qui me transportent dans les steppes gelées et les fièvres de l'âme slave, aux historiens anglo-saxons qui revisitent la période révolutionnaire et napoléonienne sans les œillères bien-pensantes de notre Université hexagonale.

J'aime depuis toujours ce contraste entre mon corps au repos et mon esprit en éveil, entre mes membres engourdis par la chaleur de l'été et les synapses de mon cerveau animées d'une agitation fiévreuse pour ne pas perdre une miette du propos de ces intelligences supérieures des siècles passés qui me font l'honneur de converser avec moi, à travers leurs mots ou leurs actes. Être le compatriote, et même le confident, de la comtesse de Boigne ou d'Alexis de Tocqueville, de Blaise Pascal ou de Joachim Murat, de Guy de Maupassant ou de Louis-Ferdinand Céline, m'a toujours paru le comble de la félicité, le privilège inouï d'être français. Et le plaisir suprême des vacances.

Mais cet été n'est pas un été comme les autres. Mon téléphone portable ne cesse de me le rappeler. Journalistes, politiques, hommes d'affaires, simples curieux, potentiels soutiens, futures « petites mains » de la campagne, je reçois d'innombrables mails, SMS, appels, propositions... Le milieu politique bruit de la rumeur de ma candidature à l'élection tandis que je devise avec mes livres.

Ma jeune garde, impatiente même en plein mois d'août, me presse de sortir de ma tanière estivale : « L'été, c'est important, il faut se montrer, les gens en parleront sur les plages ! » Les autres futurs candidats s'agitent, alors tous m'incitent à passer à l'action aussi, à parler, à m'exposer. À répondre aux journalistes, à serrer des mains dans les rues, à caresser les têtes des enfants et à embrasser les joues des vieilles dames dans les marchés ou sur les plages. À « envoyer des cartes postales », comme ils disent, reprenant le jargon des communicants politiques.

Quelques semaines plus tôt, je m'y suis attelé, me rendant à Lille, dans la maison familiale où est né le général de Gaulle, pour célébrer l'appel du 18 Juin. Sur les photos, je parais fort emprunté devant la façade de la demeure du grand homme, ployant sous le poids de la lourde gerbe, ne sachant que faire de mes bras, hésitant entre le sourire complice et la mine solennelle. Je serai bien plus à l'aise dans les rues de la capitale des Flandres, plaisantant avec les commerçants de la ville, ou sur la plage de Dunkerque où l'on m'a invité pour vilipender le projet d'éoliennes qui s'apprête à saccager la perspective superbe de cette infinie étendue de sable et d'eau.

Mes premiers pas de candidat ont été timides, et j'hésite à les poursuivre pendant la période estivale. Après tout, je suis encore officiellement éditorialiste au *Figaro* et chroniqueur à CNews, et je prépare la sortie d'un nouveau livre pour la rentrée de septembre. J'occupe d'ailleurs de nombreuses journées de mes vacances à relire les épreuves de mon ouvrage, tentant – en vain – de supprimer toutes les erreurs et coquilles qui encombrent encore mon texte.

Ma religion est faite depuis de nombreux mois et je m'en suis ouvert à ma jeune équipe impatiente : je ne veux pas précipiter les choses cet été. La sortie du livre, début septembre, et mon habituelle tournée hexagonale me permettront de jauger l'accueil populaire qui pourrait être fait à une éventuelle candidature à la présidentielle. C'est bien cette stratégie qui s'avérera efficace.

Depuis la publication du *Suicide français*, en 2014, mes livres sont de plus en plus à la frontière entre le journalisme, l'histoire, la littérature et la politique. Mais cette stratégie politico-littéraire ne convainc pas entièrement mon équipe. Certains me donnent pour exemple... Xavier Bertrand, qui écume les plages et la presse locale, ne prend pas de vacances et ne perd pas une minute, s'imposant déjà comme le candidat LR « incontournable » dans les médias et les sondages. J'avoue que ce modèle, s'il fouaille un sentiment de culpabilité, ne parvient pas à ébranler ma torpeur. Je suis partagé entre l'admiration et la pitié pour l'élu du Nord qui sacrifie ses vacances bien méritées à une hypothétique candidature présidentielle.

L'avenir me donnera cruellement raison, mais au cœur de cet été, mes jeunes amis s'acharnent à me faire parvenir les fruits du labeur du pauvre Bertrand (interviews, photographies, tribunes...), dont ils veulent me faire honte. De guerre lasse, je condescends à accorder une interview à un journaliste de *Var-Matin*, dans laquelle je livre quelques réflexions politiques. Je pose en polo blanc et mine bronzée pour les pages du journal. L'interview fait beaucoup parler et je reçois d'innombrables messages. Au milieu du mois d'août, je renouvelle l'exercice pour *Valeurs actuelles*. J'y définis quelques axes possibles de campagne, résumés sous la formule des « cinq *i* » : immigration, identité, islam, industrie, instruction. Là encore, l'écho parvient à percer l'indifférence estivale.

Toute cette agitation, cette hypersensibilité au moindre de mes propos, cette fébrilité me ravissent et m'inquiètent à la fois : l'attente est indéniable, mais je sais aussi le prix à payer pour cette aventure hors du commun. Je me répète sans cesse la phrase de Cicéron qui m'enjoint à la prudence : « C'est une démence d'appeler la tempête quand on est dans le calme, comme il est de la sagesse de faire tête à l'orage quand il arrive. »

Mais déjà, l'été s'achève. Je profite goulûment des derniers rayons de soleil, des derniers bains de mer, des dernières pages de mes amis les grands écrivains, de leurs dernières formules que je m'empresse de souligner et de retenir, des derniers moments de tranquillité, de solitude, de sérénité. Derniers instants de paix avant la guerre.

Aix-en-Provence, le 27 août 2021

L'élément déclencheur

Les vacances ne sont pas terminées. C'est du moins ce que je crois encore. Je n'ai pas compris que je ne suis plus maître de mon calendrier ni de mon destin. Je suis désormais sous l'œil de l'opinion publique.

J'ai accepté l'invitation d'un certain Rafik Smati, chef d'entreprise sympathique qui a participé à la campagne de François Fillon et que j'ai rencontré quelques mois plus tôt. Nos ancêtres vivaient dans les mêmes contrées, au sud de la Méditerranée, et il m'explique que nous avons la même conception de l'assimilation à la française : ce sera l'objet de notre première conversation, chaleureuse et enthousiaste. Il est plus libéral mais partage le diagnostic inquiet que je porte sur la France, tant et si bien qu'il souhaite me rejoindre et attend le bon moment. Nos équipes se rencontreront et feront un bout de chemin ensemble. Nombreux sont ceux de ses soutiens qui poursuivront l'aventure avec nous.

En cette fin du mois d'août, Rafik réunit les amis de son cercle de réflexion, Objectif France, à Aix-en-Provence. À peine suis-je arrivé que les médias commentent déjà ma tenue à l'antenne : je porte un pantalon beige et une chemise blanche, teint hâlé et lunettes noires sur le nez. Les vacances ne sont pas tout à fait terminées… Je débats avec mon hôte, nous parlons de la France. Sur scène, il me qualifie de « décliniste » ; je lui réponds que 62 % des Français pensent que la France est en déclin – et quel amoureux de son pays peut dire le contraire ? Son public, emballé, m'applaudit. À la fin de notre échange, les journalistes se pressent pour m'interroger.

Devant les micros tendus, en réponse à l'une des questions que l'on me pose sur la candidate du Rassemblement national et le risque de division des voix, je lâche négligemment : « Il faut arrêter de mentir. Marine Le Pen ne gagnera pas la prochaine présidentielle. Elle ne peut pas gagner. Tout le monde le sait, y compris au Rassemblement national. »

C'est l'un des charmes de la société médiatico-politique qu'une vérité évidente, mais que personne ne dit, peut faire l'effet d'un orage dans un ciel serein. C'est la sempiternelle histoire du roi persuadé par des tailleurs charlatans d'être vêtu d'un costume chatoyant, qui en convainc toute la Cour extasiée, avant qu'un enfant innocent ne rompe l'illusion collective en s'écriant : « Le roi est nu ! »

Cette phrase, lâchée à la fin d'un été paisible, fait l'effet d'une bombe. Les chaînes info la diffusent en boucle. Une multitude de militants et de cadres locaux du RN rejoignent les rangs de la jeune association naissante, « Les Amis d'Éric Zemmour », comme s'ils avaient enfin entendu le verdict qu'ils s'interdisaient de poser. Cette vérité vient ajouter un argument au caractère logique, inéluctable, irrécusable de ma candidature.

On me demande souvent quel fut l'événement qui a entraîné ma décision de me présenter. Mes interlocuteurs ne me croient pas quand je leur réponds qu'il n'y en a pas. Je dis pourtant la vérité. Il n'y eut pas d'événement fondateur. Ou plutôt, il y en eut une multitude. Petit à petit, la décision s'est imposée. Je me suis progressivement mis dans l'impossibilité de reculer. Jean Lassalle dira qu'il s'est « présenté parce qu'il ne savait pas pour qui voter ». Je pourrais reprendre sa belle formule à mon compte. L'apostrophe sur le ton de l'évidence de mon fils : « Papa, le constat, tu l'as fait, il faut maintenant passer à l'action » ; le travail inlassable de Sarah ; la foule des soutiens qui affluaient ; le nombre de plus en plus important de Français qui espéraient en moi ; la décision du CSA qui m'expulsait de la télévision ; les craintes du *Figaro* qui me forçait à quitter le journal ; Albin Michel qui refusait de me publier… On me jetait dans le vide mais on me reprochait de sauter. C'était maintenant trop tard : je ne me voyais plus commenter, de ma chaire télévisuelle, les péripéties d'une pièce que je jugeais d'avance médiocre, et dont je connaissais la fin. J'aurai un dernier et légitime haut-le-cœur avant de franchir le pas. Je ne pouvais pas entrer sur scène pour y jouer un rôle qui ne serait pas décisif. Péché d'orgueil ou sens du sacrifice, les avis divergeront. L'un et l'autre sans doute.

Toulon, le 17 septembre 2021

Une tournée littéraire pas comme les autres

« Ce n'est pas la première fois, vous savez. Ce n'est pas mon premier livre. Il y a toujours eu beaucoup de monde dans mes salles, en tout cas depuis *Le Suicide français*... » Je répète sans me lasser la même antienne aux journalistes qui me suivent. Ils insistent et je rajoute : « Mais non, ce n'est pas un meeting politique ! » ; ma tentative de banalisation ne convainc toutefois personne. Pas même moi. En vérité, lors de cette tournée littéraire, je ne retrouve rien de ce que j'ai connu précédemment.

Avant même que je me lance sur les routes de France, c'était l'ébullition. Mon nouveau livre, *La France n'a pas dit son dernier mot*, n'était pas encore sorti en librairie qu'il était déjà en tête des ventes sur Amazon et bientôt en rupture de stock. Dès sa sortie, les compteurs se sont affolés : 10 000, 20 000, 30 000, 100 000, 200 000 livres vendus, et ça continue... Chez Amazon, on reconnaissait qu'on n'avait jamais vu pareil phénomène depuis l'installation du géant américain sur le sol français, il y a quinze ans.

Mais il y a un prix à payer à ce succès. Le 13 septembre, je dois quitter CNews brutalement, contraint et forcé par une décision du CSA, alors que je ne suis même pas candidat. Je ne peux m'empêcher de penser que s'ils sanctionnent ainsi un journaliste pour des propos « politiques », 99 % des journalistes et éditorialistes français devraient être censurés pour leur discours gauchiste… Mais le CSA ne forge cette règle inédite que pour ma personne, obligeant mon employeur à déprogrammer mes interventions quotidiennes.

Le Figaro me demande également de me mettre en réserve, afin de clore la petite révolte de la rédaction, chauffée à blanc par des militants syndicalistes qui me détestent de longue date. Je me souviens pourtant qu'à mon entrée dans ce journal, vingt-cinq ans plus tôt, Alain Peyrefitte, ancien ministre du général de Gaulle, député, membre éminent du RPR, trônait dans son bureau en soupente de la rue du Louvre : il était l'éditorialiste attitré du grand quotidien de la droite française…

Et puis mon éditeur depuis dix ans, Albin Michel, refuse de publier mon dernier ouvrage sous prétexte qu'il servirait de rampe de lancement à ma campagne présidentielle ; le même Albin Michel n'avait pas hésité pourtant à publier *Le Totalitarisme islamique* de François Fillon, en septembre 2016, à la veille des primaires de LR. Les temps changent, paraît-il…

Avec quelques amis réunis chez Sarah en cette mi-septembre, nous réfléchissons au nom à donner à la tournée de conférences qui va débuter. Avec mon départ forcé de CNews, du *Figaro* et d'Albin Michel, c'est une nouvelle page qui s'ouvre. Ma vie et mes habitudes sont totalement chamboulées. L'heure des choix a sonné… Ce sera « la Croisée des chemins ». Elle commencera les 17 et 18 septembre à Nice et Toulon, dans cette Provence que j'aime tant et qui me reverra souvent en 2022.

J'ai pris l'habitude, depuis des années, de partir dans toute la France à la rencontre de mes lecteurs pour leur présenter mon dernier ouvrage et le dédicacer. Mais cette fois, ma « tournée littéraire » prend bel et bien des allures de meeting politique, et même de concert de rock. On s'échauffe, on m'acclame, on scande sur l'air des lampions des « Zemmour président ! » Les journalistes regardent, ébahis. Ils diffusent sur leurs antennes des heures et des heures de conférences sans se lasser : les audiences suivent. Ils parlent de « véritable démonstration de force », évoquent les « foules impressionnantes » et la « ferveur époustouflante qu'on n'a plus revues depuis les salles de Sarkozy en 2007 ». Ils s'extasient devant le nombre de jeunes, comptent les livres vendus et font des calculs d'apothicaire sur mes ventes. Ils filment les files d'attente de plusieurs heures lors de mes dédicaces ; interrogent les participants, qui viennent de LR, du RN, de partout. Ils restent plantés derrière mon épaule lors des longues séances, parfois jusqu'à une heure du matin, épiant le moindre geste, traquant le moindre mot qui trahirait mon ambition présidentielle. Je ne leur lâche aucune confidence, mais l'ambiance est ambiguë.

Toulon est la première étape de ma tournée et les formes ont été respectées. Il y a un maître de cérémonie, le président d'une association locale, Jérôme Lévy, lequel pose les questions de fond que lui a inspirées la lecture de mon dernier livre, comme il le faisait trois ans plus tôt, dans cette même salle, pour mon précédent ouvrage. Il a pris soin de disposer sur l'estrade, derrière nos deux fauteuils, des panneaux géants présentant la photo d'autres écrivains invités au cours de la semaine, espérant que cela donnerait une coloration littéraire à la rencontre. Il rabroue sans ménagement les jeunes enthousiastes qui crient « Zemmour, président ! » Mais rien n'y fait. Plus de soixante journalistes sont présents ce soir-là, et leurs perches et leurs micros brisent l'ambiance feutrée de la conférence littéraire. Les panneaux installés par mon hôte ne peuvent pas lutter...

À la fin de la conférence, je m'assieds au bord de la scène pour répondre aux questions de la presse, cerné par d'innombrables caméras et micros tendus vers moi, comme les lances d'une armée d'antan. La photographie fera le tour des rédactions et la une de nombreux journaux français et européens.

Le lendemain, à Nice, il n'y a plus de présentateur et je suis seul sur scène. C'est une grande salle bondée, où jeunes et moins jeunes s'entassent, debout, assis par terre, collés à l'estrade. J'improvise un discours puis je réponds aux questions de la salle, dans un exercice sans filet que j'affectionne. Pour la première fois, Olivier Ubéda est à la manœuvre. Il a travaillé pour la campagne de Nicolas Sarkozy de 2007, mais on ne s'était alors pas rencontrés.

Il se présente comme un fabricant d'*events*. Il aime truffer ses phrases de mots en anglais, ce que je lui reproche sans méchanceté. C'est un petit bonhomme bondissant, sautillant, sur tennis blanches à ressorts. Il moque, gourmande, invective, houspille, dans un langage d'une verdeur truculente. Il va vite se révéler précieux par sa créativité, sa sensibilité artistique et son sens de la mise en scène spectaculaire. Ses *events* vont devenir les événements de la campagne présidentielle. C'est lui qui, lors de ce début de tournée, règle les points presse qui rythment chaque soirée.

Ce sera toujours le même rituel : conférence, échange avec la salle, réponses aux questions des journalistes, puis longue séance de dédicaces jusqu'à minuit, voire une heure ou deux heures du matin. Sarah et Olivier sont seuls, à cette époque, pour tout orchestrer ; Stanislas Rigault est là aussi. Il reste avec Sarah jusqu'à tard. Ils rient, ils s'amusent, ils recrutent aussi, partout en France. Ils rencontrent les futurs cadres, les futurs militants. Ils discutent avec les journalistes, épatés par le succès de ces soirées. « Mais ne me dites pas qu'il va dédicacer pour toute la file d'attente qui est là ? » leur demande chaque fois l'un d'entre eux. « Si, si, jusqu'au dernier ! » Les journalistes soupirent, dépités de voir leur dîner en province ainsi compromis, mais refusent de partir de peur d'en manquer la moindre miette. J'ai moi aussi l'impression que les files de lecteurs sont sans fin ; j'use les stylos que me tend Olivier Ubéda (qui en possède décidément tout un stock !) à force de signer les livres qu'on me présente.

Je n'imaginais pas un tel engouement, une telle émotion, un tel lien avec ceux qui ne sont encore que mes « lecteurs ». J'ai déjà connu les grands enthousiasmes populaires à la sortie de mes ouvrages ; mais, en quelques années, le climat a changé. Mes lecteurs étaient heureux d'être compris, et heureux d'avoir compris. Ils me disaient : « Vous dites exactement ce que je pense » ou « Quand j'ai lu votre livre, j'ai enfin compris ce que je pensais, mais que je n'arrivais pas, ou n'osais pas exprimer. » Ou encore : « Grâce à vous, j'ai compris ce qui nous était arrivé depuis trente ans. » Je remplissais alors le rôle que joue de tout temps l'écrivain, celui de mettre des idées sur des impressions, des analyses rationnelles sur des sentiments, des mots sur des maux.

J'ai senti que nous avions franchi une étape, eux et moi. On savait qu'on pensait la même chose, qu'on voyait la même chose, qu'on prophétisait la même chose. Après avoir parlé, après avoir écrit, après avoir diagnostiqué, il était temps d'agir. Il était même déjà bien tard. Ce sentiment d'urgence me sautait au visage et me conférait une mission et un rôle que je ne m'étais pas encore assignés, mais qu'*on* m'assignait petit à petit.

Nice, à une heure fort avancée de la soirée. C'est au tour d'une vieille dame aux cheveux blancs, qui se déplace avec lenteur, de m'apporter son exemplaire ; elle me le tend comme on jette une bouteille à la mer. Ce n'est pas seulement une dédicace qu'elle demande, mais un réconfort, une assurance, une certitude. Elle me serre le poignet et me fixe d'un regard bleu éploré, me murmurant dans un souffle : « Sauvez-nous ! » J'ai seulement le temps de la regarder d'un œil attendri et d'étreindre affectueusement son bras que, déjà, le suivant réclame, lui aussi, son dû.

Le rituel se poursuit ainsi pendant des heures. J'ai quelques secondes pour observer mes lecteurs, avant que la sécurité placée devant ma petite table ne les presse, comme dans la chanson de Jacques Brel : « Au suivant ! » Des hommes, des femmes, des jeunes, des moins jeunes, des costumes-cravates bien mis, des tee-shirts avec un « JOHNNY » inscrit en lettres énormes, des tatouages, des survêtements à capuche, des baskets, des fauteuils roulants, des familles nombreuses et des bandes de copains, des couples main dans la main ; des « je peux avoir une photo ? » et des « vous pouvez mettre la date d'aujourd'hui ? » Je m'amuse toujours autant chaque fois que je demande : « C'est pour qui ? », et qu'on me répond : « Pour moi ! » au lieu de me donner le prénom à dédicacer. Une journaliste du *Nouvel Observateur*, que j'avais connue à mes débuts dans le métier, vient me glisser à l'oreille qu'elle est « sidérée par la jeunesse de mon public ».

Les cadres supérieurs, les ouvriers, les médecins, les infirmières, les profs, les parents d'élèves, tout un peuple se presse pour m'encourager, me toucher, me happer le bras, me remercier, me dire : « Ne lâchez rien », « Ne nous abandonnez pas », pour me supplier de me présenter : « Je vous attendais depuis quarante ans »...

Cela commence à Toulon et à Nice. Puis, on ira à Lille, Nîmes, Béziers, Caen, Touques, Biarritz, Nantes, Charvieu-Chavagneux, Bordeaux, Sartène, Ajaccio ; on sillonnera la France chaque semaine, et peu importe le lieu, ce sera le même accueil, les mêmes mots, les mêmes cris, les mêmes suppliques. Le même jeu du chat et de la souris avec la presse, qui comprend comme moi, et comme les sondeurs, que ma candidature devient de plus en plus naturelle, inéluctable, qu'elle est attendue, espérée. Imposée.

Partout en France,
de septembre à avril

« Sauvez-nous ! »

Au début du mois de décembre, la Croisée des chemins tombe le masque littéraire. Les conférences sont devenues des meetings, les dédicaces ont laissé la place aux discours. Mais la passion est demeurée la même. Quand je pénétrais dans les salles et que je fendais la foule pour accéder à la tribune, on me tendait des mains, des enfants parfois, on me serrait les bras, la tête, le cou, on criait, on pleurait, on riait aussi, on s'accrochait à moi comme à une bouée, on me tirait vers soi, au grand mécontentement de mes officiers de sécurité, qui m'arrachaient aux plus fanatiques, on me hurlait : « Sauvez-nous », « Délivrez-nous ! » Chaque fois, les larmes me montaient aux yeux et je m'efforçais de les cacher avant de monter sur scène.

Quand je parcourais les marchés dans le Sud, mais aussi dans le Nord, dans l'Est de la France comme dans le centre du pays, je retrouvais les mêmes détresses. Ce n'était plus une campagne électorale, mais un sauvetage en mer. La France, en tout cas celle qui venait me voir, n'aspirait plus à être conduite, dirigée, présidée, mais sauvée. Elle lançait des SOS de détresse ; la France était un *Titanic* ne supportant plus que l'orchestre médiatico-politique continuât de jouer pendant qu'elle coulait.

Je tiens à décrire ces scènes, que les journalistes les plus honnêtes ont déjà racontées, non pour passer pour un héros ou un prophète, mais pour faire prendre conscience du désarroi, du désespoir d'une partie de nos compatriotes qui voient leur pays s'enfoncer lentement, mais inexorablement.

Ce sentiment de dépossession qui en étreint plus d'un, j'ai voulu l'exprimer et l'incarner, répondre à cette angoisse légitime, afin qu'elle cesse d'être méprisée et injustement diabolisée. La politique est toujours mue par des peurs – jadis, peur de l'ennemi, peur des invasions, peur des épidémies, peur de la famine. Elle consiste fondamentalement à les apaiser, non en les ignorant ou, pire, en les méprisant, mais en y répondant. Louis XIV et Louvois n'ont pas méprisé la crainte française d'être envahie : ils ont multiplié les forteresses à toutes les frontières du pays. Napoléon III et Haussmann n'ont pas ignoré les risques d'épidémies : ils ont tracé de grandes artères dans Paris pour en chasser les miasmes.

On a cru que ces peurs ancestrales avaient été éradiquées, mais elles reviennent. Peur du changement climatique, peur des épidémies, peur du manque d'eau, peur de nouvelles famines, peur du manque d'énergie, des coupures d'électricité, des grands froids sans chauffage. Les écologistes sont légitimement furieux contre ceux qu'ils appellent les « climato-sceptiques », parce que ces derniers refusent d'attribuer à l'homme les changements climatiques que tout le monde constate. Mais cela n'empêche pas les mêmes d'ignorer avec une superbe méprisante les autres peurs légitimes des Français : celles d'être envahis, colonisés, dépossédés de leur pays, remplacés par un autre peuple, par une autre civilisation. Tout se passe comme si, dans le paysage politique français, chacun était aveugle à la peur de l'autre. La peur du Grand Remplacement, la peur du grand déclassement, la peur du grand réchauffement ne sont jamais évoquées ensemble. Comme si ces craintes s'affrontaient, s'excluaient, s'annulaient mutuellement. Avec cependant une différence de taille : la peur climatique, la peur épidémique, les peurs énergétiques, voire la peur de la destruction nucléaire sont considérées et respectées par les élites du pays.

Seule celle du Grand Remplacement est brocardée, diabolisée, délégitimée, et tout simplement niée. C'est ce qui explique, je crois, cette passion peu commune autour de ma campagne. Ce qui explique aussi qu'on m'ait si souvent dit : « Vous êtes le seul qui nous donne de l'espoir », moi qu'on a si souvent présenté comme un « désespéré ». En reconnaissant cette peur, en lui donnant des mots et une légitimité, je rendais au contraire l'espoir à ceux qui venaient m'écouter. Ce paradoxe n'est qu'apparent : quand le capitaine d'un navire assume devant tous le risque de naufrage, au lieu d'afficher une sérénité factice, il galvanise ses hommes et ses passagers : faire face au danger permet de se battre et de trouver les moyens de l'éviter. Le déni angoisse quand la lucidité donne de l'espoir. L'homme a besoin d'affronter ce qui l'effraie, tandis que, bercé dans une tranquillité mensongère, il se liquéfie.

Je continue, et je continuerai, de croire que la nation française a le droit légitime de préserver sur son sol sa culture, ses mœurs et son histoire. Je défendrai ce droit jusqu'au bout de mes forces, tant qu'une partie de ce peuple aura une claire conscience des enjeux civilisationnels.

C'est ma croix, mon destin et mon honneur.

À qui d'autre crie-t-on : « Sauvez-nous » ?

Toulon, toujours le 18 septembre

La presse people

Le piège était tendu avec le plus grand soin. Olivier Ubéda m'avait prévenu que *Paris Match*, comme tant d'autres médias, couvrirait mon week-end dans le Sud et avait besoin de photographies pour son journal. J'acceptais en rechignant que leur photographe prenne des clichés, cinq minutes avant ma conférence de Toulon.

Pendant ce temps-là, la reporter de l'hebdomadaire interrogeait Sarah sur ses expériences professionnelles, ses amitiés et sa scolarité à l'ENA. L'écran de fumée était épais. Nous n'avons pas réussi à le dissiper. J'aurais dû connaître le nom de ce photographe. J'aurais dû me douter qu'un prédateur de la presse people ne descendait pas dans le sud de la France pour se contenter de clichés convenus. J'aurais dû deviner qu'une journaliste qui a coutume chaque semaine de miser sur le « poids des mots et le choc des photos » a perdu l'habitude et le goût des analyses de fond. J'aurais dû me méfier : ma montée soudaine dans les sondages, alors même que je n'étais pas candidat, pouvait transformer l'idée la plus innocente, un bain de mer, en bombe politico-médiatique. Une bombe à fragmentation, en l'occurrence.

Une fois parus à la une les fameux clichés de notre baignade dans la grande bleue et le titre d'une rare finesse sur ma « très proche conseillère », *Libération* m'accusa d'avoir tout manigancé. Il est vrai que les sondages indiquaient que ce bain fort médiatisé n'avait point arrêté ni même ralenti ma progression. Au contraire, les intentions de vote continuaient de grimper : il fallait bien trouver une explication « rationnelle » ; peut-être ces clichés me servaient-ils, après tout, se disaient les journalistes de *Libération*...

Une fois que le navire amiral de la presse people eut lancé la chasse, les menues frégates qui naviguaient autour donnèrent en meute du canon. *Public*, *Closer*, *Gala*, *Voici*, etc., avaient lancé leurs limiers depuis des semaines sur Sarah et moi. Ils s'étaient planqués des jours entiers devant son immeuble, nous suivant partout comme dans les films policiers, au restaurant, en promenade, à la gare... Tous ces journaux avaient accumulé des photos on ne peut plus banales, mais qui trouvaient un intérêt par la légende stupide et suggestive qu'on pouvait écrire dessous : « Sarah sourit à Éric. Oh ! Comme ils sont amoureux ! »

J'avais cru dans un premier temps que la cupidité seule guidait cette presse. J'allais découvrir, quelques semaines plus tard, que leur harcèlement n'était pas dénué d'objectifs politiques. Tout est politique, disait-on, avec raison en Mai 68 ! *Closer* faisait la une sur une supposée grossesse de Sarah. Devant l'infamie de ce procédé, certains se récrièrent pour dénoncer cette scandaleuse atteinte à la vie privée. Le directeur du journal vint se justifier sur C8 dans l'émission présentée par Cyril Hanouna. À la surprise générale, il expliqua que son intention était d'abord politique et qu'il me considérait comme un adversaire à combattre !

J'avais toujours refusé d'évoquer ma vie privée. Je ne pouvais me dédire en commentant ou en démentant ce que cette presse disait de nous. J'étais coincé. Je savais que les procès dont nous les menacions ne les effrayaient guère (nous les avons depuis presque tous gagnés, d'ailleurs) : les amendes étaient provisionnées sur leurs comptes. La vérité leur importait peu, seules comptaient les photos et les ventes. Un mois plus tard, les mêmes continueraient de nous harceler sur notre lieu de vacances ; mais, déçus de l'évolution de la prétendue grossesse, ils parlèrent d'une probable « fausse couche ». Quelle élégance !

Il y a vingt ans, j'avais écrit, avec Patrick Poivre d'Arvor, un court essai intitulé *Les Rats de garde* qui dénonçait les premières intrusions de cette presse people en dehors de son terrain de jeu habituel, celui des vedettes de la chanson et du cinéma. Nous avions bien analysé l'utilisation de la vie privée comme moyen efficace de lutte politique. Les régimes totalitaires, qu'ils fussent communistes ou nazi, avaient naguère montré la voie. Je ne pensais pas que je serais moi-même victime de leurs méfaits. Comme disait Oscar Wilde, la nature imite l'art.

BFM, le 23 septembre 2021

Jean-Luc Mélenchon : la droite contre la gauche

« C'est toi ?

— Qui ça, toi ?

— Attends, parle pas ici !

— Appelle-moi à cet autre numéro sur Telegram. »

Jean-Luc Mélenchon est prudent. Plus encore : il est méfiant, suspicieux. Les jeunes diraient qu'il est parano. Je ne peux m'empêcher de songer à Staline qui, disait-on, changeait d'appartement chaque soir.

Il a reconnu ma voix, comme j'ai reconnu la sienne, mais il préfère prendre des précautions. Puis, au fil des appels qui se multiplient, il se livrera davantage. J'ai souhaité le contacter en ce mois de septembre radieux pour lui faire une proposition qu'il ne pourra pas refuser. Il veut devenir le patron des gauches ? Cela tombe bien, je veux faire l'union des électeurs de droite. Je pressens qu'un débat l'un contre l'autre peut nous permettre de rameuter nos camps respectifs et de montrer à la France que le clivage droite-gauche est plus que jamais actuel. Je n'ai pas besoin de lui expliquer l'intérêt de ce débat longtemps : il comprend (il sait déjà) et accepte rapidement.

Je connais Jean-Luc Mélenchon depuis des années ; il était alors membre du Parti socialiste et moi journaliste. Nos origines communes de l'autre côté de la Méditerranée et un même goût pour l'histoire nous ont rapprochés. Je crois pouvoir dire que nous étions ce qu'on appelle « de bons copains » : il était là lorsque j'ai fêté mes cinquante ans, et nous nous tenions dans une estime réciproque qui lui fit dire un jour à la télévision : « Je connais très bien Éric Zemmour, ce n'est pas un raciste, c'est un brillant intellectuel. »

Nous avions déjà confronté nos deux visions du monde et de la France, des années plus tôt, en décembre 2014, sur RTL, lorsque mon livre *Le Suicide français* occupait l'actualité médiatique. Il avait senti d'instinct le profit politique qu'il pouvait tirer d'un débat contre moi. D'ailleurs, il me l'avait avoué sans ambages : « Tu es devenu l'intellectuel organique de la droite. Tout le monde à droite s'aligne sur toi. En m'opposant à toi, je prends la tête de toute la gauche qui s'oppose à la droite. » Il n'a pas changé d'avis.

Tout le reste de la gauche adopte l'attitude inverse, celle du déni et de la délégitimation. Pour eux, la question de l'identité française ne se pose pas, et parler avec moi, c'est accepter que cette question soit posée. Finalement, le reste de la gauche continuera à faire de la morale, quand Mélenchon fera de la politique. Il cherche à établir un rapport de force, pendant que les compères de son camp prêchent la bonne parole.

Nous réglons donc les détails de notre débat. Il aimerait que nous débattions sur BFM. Il refuse d'aller sur France 2, qui, d'après lui, le maltraite, et insiste pour que le débat ait lieu le soir où cette chaîne accueille le ministre de l'Intérieur, Gérald Darmanin, opposé à Valérie Pécresse, une des candidates déclarées à la primaire de LR. Je comprends que Mélenchon veut écraser la concurrence, et qu'il déteste beaucoup plus France 2 que Pécresse ou Darmanin. La date m'importe peu ; j'accepte. À l'annonce des audiences, le lendemain de notre débat, j'imaginerai sa satisfaction : BFM aura rassemblé près de quatre millions de téléspectateurs, le record historique pour une chaîne info, tandis que la deuxième chaîne du service public devra se contenter d'un petit million.

Le reste des négociations se déroule dans un climat courtois et intelligent entre Sarah et Manuel Bompard, alors bras droit de Mélenchon. Le patron de BFM, Marc-Olivier

Fogiel, n'a pas de mal à imposer ses rares arbitrages. Nous voulons tous deux débattre d'économie. Puis, chaque camp a son thème de prédilection, l'identité pour nous, l'écologie pour Mélenchon. Sarah et Manuel Bompard conviennent avec BFM de tirer au sort l'ordre des débats. Ce sera d'abord l'identité. Ni Mélenchon ni moi ne voulons accumuler les sujets, contrairement à ce que nous verrons lors du débat d'entre-deux tours. Cela nous permettra de présenter notre vision de la France et du monde, et de ne pas nous contenter d'ânonner des fiches sur des dizaines de sujets.

Avant le débat, Mélenchon me rappelle. Il ne me cache pas qu'il lui a fallu affronter l'hostilité de ses proches, pour qui j'étais « le diable », avec qui on ne parle pas, même avec un grand micro. C'est d'ailleurs pour cette raison qu'il a privilégié BFM à CNews, que les Insoumis surnomment la « chaîne Zemmour ». Au téléphone, il ne peut s'empêcher de me décrire sa stratégie, de me conter ses réussites et ses échecs, et même de me donner des conseils, sur le ton badin d'un copain de chambrée plus expérimenté. Il m'entretient, par exemple, de l'attention qu'il faut porter aux sondages : « Nous, on est passés du mépris des sondages, inspiré par les bourdieusiens qui étaient chez nous (tu sais, les mecs pour qui l'opinion publique n'existe pas) à des polytechniciens qui harcèlent la commission des sondages tous les jours pour comprendre telle ou telle variation ! C'est très important, Éric, les sondages, il ne faut pas lâcher les instituts. » Il enchaîne sur la « radicalité », qui est selon lui un outil politique majeur de rassemblement de son camp : « C'était déjà comme ça en 2017 : c'est parce que j'étais le plus radical à gauche que j'ai aspiré l'électorat tenté au départ par Hamon. Tu ne dois pas hésiter à faire la même chose à droite. Les électeurs seront attirés par toi si tu es le plus radical, surtout quand la Marine ne dit rien et que LR n'est pas audible… »

À notre arrivée dans le superbe studio préparé par la chaîne, nous découvrons que nous avons un point commun essentiel : nous craignons la climatisation polaire comme la peste. Après deux heures de débat, nous en avons constaté un autre : nous aimons tous les deux l'histoire, dans une époque où elle est rangée au placard par toute la classe politique. Pour le reste, nous ne sommes d'accord sur rien. Une fois l'émission terminée, au milieu des congratulations des dirigeants de BFM qui pressentent leur triomphe, je ne sais pas si j'ai gagné ou perdu le match, mais je suis sûr que nous avons tous deux mené un beau débat qui a montré la persistance du clivage droite-gauche. Quelques mois plus tard, après avoir, comme tous les Français, subi l'ennui mortel du débat d'entre-deux-tours, je suis convaincu que notre affrontement de septembre fut l'un des rares moments vraiment politiques de la campagne présidentielle.

Les réponses que nous fîmes à la dernière question qui nous a été posée résumèrent parfaitement la teneur de notre duel. Aux journalistes qui nous demandent notre vision et nos craintes pour la France à l'horizon de 2050, Jean-Luc Mélenchon répond qu'il voit la Camargue sous l'eau, et bien d'autres régions françaises saccagées par le réchauffement climatique, tandis que je décris ma hantise de laisser à mes enfants une France à feu et à sang, « libanisée », avec des enclaves étrangères et des milices ethnico-religieuses qui se partagent le territoire national et s'affrontent.

Contrairement à ce que répètent communément les observateurs et les bien-pensants, il n'y avait pas d'un seul côté un « homme qui agite les peurs ». Il y avait deux hommes avec deux types de peurs, deux discours apocalyptiques, deux millénarismes. Deux mystiques que l'on s'efforçait de traduire en politique. Deux politiques qui reçoivent aussitôt leur récompense dans les sondages, qui nous portent tous deux de 9 % à 13 % d'intentions de vote dans les jours qui suivent.

Quand je prétends que nous avons ressuscité le clivage droite-gauche, il ne s'agit pas là d'un abus de langage : Jean-Luc Mélenchon ne veut retenir de l'histoire de France que la Révolution française et de la Révolution que la tradition rousseauiste, pour laquelle la nation n'est qu'un « contrat social », un accord politique qui lie entre eux ceux qui le signent. Pour Mélenchon, une France à majorité musulmane (ou simplement avec une très forte minorité) établirait un nouveau « contrat social » et politique entre les Français. Pour moi, « ce ne serait plus la France », comme disait le général de Gaulle à Peyrefitte.

Sa conception de l'appartenance à la nation efface le passé et l'histoire ; elle ne concerne que les vivants et fait table rase des morts. Elle est froide et même glacée dans son écrin politique et juridique. Je lui préfère, comme tant de Français et de républicains avant moi, une conception charnelle, qui refuse la page blanche au nom de notre histoire, de nos traditions, de nos ancêtres, de nos modes de vie, de nos paysages. Cette France a un corps et une âme, une réalité concrète et organique plus encore que politique, qui parle à nos sens autant qu'à notre raison, et à laquelle les nouveaux arrivants doivent s'assimiler. Cela s'appelle l'« enracinement », pour reprendre le mot de la philosophe Simone Weil.

Devenir français, pour moi, c'est en effet s'enraciner profondément dans une terre vieille de mille cinq cents ans au moins, depuis la conversion au catholicisme de Clovis, à la fin du Ve siècle après J.-C., comme le pensait le général de Gaulle, et non depuis 1789, comme l'affirme Jean-Luc Mélenchon. La IIIe République, pour se détacher d'un héritage exclusivement chrétien, donnera à tous les Français les Gaulois pour ancêtres. Mais ces Gaulois furent eux-mêmes romanisés, puis christianisés ; et l'essentiel est plutôt dans l'existence éminemment symbolique d'ancêtres communs, qui recouvrent les différences d'origines et de religions sous un seul manteau qui nous rapproche et nous unit.

Entre Mélenchon et moi, c'est cette séculaire querelle qui revient. Quand je conclurai chacun de mes discours par « Vive la République, et surtout, vive la France ! », Mélenchon me répondra comme en écho : « Vive la France, mais surtout, vive la République ! ». Pour moi, la République est un régime, des institutions, un moyen moderne de poursuivre la même histoire de France – « la République, notre royaume de France », disait Péguy. Pour Mélenchon, la

République est une quête d'absolu, un Graal, la religion de cet incroyant, dont la France n'est que la servante.

Bien sûr, cette haute philosophie, digne des cercles maçons, va de pair avec les calculs électoraux les plus prosaïques. Le cynisme de Mélenchon est sans limites : il vise un électorat musulman de plus en plus nombreux et se montre prêt à toutes les apostasies pour l'attirer. Mais si l'on met en lumière sa tactique, il se récrie en vous accusant de distinguer entre les citoyens français. Il nie le Grand Remplacement pour mieux en profiter. Quand il évoque la future « créolisation » du peuple français, il invente une version bisounours de ce Grand Remplacement sans en nier pourtant la réalité.

Allons au-delà des accusations légitimes de calcul politicien : Mélenchon n'est plus un républicain au sens où l'étaient ceux de la IIIe République ; il l'était encore lorsqu'il affirmait, bravache et lucide, que « le voile islamique est un signe d'auto-stigmatisation ; celles qui le portent le font pour pouvoir se plaindre d'être stigmatisées ». Il ne l'a plus été à partir du moment où il a affirmé haut et fort que « les musulmans ont le droit de pratiquer leur religion comme ils l'entendent ».

Jamais, dans l'histoire de France, les adeptes d'une croyance, même les catholiques, n'ont pu « pratiquer leur religion comme ils l'entendent ». Nos rois n'ont eu de cesse d'arracher l'Église de France et ses ouailles à l'autorité du pape. Les hérétiques de la foi catholique comme les cathares furent impitoyablement massacrés par les troupes royales. Les protestants ont payé de leur vie par milliers sous la poigne de fer du cardinal Richelieu leur volonté de « pratiquer leur religion comme ils l'entendaient », dans les places fortes que leur avait concédées Henri IV. Les juifs ont vu leur pratique religieuse redessinée par Napoléon pour qu'elle corresponde mieux aux canons liturgiques et organisationnels du catholicisme.

C'est parce que de nombreux musulmans refusent de prendre ce chemin balisé historiquement qu'ils rencontrent des oppositions ; ce qu'ils appellent, et Mélenchon avec eux, « l'islamophobie ». La loi de 1905 parle de « liberté de *conscience* » (à l'intérieur de soi, donc), pas de liberté de *pratique* dans l'espace public. C'est précisément la révolution chrétienne qui, il y a deux mille ans, a provoqué cette « intériorisation » de la croyance religieuse, quand toutes les religions de l'Antiquité, mais aussi le judaïsme et l'islam, sont, elles, des religions « sociales », donc « politiques », c'est-à-dire où la foi s'exprime dans une pratique ostentatoire au sein de l'espace public et où l'individu vit sous le contrôle permanent du groupe.

Mélenchon n'ignore pas cette histoire mais il n'en a cure. Il est redevenu le trotskiste qu'il fut (« trotskiste un jour, trotskiste toujours »), le militant révolutionnaire qui, à l'instar de Lénine en 1920 au congrès de Bakou, est prêt à s'allier avec l'islam pour abattre l'Occident. Il est un militant révolutionnaire, un jacobin, un héritier de l'abbé Sieyès. Après son brillant score au premier tour, il reviendra, dans une allusion transparente, à son cher abbé quand il déclarera que les onze millions d'électeurs qui l'avaient soutenu constituaient le « tiers état » de la « nouvelle France ».

On se souvient de la célèbre apostrophe de Sieyès à la veille de la Révolution : « Qu'est-ce que le tiers état ? Tout. Qu'a-t-il été jusqu'à présent dans l'ordre politique ? Rien. Que demande-t-il ? À être quelque chose. » À l'époque, le tiers état est tout simplement le peuple français qui va « remplacer » les corps privilégiés, noblesse et clergé, avant de les contraindre à l'exil ou de les guillotiner. Mélenchon ne parle pas pour ne rien dire : son électorat est le nouveau peuple français, qui un jour remplacera l'ancien, avant de les contraindre à l'exil ou de les guillotiner (l'égorger fera l'affaire).

Son électorat est avant tout composé par les 69 % des musulmans qui ont voté pour lui. Un soutien massif qui lui donne plus de 60 % des voix dès le premier tour dans nombre de banlieues islamisées. À ce corps central, viennent s'agréger des jeunes, des étudiants, des intellectuels prolétarisés (sociologues, intermittents du spectacle, enseignants, etc.) qui craignent le réchauffement climatique comme une nouvelle fin du monde, et tous les lobbys féministes, queers, etc., qui détestent la droite, les « islamophobes » et la « masculinité toxique », mais ne voient pas comment l'islam traite, depuis plus de mille ans, les homosexuels et les femmes. Ce sont les « idiots utiles », pour reprendre un vocabulaire léniniste, de la conquête islamique de la France.

Le vote Mélenchon a accouché de ce nouveau peuple « islamo-gauchiste ». Au sens littéral du terme : des musulmans dont le vote est « identitaire » (ils optent pour le plus islamophile de tous, combien de fois l'ai-je entendu ou lu de l'aveu de tant de musulmans eux-mêmes...) alors qu'ils rejettent massivement les expérimentations sociétales qui réjouissent les gauchistes insoumis. Un peuple islamo-gauchiste qui a pour ambition avouée ou dissimulée, consciente ou inconsciente, de « remplacer » le vieux peuple judéo-chrétien, « patriarcal », hétérosexuel et blanc, qu'il voue aux gémonies.

Ce combat de civilisations renvoie Jean-Luc Mélenchon à ses propres névroses enfantines, lui, le rejeton d'une famille d'origine espagnole qui avait rejoint le Maroc sous protectorat français et n'avait guère de tendresse pour les « bougnouls », famille dont il a visiblement honte, un peu à la manière du comique Guy Bedos qui n'avait jamais de mots assez durs pour dénoncer sa mère « raciste ». Mélenchon en a conservé une tendresse pour ce peuple musulman, éternellement associé à son statut de faible et de victime de l'iniquité coloniale et du mépris de fer des « colons » blancs, petit peuple arabo-musulman à qui il reconnaît son « besoin de spiritualité », tandis qu'il redevient « bouffeur de curés » dès que le « besoin de spiritualité » ne s'incarne plus en Mahomet mais en Jésus.

Cette rupture de Mélenchon avec son milieu d'origine a des limites lorsqu'il s'agit des juifs, qui étaient souvent regardés avec un discret agacement, et même parfois une franche détestation, au sein de la population française des départements d'Algérie, que ses parents avaient rejointe après leur passage au Maroc. On se souvient de ses réflexions pour le moins saugrenues après la défaite du leader travailliste Jeremy Corbyn, mise sur le compte de l'hostilité du grand rabbin du Royaume-Uni. Alors, toute la famille Mélenchon, toutes générations confondues, se retrouve discrètement réconciliée, au coude à coude, derrière son plus brillant héritier.

Il y a des années, j'avais pu observer les prémices de la querelle de Jean-Luc Mélenchon avec le premier secrétaire du PS, François Hollande, qui l'avait toisé de son mépris ironique d'énarque, se moquant bien de la réalité des rapports de force au sein du parti, n'hésitant pas à truquer les votes pour marginaliser son opposant. Longtemps, Mélenchon a pensé, à l'instar des autres trotskistes qui avaient fait de « l'entrisme » au sein du PS, qu'il n'y avait point de salut hors de la « vieille maison ». Et puis, il a changé d'avis après le glissement continu des dirigeants de gauche vers le libéralisme, sous la pression de l'Europe. Après le référendum européen de 2005, il a cru que Laurent Fabius (on l'a oublié, mais ce dernier avait fait campagne pour le non) romprait avec le Parti socialiste. Mais l'ancien Premier ministre n'a pas osé briser l'unité de la « famille ». C'est donc Mélenchon qui est parti.

Il a commencé sa longue marche sous les quolibets de ses anciens amis. En 2012, élu président, François Hollande affichait plus que jamais son mépris à son égard. Ce sera la dernière fois. Jean-Luc Mélenchon le doublera sur sa gauche. Il réitérera la performance de son maître Mitterrand qui avait vaincu la concurrence de Michel Rocard en récitant un discours marxisant impeccable. Entre discours révolutionnaire et populiste, souvent Mélenchon variera. Il s'inspirera beaucoup des populistes sud-américains, même si la situation économique, sociale et surtout démographique de l'Amérique latine n'a rien à voir avec celle de la France.

Il mènera avant tout avec persévérance un long combat politique, qui mêle à la fois une lutte culturelle, sémantique, d'inspiration gramscienne, et l'action sur le terrain. Au sein du parti de Jean-Luc Mélenchon, il existe un comité des mots qui se réunit régulièrement autour du « Lider Maximo » : il s'agit ni plus ni moins de réfléchir aux termes qu'il va imposer dans le débat public. Si l'on se retourne sur les dernières années, on s'aperçoit de la créativité de ce groupe et de son efficacité dans l'espace médiatique et politique : dénonciation des « superprofits », éloge des « quartiers populaires », alors même que les classes populaires françaises de souche en ont disparu ; j'ai déjà parlé de « féminicide », qu'on appelait naguère « crime passionnel » ; et de « créolisation », version rose bonbon du Grand Remplacement, qui a pris la suite d'« intégration », « insertion », « multiculturalisme », « vivre-ensemble », toutes ces expressions inventées pour dissimuler la réalité, l'euphémiser, mais qui ont mal vieilli. Je pourrais faire une liste interminable de ce que ce « comité des mots » de LFI a réussi à nous imposer.

La gauche met en œuvre avec méthode et une discipline allant souvent jusqu'au fanatisme l'injonction de Lénine : « Faites-leur manger le mot, vous leur ferez avaler la chose. » Une fois le mot trouvé, le concept élaboré, la théorie échafaudée, ils les répandent dans l'espace public : les médias sont là pour ça. Souvent, il est inutile de coordonner leurs efforts par une action concertée, l'esprit moutonnier de mes anciens confrères suffit. En aval, le système médiatique ; en amont, l'Université. Les journalistes répandent les concepts que l'Université a forgés, des concepts, des théories, des néologismes, auxquels elle a donné une « caution scientifique ». Tout cela a été élaboré en vase clos : les professeurs favorisent les étudiants qui « pensent bien » ; les subventions, venues de l'État, des régions, et surtout de la Commission européenne, alimentent les travaux qui renforcent les idées à la mode. La gauche tient l'Université depuis 1945 ; elle fut jadis marxiste, puis gauchiste, maoïste dans les années 1970, elle est désormais « woke », féministe et indigéniste. Il y a un échange permanent entre ces universitaires, les militants des partis et les journalistes qui les suivent : ils sortent des mêmes milieux sociaux, deviennent amis ou amants, ont les mêmes idées, les mêmes destins professionnels d'une petite intelligentsia prolétarisée par la massification de la population étudiante et la baisse du niveau culturel de l'école. Les journalistes font la publicité de ces thèses universitaires, les politiques de gauche s'en emparent pour légitimer leurs argumentaires et ce trio assure la domination absolue des idées de gauche dans l'espace public.

À l'époque de ce débat, en ce jeudi 23 septembre 2021, nous ne le savons pas encore, mais la troisième place de Mélenchon au premier tour le consacrera faiseur de roi du second. Chacun des deux qualifiés lui fera des risettes ; il en profitera pour imposer ses thèmes pour la campagne des législatives, et se grimera en potentiel Premier ministre. Même ses adversaires les plus farouches vanteront son habileté politique. Mais la roche Tarpéienne est toujours proche du Capitole. Quelques mois plus tard, il subira la bronca médiatique d'un féminisme vindicatif qui lui reprochera de ne pas abandonner son jeune protégé, Adrien Quatennens, accusé de violences sur sa compagne.

Mélenchon sera ainsi pris dans une tourmente typiquement révolutionnaire : il avait fait la courte échelle à ces féministes radicales qui désormais l'injurient ; il sera, à son tour, débordé sur sa gauche. Milan Kundera avait prévenu. La gauche n'est qu'une longue et interminable marche vers un avenir radieux qui n'est jamais atteint. Jean-Luc Mélenchon avait, cette fois, refusé de marcher : la Révolution mange toujours ses enfants.

Un jour, ces féministes, Sandrine Rousseau en tête, prendront sa place, en l'accusant de ne pas avoir « compris le juste combat des femmes » ; elles diront qu'il est vieux, dépassé, elles glisseront sa tête sur le billot d'une guillotine symbolique ; elles décréteront que Jean-Luc Mélenchon est de droite.

Paris, le 22 octobre 2021

« Zemmour au second tour ! »

Un point par jour ! Jacques Séguéla n'en revient pas. Il le dit et le répète sans se lasser lors de chacune de ses interventions télévisées : « Zemmour prend un point par jour ! »

Ma progression dans les sondages affole les plateaux des chaînes d'info. Quand j'atteins la barre des 10 %, les sourires jusque-là goguenards se figent ; à 15 %, ils se transforment en grimaces. Cette fois, la classe politico-médiatique panique : avec 18 % des intentions de vote, j'accède pour la première fois au second tour. Face à Emmanuel Macron. Le croisement des courbes avec Marine Le Pen vient de se produire. Des membres de son équipe nous écrivent pour nous dire qu'elle a disparu et qu'elle réfléchit sérieusement à se retirer face à cette chute inexorable.

Les sondeurs s'appellent pour échanger sur l'ampleur du phénomène et s'assurer que leurs outils n'ont pas perdu leur pertinence. Mais ils sont unanimes : mes scores ont doublé pour tous les instituts en l'espace de quelques semaines.

Ce ne sera pas toujours le cas, loin de là, mais ces jours-ci, j'ai l'impression de tenir le récit de la campagne, de dérouler ma stratégie comme je l'entends et de tirer les bénéfices de chacune de nos tactiques. Les commentateurs n'ont rien de négatif à dire : ils sont pris de court. Tout ce que nous faisons leur paraît intelligent et empreint de spontanéité. Le naturel de mes propos n'est pas forcé. J'ai l'impression de dérouler un plan préparé avec le plus grand soin, un plan élaboré dans ma tête depuis dix, vingt, trente ans. De toute éternité.

Tout ce que j'ai lu, écrit, compris, observé, analysé, synthétisé est mis à profit dans cette période de précampagne. « Ce qui se conçoit bien s'énonce clairement, et les mots pour le dire arrivent aisément » : la tirade de Boileau qu'on nous apprenait jadis à l'école semble adaptée à ma situation.

J'ai approfondi, pendant des années, une analyse de la situation politique et historique française, dont je connais les moindres recoins. Mon constat est simple : c'est la survie de la France qui se joue. La démographie exponentielle de l'Afrique portera la population du continent à plus de deux milliards d'individus en 2050, quand celle de l'Europe stagnera autour de quatre cents millions ; pendant ce temps, l'histoire millénaire de l'affrontement entre l'islam et la chrétienté se poursuit sur notre propre sol : deux civilisations qui ne cessent de prendre le dessus l'une sur l'autre, dans un mouvement de flux et de reflux incessant, aussi éternel que le sac et le ressac de l'océan.

Je ne prétends pas être le premier à aborder de semblables rivages ; d'autres avant moi ont déjà fait ces prophéties. L'ancien président Valéry Giscard d'Estaing a lui-même osé prononcer, en 1991, le mot d'« invasion » à propos des mouvements migratoires que nous subissons. Il avait alors réclamé la suppression du droit du sol et reconnu que le « regroupement familial » avait été la plus grave erreur de son septennat. C'est son parti, l'Union pour la Démocratie Française (UDF), associé à celui de Jacques Chirac, le RPR, qui, lors d'une convention consacrée à l'immigration, en 1990, avait reconnu que « l'islam était incompatible avec la France ». À l'époque, Alain Juppé avait déclaré que la « France ne [devait] pas être considérée comme un simple espace géographique sur lequel plusieurs civilisations pourraient cohabiter ». Ces martiales déclarations étaient restées lettre morte.

Dans les salles où nous organisons nos rassemblements ou devant leur poste de télévision, des millions de Français se reconnaissent dans mes analyses, mes prédictions, mes solutions aussi. Ils me le confient partout dans le pays. Ils sentent d'instinct ma sincérité, et elle leur fait du bien, après tant de tromperies et de trahisons. Certains journalistes me reprochent mon goût de l'apocalypse, sans savoir que l'étymologie grecque de ce mot est : « dévoilement de la vérité ». Je ne le dis pas pour faire peur, mais parce que j'y crois ; parce que je le devine, parce que je le vois, parce que je le sais. Parce qu'il faut l'éviter.

J'accomplis ce dont je rêvais depuis vingt ans, et que j'ai attendu en vain d'un politique traditionnel : parler de la France aux Français. De son passé, de son avenir, de son destin : c'est le propre de l'élection présidentielle. Sa hauteur, sa dignité. C'est ce qu'a voulu le général de Gaulle lorsqu'il a imposé à toute une classe politique rétive (le fameux « cartel des non ») cette élection hors du commun, qui relève bien davantage du sacre monarchique ou du plébiscite bonapartiste que des batailles parlementaires et républicaines.

À l'époque, le Général rassemblait une partie des classes populaires (arrachées dès 1958 au Parti communiste) et une bourgeoisie patriote et moderniste, séduite par le discours technocratique empreint de saint-simonisme de ses ministres sortis de l'ENA ou de Polytechnique. Vingt ans plus tard, François Mitterrand lui renverra la pareille en conquérant le pouvoir avec, là aussi, une majorité composée des classes populaires, dont une fraction encore arrachée au PC, et d'une bourgeoisie progressiste, hauts fonctionnaires et enseignants unis dans le Parti socialiste qu'il a ressuscité. Cette synthèse est en France la seule victorieuse.

J'entreprends de la reconstituer en réunissant derrière moi une part de la classe populaire, empruntée au nouveau Parti communiste, le Rassemblement national, et une bourgeoisie patriote qui a voté pour François Fillon en 2017. Je fais le pari que ce qui les rassemble est la crainte du Grand Remplacement et l'espoir de retrouver une France fière et apaisée.

Le début de ma campagne repose sur cette analyse politique, approfondie pendant des années et exposée, dès 1998, dans un de mes livres, *Le Livre noir de la droite*. Je constate avec satisfaction que mon pari est réussi. Même à

5 % d'intentions de vote, je réunis derrière moi un électorat, certes encore faible, mais composite, d'électeurs de Marine Le Pen et de François Fillon. Je les reconnais dans mes « conférences littéraires » de Toulon, de Nice.

Je veux construire un discours économique qui parle à ces deux électorats, qui arrime ces deux catégories sociologiques séparées depuis quarante ans. Je développe cette synthèse économique dans mon premier discours de Lille, en octobre. Les sondages m'encouragent : j'ai quitté les 5 % pour atteindre les 8 %. Marine Le Pen prédisait que je ne dépasserais jamais les 3 % : je ne suis pas encore candidat que les chiffres lui donnent déjà tort.

La politique est simple, claire, évidente, lorsqu'elle est ainsi le prolongement d'une idée, d'une conviction. Péguy aurait dit : d'une mystique. Alors, elle est loin des compromis et des compromissions, des petits arrangements entre amis et ennemis. Je contais à Sarah le bon mot qu'aimait à prononcer François Bayrou, au temps lointain où il éperonnait ses campagnes présidentielles comme un cheval fougueux avec sa complice Marielle de Sarnez, loin des regards et conseils des pusillanimes élus centristes : « Le meilleur de la politique, disait-il, faraud, c'est en tête à tête dans la cuisine avec Marielle ». Je l'appelais un jour pour évoquer ce vieux souvenir, lui dire que je le comprenais si bien aujourd'hui. Je croyais ressusciter notre ancienne complicité, du temps où j'étais journaliste politique, mais mal m'en prit. Je trouvais un Bayrou solennel, grandiloquent, un brin ridicule : « Ce que tu fais est très grave, Éric ; j'ai peur, parce que le pire, c'est que tout ce que tu fais est en train de marcher ! »

J'atteins les 10 % d'intentions de vote et, quel que soit mon score, mon électorat est toujours composé à parts égales d'anciens LR, d'anciens RN et d'anciens abstentionnistes. Les jours sont beaux. Les soutiens et les dons ne cessent d'affluer ; les Français, de toutes catégories sociales, soutiennent généreusement mon initiative.

Chaque matin, nous recevons au QG de la rue Jean-Goujon un courrier impressionnant : mes sympathisants m'écrivent et beaucoup prennent encore la plume et le papier. Je n'ai pas le temps de tout lire (pardonnez-moi, chers correspondants !), mais il m'est arrivé de passer des heures à ouvrir des lettres. Certaines me laissent sans voix. Une retraitée m'envoie un chèque de cent euros parce qu'elle a pleuré après avoir entendu l'un de mes meetings. Dans une lettre émouvante, elle me demande si je veux bien attendre la fin du mois avant d'encaisser son chèque, car « c'est compliqué en ce moment », explique-t-elle pudiquement. Je veux lui renvoyer son argent : qu'elle ne se ruine pas pour ma campagne ! On m'en dissuade, ce serait la blesser, me dit-on, dans sa dignité et sa fierté de Française qui entend participer au sauvetage de son pays. Je l'appelle pour la remercier et mon émotion est palpable. J'ai souvent pensé à ces cent euros. Ils valaient des milliards. Cette femme ne fut pas la seule. Combien de retraités, de chômeurs, de travailleurs pauvres m'ont avoué leur gêne ou leur détresse, tout en me faisant parvenir un reliquat de ce qui leur restait, cinq euros, dix euros ! C'était aussi poignant que magnifique.

Nous restons concentrés. Il y a de plus en plus de monde à nos côtés, notre cercle se professionnalise sous la charge de travail qui augmente chaque jour. Tout le monde sourit dans l'équipe : « On espère que vous n'allez pas changer maintenant que vous faites des scores à deux chiffres ! » Non, rien ne change, ni moi ni eux.

Le débat face à Jean-Luc Mélenchon sur BFM a permis de donner corps à la coalition de la droite que j'appelle de mes vœux. Ce jeudi 23 septembre, j'ai incarné la France qui veut rester la France contre ceux qui acceptent d'en faire une « République créolisée ». Celle de l'ordre contre la loi des bandes. Celle du travail contre l'assistanat. Mon objectif était que le peuple de droite se reconnût dans ce clivage ressuscité. Et ça a marché. Les sondages en témoignent.

Mélenchon se fait agonir : toute la gauche lui reproche d'avoir débattu avec moi. On le montre du doigt comme le marchepied sur lequel je serais monté. Jean-Michel Aphatie s'égosille avec son accent chantant : « Seul Zemmour profite de ce genre de débats ! Mélenchon vient de l'adouber, de lui offrir un énorme gage de crédibilité ! Quelle erreur ! » La classe politico-médiatique ne rit plus. Les uns veulent me combattre, argument contre argument, pied à pied ; les autres, ériger un mur de silence médiatique autour de moi pour ne pas propager ma mauvaise parole. Tout est vain.

En cette fin octobre, Emmanuel Macron décide de me cibler en m'attaquant sur la question des prénoms français. Des confidences anonymes de conseillers élyséens sont répandues dans la presse : selon eux, Macron se préparerait à cet affrontement. Plus d'un an plus tard, j'apprendrai qu'à cette époque, la crainte est si grande au sommet de l'État que certains exigent des fonctionnaires chargés de la lutte contre la « radicalisation islamique », qu'ils retournent leurs armes contre mes réseaux sociaux, mes soutiens, ma campagne. L'un d'entre eux démissionna pour ne pas participer à cette sale besogne.

Dans la rue, les gens m'arrêtent : « Enfin ! On attend ça depuis 2017 ! Enfin un vrai débat face à Emmanuel Macron ! Vous allez l'écrabouiller ! » Au restaurant, mes voisins me glissent des notes : « Je vous ai écrit quelques mots sur tel sujet, c'est un sujet important, vous pourrez en parler à Macron lors de votre débat. »

Je n'eus pas l'honneur de représenter ces Français, et le débat fut ce qu'il fut…

Palais des Congrès, le 4 octobre 2021

Michel Onfray, mon bras gauche

« Zemmour, président ! Zemmour, président ! » Les cris sont partis spontanément dans la salle et sont scandés pendant de longues minutes, jusqu'à ce que le producteur Stéphane Simon, un ami de Michel Onfray, qui fait fonction ce soir de Monsieur Loyal, tente de les faire taire : « Ce n'est pas un meeting politique ! s'époumone-t-il, arrêtez ! Ce n'est pas un meeting politique ! » En vain. Les cris fusent de nouveau : « Zemmour, président ! » ; la vague ne s'apaisera qu'après que j'ai longuement salué la foule, et que je me suis enfin assis.

Quelques minutes avant, dans les loges, Michel et moi nous sommes serrés dans les bras en nous retrouvant comme deux adolescents. Nous avons oublié tout le monde autour de nous, Stéphane Simon, Olivier Ubéda, Sarah, mes enfants, la compagne de Michel… pour refaire le monde avant de monter sur scène. Je crois que nous parlions du XVIIe siècle, tandis que Stéphane nous exhortait : « Vous parlerez plus tard ! Laissez-en pour la conférence ! – Oh ! Ne t'inquiète pas pour ça ! »

Le palais des Congrès est plein à craquer. Les quatre mille places sont parties en quelques heures, ce qui a réjoui Stéphane Simon : la recette abondante est destinée aux caisses de *Front populaire*, la revue fondée par les deux compères, qui a organisé cette soirée-débat. « La dernière fois que le palais était plein à ce point, c'était pour les adieux de Charles Aznavour ! » lance le producteur en guise d'introduction.

L'idée d'une telle rencontre a germé il y a plusieurs mois, lors des dîners amicaux où nous avons la joie de nous retrouver quand Michel le Normand débarque à Paris. Nous avons remarqué que les débats qui nous opposent tous deux attirent une fort belle audience. Les téléspectateurs, que nous croisons après, l'un et l'autre, nous disent tous leur enthousiasme devant ce duel à fleurets très mouchetés, où les accords sont plus fréquents que les désaccords, et où les pointes sont portées avec délicatesse, respect mutuel et, j'oserai même le mot, affection. L'ambiance y est davantage celle d'un salon raffiné du XVIIIe siècle que d'un ring de boxe.

Le public a répondu présent. Stéphane Simon a eu la bonne idée d'ouvrir notre conversation par une comparaison de nos enfances respectives, qui, pour s'être déroulées en même temps, furent on ne peut plus contrastées : Michel à la campagne, Éric en banlieue, Michel le nez dans les étoiles, Éric la tête dans le guidon de son vélo, Onfray le rat des champs, Zemmour le rat des villes, mais deux « petits choses », deux enfants des classes populaires, deux contemplatifs, deux petits garçons qui vivent dans les livres, deux jeunes hommes qui monteront un jour à la capitale en s'écriant : « À nous deux, Paris ! »

Nous venons lui et moi de la gauche, mais Michel y est resté plus longtemps. J'ai déjà raconté comment, à la fin des années 1980, j'ai abandonné « ma » gauche, ou plutôt comment elle m'a abandonné, car la gauche s'est alors éloignée de ses rivages authentiquement républicains, patriotes, étatistes, sociaux, assimilationnistes. Michel, lui, en pinça d'abord pour la gauche héritière de Pierre-Joseph Proudhon, le grand adversaire de Karl Marx, avec sa sensibilité libertaire, anarchisante, individualiste, hédoniste, pacifiste, antiproductiviste, anticléricale aussi. C'est pourquoi il fut à la mode quand, dans ces années-là, cette tendance toujours défaite prit enfin sa revanche sur sa rivale longtemps dominatrice, la gauche étatiste et marxiste.

Mais Onfray a compris, au tournant des années 1990-2000, que ce tournant libertaire qui lui agréait était avant tout un virage libéral qui lui déplaisait. Il se rendit compte aussi que ce christianisme, sur lequel il avait tapé si fort dans sa prime jeunesse, était un moribond sur lequel il ne fallait plus s'acharner ; qu'il avait « mis une claque à sa grand-mère », selon la belle expression de Marx ; que l'islam était la religion montante, et qu'elle s'avérait beaucoup plus tyrannique, réactionnaire, brutale, voire violente, que la foi de ses pères, qu'il avait si âprement combattue.

Notre diagnostic est donc devenu le même : la civilisation judéo-chrétienne et gréco-romaine, qui a porté l'Europe et la France sur les fonts baptismaux il y a plus de mille ans, est en pleine décadence, et se trouve menacée par le dynamisme belliqueux de la civilisation islamique sur son sol.

J'avoue qu'au regard de cet accord fondamental, j'ai longtemps cru que Michel me rejoindrait et que nous mènerions ce combat ensemble. Je l'ai cru aussi parce qu'il encouragea ma candidature avec chaleur tout au long de l'année 2021 et disait qu'il me rallierait en cours de route. Devant notre pays qui s'effondre, je ne pouvais pas imaginer qu'on pût s'attarder sur des différences de degré en oubliant l'immense accord de nature qui nous rapprochait. Quelles étaient donc ces infimes différences de degré qui empêchèrent Michel de me rejoindre dans ce combat pour la France ?

D'abord, j'ai décidé de combattre frontalement l'islamisation du pays et le Grand Remplacement. J'exige des musulmans, s'ils sont français, qu'ils s'assimilent à la culture française ; selon moi, c'est à eux de faire des « accommodements raisonnables » avec la France, et non à la France d'en faire avec l'islam. Je pense que cette posture frontale, cette sincérité, est la seule à même d'ouvrir les yeux des Français et de nous faire respecter de nos compatriotes musulmans. Michel, lui, préfère une approche qui, à ses yeux, ne « blesse pas les sensibilités » : il prend des chemins de traverse. Cette intention est louable, je pense qu'elle est inopérante. Michel distingue entre les versets du Coran ceux qui seraient recevables de ceux qu'il faudrait extirper pour rendre le texte acceptable. Mais il refuse de voir qu'aucun théologien ni même aucun musulman n'autorisera semblable amputation. Il reprend l'antienne selon laquelle une « majorité » des musulmans aime notre pays et s'intègre quand « seule une minorité pose problème ». Dire cela, c'est selon moi mentir aux Français, se mentir à soi-même et mentir aux musulmans, à l'heure où 65 % des lycéens musulmans placent l'islam au-dessus des lois de la République (selon un sondage IFOP pour la LICRA). Michel se soucie donc de ne pas « blesser » les sensibilités des croyants. Je pourrais lui rétorquer que cette précaution n'encombrait guère les farouches athées comme lui lorsqu'il s'agissait de heurter les sensibilités des catholiques pendant la bataille de la séparation de l'Église et de l'État. À l'époque – réminiscence amusante –, c'était la droite monarchiste qui reprochait à la République de « blesser » les sensibilités. Je n'imaginais pas un jour, et je le lui dis ce soir-là, au Palais des Congrès, en un clin d'œil ironique, voir Michel Onfray reprendre au mot près les arguments du grand polémiste catholique de la fin du XIXe siècle, Louis Veuillot.

Michel ne cesse de répéter que notre pays est devenu décadent, et qu'il s'est éloigné de ce qui fut sa matrice. Il sait comme nous sommes d'accord sur ce point. Mais lui en conclut que c'est à cause de cela que les jeunes musulmans ne s'assimilent pas, parce que notre pays n'a plus rien à offrir à cette jeunesse venue d'ailleurs. Je ne conteste pas le fond, mais la forme : à l'entendre, c'est encore, et toujours, la France qui bat sa coulpe. Toujours la France qui n'est pas à la hauteur, qui n'a pas fait les efforts qu'elle aurait dû faire... Je considère qu'il faut cesser avec ce discours qui n'est que l'autre face d'un énorme sentiment de supériorité : tout ce qui arrive serait notre faute. Nous serions les seuls à agir, comme si les autres, leurs choix, leurs origines, leur religion, leur inconscient collectif ne comptaient pas. Je refuse cette manière victimaire de penser. Je respecte les musulmans, et j'ai déjà eu l'occasion de le dire – je sais d'où ils viennent, je connais leur histoire. Cette question de l'islam, cet affrontement que nous sentons monter, ne concernent pas la seule France de 2022 mais tout l'Occident depuis des siècles, voire un millénaire. On peut dire comme Michel que « le problème, c'est qu'on ne croit plus en nous aujourd'hui », mais cela ne suffit pas à expliquer ce qui nous arrive. C'est pourquoi je m'interdis de penser ainsi ; c'est pour moi une manière involontaire (ou habile) de nier le conflit.

Au-delà de ces différences sur l'islamisation du pays, Michel ajoute, au fur et à mesure de la campagne, d'autres arguments, qui méritent que l'on s'y arrête. Il me suggère sans cesse de ne pas m'enfermer à droite, de « muscler mon bras gauche », selon son amusante expression, qu'il répéta dans les médias à maintes reprises. Mon bras gauche ne fut jamais assez musclé pour lui. Je l'ai toujours regretté. Son bras droit, à vrai dire, ne l'est pas davantage pour moi.

Avant l'annonce de ma candidature, lors de l'une de nos rencontres, nous parlions du programme économique idéal pour la campagne à venir. Nous partagions le même objectif : tenir un discours qui saurait concilier les classes populaires, les classes moyennes et les catégories plus aisées. Nous convînmes qu'on ne pouvait plus imaginer une politique sociale, à la manière de celle de 1981, d'augmentation massive des salaires, qui ne ferait qu'aggraver nos déficits commerciaux et ruiner un peu plus encore notre industrie. C'est lui qui m'orienta vers cette vieille idée gaullienne de la participation.

À ses yeux, cette idée résolvait tout. Elle serait le symbole de ma politique économique et du « musclage » de mon bras gauche. Je fis donc travailler mes équipes sur la question. En pensant à lui, j'annonçai cette mesure lors d'un débat avec Bruno Le Maire sur France 2. Michel fit semblant de ne pas l'entendre.

Il me reprocha ensuite de n'avoir pas tenu un discours assez souverainiste à son goût. Il veut quitter l'Union européenne, pas moi. Lui continue de considérer que la mère des batailles fut celle de Maastricht lors du référendum de 1992 ; je l'ai longtemps pensé, je me suis battu presque seul avec lui à la télévision sur ce sujet… Je ne le pense plus. Je considère aujourd'hui que la souveraineté vis-à-vis de l'Europe est un moyen, et non une fin en soi. Être souverain, oui, mais pour quoi faire ? De Gaulle ouvre ses *Mémoires de guerre* par cette phrase : « Toute ma vie, je me suis fait une certaine idée de la France. » De la « France », non de la « souveraineté française ».

Michel, lui, continue de dénoncer « l'Europe maastrichtienne », alors que notre politique migratoire était catastrophique dès les années 1970, sinon 1960. Nous n'avons pas eu besoin de Maastricht pour organiser notre invasion, même si les institutions de cette Europe, commission de Bruxelles et juges, nous poussent vivement sur cette voie suicidaire. En me reprochant de n'avoir pas tenu un discours assez souverainiste, mon ami philosophe en est resté au combat des années 1990, alors que la lutte vitale est désormais identitaire et civilisationnelle. Rien ne nous empêche de changer de politique migratoire, tout en restant dans l'Union européenne – le Danemark le prouve. Le seul obstacle est judiciaire, mais il est plus encore national qu'européen. C'est pour cela que je ne veux pas diviser les Français en les forçant à choisir entre quitter l'Union européenne ou non.

Il faut louer la cohérence idéologique de Michel : le « bras gauche » et l'Europe maastrichtienne sont issus du même courant politique, celui qui nourrit le « non » de gauche aux deux référendums européens de 1992 et 2005. Cette même famille politique qui, rassemblée derrière Jean-Pierre Chevènement, s'efforça de rameuter la droite et la gauche souverainistes, les « Républicains des deux rives ». Michel est un inconsolable nostalgique de cette ligne politique. Il n'est pas le seul. Lors de cette présidentielle, un homme a tenté de lui redonner vie : Arnaud Montebourg. Il n'a jamais dépassé les 3 % dans les sondages. L'ancien ministre socialiste avait le bras gauche puissant, lui, mais lorsqu'il voulut muscler son bras droit en proposant de restreindre les visas pour les pays qui ne reprendraient pas leurs clandestins (rien de bien scandaleux, Emmanuel Macron venait d'annoncer cette mesure), son propre mouvement de jeunesse publia un communiqué de presse pour expliquer qu'il quittait sa campagne et reniait le candidat... Montebourg s'excusa en catastrophe et abandonna la présidentielle quelques jours plus tard...

Depuis, je dois avouer que je me suis souvent demandé si les raisons avancées par mon comparse normand pour refuser de me soutenir n'étaient pas que pure rhétorique. Un jour, il alla jusqu'à dire lors d'une interview qu'il ne pourrait pas me soutenir parce que j'avais derrière mon bureau un portrait de Napoléon et pas du général de Gaulle...

Certains me susurraient que l'enfant des champs ne tolérait pas de voir celui des villes aller plus loin que lui. Il a d'ailleurs annoncé récemment qu'il présenterait une liste aux prochaines européennes de 2024. Comme un tardif remords. Mais je n'aime pas ces interprétations psychologisantes, surtout quand je respecte l'intelligence et apprécie l'ami.

Michel est plutôt victime du syndrome habituel des intellectuels français : il est obsédé par « le bras gauche », parce qu'il n'accepte pas de ne plus être de gauche. Il lui est difficile de se battre aux côtés de la droite, même quand il partage tout avec elle, car il refuse d'accepter l'idée que « sa » gauche n'existe plus, ou qu'elle est marginalisée, encore davantage qu'au temps où les communistes massacraient les anarchistes et les proudhoniens. Il lui est douloureux d'admettre que la gauche d'aujourd'hui a remisé les vieilles lunes du patriotisme, de l'élitisme scolaire et de la défense des travailleurs dans les poubelles de l'histoire. Il lui est douloureux d'admettre qu'au regard des clivages actuels, il est aujourd'hui de droite, encensé par *Le Figaro* et vilipendé par *Le Monde*.

Une dernière chose. Je suis sûr que Michel acquiescera en lisant ces lignes. Ami, au fond, tu es désespéré par la décadence de notre civilisation et tu ne crois plus en la rédemption. Je pense profondément que tu n'as pas voulu me rejoindre car, selon toi, mon combat était déjà vain : déjà trop tard ! Je me souviens avec amusement du temps où tu me trouvais trop pessimiste, trop désespéré, trop sombre.

Je veux seulement te redire qu'il n'est pas nécessaire d'espérer pour entreprendre. Il faut « faire ce que doit », comme disaient naguère les aristocrates français.

Je suis convaincu que nous nous retrouverons et combattrons côte à côte. Le rat des villes et le rat des champs ensemble pour la France !

Paris, le lundi 27 septembre 2021

L'économie, les Français et moi

« L'économie, tu t'en moques, n'est-ce pas ? » Depuis des semaines, cette phrase revient comme un leitmotiv. Même mes amis prennent un air condescendant, mâtiné d'une pointe de compassion, lorsqu'ils évoquent cette question. L'histoire, bien sûr, la littérature, évidemment, la politique intérieure ou les relations internationales, même le sport, oui, mais l'économie...

J'ai beau rappeler que j'aime ce sujet depuis mes années d'étudiant à Sciences-Po (je me passionnais alors tellement pour cette matière que je suivis un troisième cycle en économie internationale), j'ai l'impression, à voir l'air circonspect et gouailleur de mes interlocuteurs, que j'invente des guerres d'ancien combattant.

Si je prends la question à l'envers, et évoque les hautes figures d'homme d'État, du général de Gaulle ou de François Mitterrand, largement ignorants en économie, on me rétorque : « Oui, mais c'était possible à cette époque. » En vérité, cela relève largement de la posture et de l'image. Qui a vraiment parlé d'économie au cours de la campagne ? En dehors de la stratégie de communication (paraître sérieux, paraître social, paraître libéral...), qui a tenu un discours économique ? Quelle est la ligne directrice de la politique économique de Marine Le Pen, de Valérie Pécresse ou d'Emmanuel Macron ? Aurait-on pu définir la philosophie économique de mes rivaux ?

Personne n'a fait l'effort de proposer une vision, une stratégie pour les cinq prochaines années. De notre côté, nous y travaillons sérieusement depuis le mois de février. Pendant l'été, je me suis plongé dans l'épais dossier que Jonathan Nadler m'a préparé avec une équipe de près de quatre cents brillants contributeurs. Je lis et relis ce mélange consistant de rappels théoriques et d'ébauches programmatiques : des centaines de pages aux caractères serrés, remplies de chiffres et de tableaux de comparaisons internationales. J'ai l'impression de revenir au temps de ma jeunesse, celle des devoirs de vacances ou des étés studieux passés à préparer le concours de l'ENA.

On dit dans les journaux que Loïk Le Floch-Prigent, l'ancien président de la SNCF et d'Elf Aquitaine, est mon conseiller économique. C'est à la fois vrai et faux, trop ou trop peu. Loïk est d'abord un ami. Il m'a contacté il y a des années pour me remercier et me féliciter après que j'eus, lors d'une émission d'« On n'est pas couché », malmené Eva Joly, coupable selon moi d'avoir persécuté Le Floch lorsqu'elle instruisait l'affaire Elf Aquitaine. Depuis lors, il ne m'a pas seulement fait découvrir le goût des chipirons du Sud-Ouest, mais également celui de notre arsenal industriel. C'est paradoxalement un homme de gauche comme lui qui m'a converti aux nécessités de la concurrence, de la liberté des entrepreneurs, et à la méfiance des bureaucrates et des normes en tout genre, qu'elles soient sociales, écologiques ou sanitaires. C'est Le Floch, patron de gauche, ancien conseiller de Mitterrand, qui m'a instruit, il y a plusieurs années, de la folie de notre politique énergétique et de l'impérieux besoin de réindustrialiser notre pays, bien avant que toute la classe politique ne s'accorde là-dessus.

À la rentrée de septembre, je rencontre Jacques de Larosière. J'avais lu pendant l'été son dernier livre *Quarante Ans d'égarement économique*, que Jonathan avait glissé dans ma valise. Je me souvenais de la carrière brillante de cet inspecteur des finances, proche du président Giscard d'Estaing, qui fut successivement gouverneur de la Banque de France puis directeur du FMI. Le modèle du haut fonctionnaire à la française au cœur du miracle des Trente Glorieuses. Je découvre ce jour-là un vieux monsieur à l'œil vif et alerte, d'une courtoisie exquise, à la fois humble et légitimement fier, mais trop intelligent et trop bien élevé pour être arrogant. Il est également trop fin politique pour ne pas comprendre que la baisse des déficits et des dépenses publiques comme la question de la dette ne seront pas au cœur de la présidentielle ; et qu'en faire le cœur battant d'une campagne ne pourrait que désavantager le candidat. Sur ce point, il me conseille seulement de prévoir un audit complet de nos dépenses par la Cour des comptes une fois l'élection passée.

Peu de temps après, j'acceptais un rendez-vous avec Christian de Saint-Étienne. Il avait été un conseiller économique écouté des campagnes présidentielles de Raymond Barre et de François Bayrou. Il était arrivé au rendez-vous avec quelques feuilles de papier, sur lesquelles il avait rédigé pour moi un programme détaillé et ordonné. Nombre des mesures qu'il préconisait figuraient déjà dans le programme que préparaient Jonathan et son équipe. Au cours de la conversation, seul un point nous séparait, mais il était de principe : la priorité à donner ou non à l'économie au cours de la campagne. Je dois m'arrêter sur ce point quelques instants.

Je ne peux pas reprocher à un économiste de dire que sa matière est le sujet prioritaire, mais tout Français doit comprendre pourquoi j'ai voulu rompre avec ce paradigme qui avait occupé toutes les campagnes présidentielles que j'avais suivies en tant que journaliste. La droite comme la gauche succombent depuis des décennies à cet économisme : la première sur un mode de gestion sérieuse et rigoureuse, la seconde sur un mode social et dépensier, le Rassemblement national participant désormais lui aussi de cet économisme en rêvant de recréer un clivage qui me semble dépassé : plus ou moins de mesures en faveur du pouvoir d'achat et même plutôt, car tous les partis sont d'accord sur la nécessité de le renforcer : « Quelles mesures en plus en faveur du pouvoir d'achat ? »

À l'inverse, je souhaite proposer aux Français un choix plus existentiel : voulez-vous que vos enfants vivent encore en France ? Le sujet du pouvoir d'achat est un thème qui préoccupe toutes les nations du monde depuis des siècles. Chez nous, c'est un thème lancinant depuis le Moyen Âge ; on peut même remonter à Henri IV et à sa poule au pot du dimanche. Il n'est ni nouveau ni proprement français. C'est un sujet majeur, mais ce n'est pas la question spécifique posée à la France de 2022. À l'inverse, celle qui nous est posée aujourd'hui est exceptionnelle et historique. C'était à mon sens la juste hauteur de la présidentielle de permettre d'y répondre.

Le reproche est toujours le même, quelle que soit la manière de le formuler : « Zemmour se soucie de la France mais pas des Français » ; « Il doit muscler son bras gauche » ; « Il ne parle que d'immigration », etc. Derrière ces remarques convenues, on m'accuse de considérer les Français comme davantage que des consommateurs, de les voir différemment que ceux qui ne s'adressent qu'à leur matérialité. De les regarder et de leur parler comme à un peuple.

Je dois rappeler par ailleurs qu'un raisonnement purement économique ne suffira pas à refaire de la France une nation puissante et prospère. Il ne s'agit pas de dire, selon la célèbre formule gaullienne (que le Général a nié avoir prononcée), que « l'intendance suivra », mais de bien comprendre que l'économie est d'abord dépendante des conditions politiques, institutionnelles, juridiques, administratives, sinon de l'état des mœurs et des mentalités, dans lesquelles elle s'épanouit. Elle dépend de l'école, de l'éducation que la nation donne à ses enfants, du culte ou non du travail, du mérite et de l'effort. Elle dépend aussi des sacrifices que chacun est prêt à faire pour la collectivité (le consentement à l'impôt), et donc du sentiment de solidarité nationale.

Quand j'affirme que l'avenir de la France, si l'on n'arrête pas l'invasion migratoire actuelle, est de devenir un « Liban en grand », cette comparaison vaut aussi pour l'économie : l'ancienne « Suisse du Moyen-Orient » est désormais un pays corrompu, fui par ses élites économiques et intellectuelles, où les services publics ne fonctionnent plus et se rapprochent dangereusement de la faillite. L'économie prospère n'a pas survécu dans une nation désintégrée, divisée en factions ethniques et religieuses, sans cesse au bord de la guerre civile.

Mais c'est ainsi pour la classe politico-médiatique : si l'on ne met pas l'économie au premier rang de ses priorités, c'est qu'on s'en moque, ou qu'on n'y connaît rien. Quelle que soit l'injustice de cette conclusion, j'avais besoin de démontrer le contraire. D'écrire un récit économique, après avoir su rédiger un récit identitaire.

L'émission que me proposait Ruth Elkrief, sur LCI, en cette fin septembre, en était l'occasion idéale. Parmi mes interlocuteurs, la chaîne pensait me gêner en prévoyant que François Lenglet me ferait subir un interrogatoire économique. Cela m'arrangeait, bien au contraire. Je voulais profiter de cette émission pour aborder longuement l'économie et je connaissais bien François, que j'avais souvent côtoyé, à RTL ou sur France 2. C'est un journaliste précis et pugnace, mais un homme courtois et bienveillant. Il pose ses questions sans complaisance, mais sans agressivité.

Je sus que j'avais gagné la partie lorsque, après avoir égrené quelques mesures, je corrigeai Lenglet à propos d'un chiffre. Sur le fond, je m'efforçais de trouver une voie médiane entre libéralisme et colbertisme, entre social et assistanat, entre marché et État « stratège », comme on dit lorsqu'on réclame un État interventionniste mais pas envahissant. La plupart des observateurs ne m'attendaient pas sur cette ligne. L'éditorialiste que je fus avait beaucoup pesté contre les ravages causés par le libéralisme, la mondialisation, l'ouverture excessive aux produits fabriqués en Chine, le dogme de la concurrence, les déséquilibres causés par la zone euro. On attendait de ma part un discours protectionniste, voire socialisant, celui qui rapproche souvent Marine Le Pen et Jean-Luc Mélenchon. Sans rien renier de mes positions, j'avais choisi une voie pragmatique, dénuée de démagogie et beaucoup plus réaliste que celles que proposent habituellement « les extrêmes ».

Cet examen réussi devant le sympathique professeur Lenglet fit grande impression les jours suivants. Des journalistes, des patrons, des indépendants, des amis tout simplement, me regardèrent soudain d'un autre œil.

Quoi qu'on en dise, et quoi que je voulusse démontrer, l'économie demeure la reine de la présidentielle. J'enchaînais par un discours à Lille, le 3 octobre, portant sur les mêmes thématiques économiques et sociales. La grande ville de ce Nord jadis cœur de l'industrie française, désormais ravagée par la désindustrialisation, était l'endroit idéal pour parler de travail, de salaires, de participation, de fin de la lutte des classes, de prospérité retrouvée. Et puis, je passais à une autre « séquence ». Je reviendrai à l'économie par touches successives tout au long de la campagne, mais sans doute insuffisamment. J'ai souvent eu la naïveté coupable de croire que ma parole avait assez porté sans qu'il soit utile de la répéter. Les médias répétaient sans se lasser que je ne parlais jamais d'économie, jamais de social. Je songeais souvent, en souriant, au célèbre entretien que le général de Gaulle accorda à Michel Droit pour la campagne présidentielle de 1965 : « Monsieur le président, on a parfois le sentiment que vous aimez la France, mais pas les Français, que vous vous intéressez aux grandes problématiques avec beaucoup de hauteur, mais pas aux problèmes du quotidien des Français… »

Tout est un éternel recommencement ! Il n'empêche. Leur discours sur la question a imprimé davantage que le mien.

Mais oublions les commentateurs pour revenir au fond.

De février à novembre, j'ai multiplié les rencontres avec des patrons de petites et moyennes entreprises ; ils m'ont, à l'unanimité ou presque, affirmé qu'ils s'étaient « arrangés » des trente-cinq heures et que l'euro avait des avantages (stabilité monétaire et suppression des frais de change) qui compensaient ses inconvénients. Les querelles idéologiques entre libéralisme et socialisme leur apparaissaient surannées : comment qualifier d'ultralibéral un pays où les prélèvements obligatoires représentent 47 % de la richesse nationale ? Comment dire socialiste une économie française ouverte aux quatre vents du marché mondial ?

Le mal français est à l'inverse des procès idéologiques habituels : l'économie française est à la fois trop libérale et trop socialiste. Trop libérale, parce que le marché français est l'un des plus perméables au monde. Trop socialiste aussi, lorsque la France accable ses entreprises d'impôts, de charges sociales et de normes sanitaires ou écologiques qu'une bureaucratie tatillonne fait appliquer avec une rigueur unique en Europe.

Mon programme fut un savant mélange de liberté et de colbertisme. Liberté puisqu'en France aujourd'hui, il est indispensable de réduire le poids des impôts et des normes. Colbertisme aussi, puisque je proposais de protéger davantage nos entreprises des prédateurs étrangers et de réserver une partie de nos marchés publics à nos entreprises nationales (ou au moins européennes).

J'ai plusieurs fois consulté des spécialistes de ces ventes de sociétés françaises à l'étranger. J'avais lu avec intérêt l'ouvrage de Laurent Izard, *La France à la découpe*. Le député LR Olivier Marleix avait, lui aussi, écrit un ouvrage remarquablement documenté sur la vente d'Alstom Energie à General Electric. Il y épinglait Emmanuel Macron, mais aussi les cadres d'Alstom, qui avaient reçu un gros chèque de l'américain.

C'était l'angle mort de la politique économique du gouvernement, que j'avais déjà décelée lors de mes débats avec les ministres économiques : le macronisme fonde la prospérité de tous sur le dynamisme entrepreneurial ; mais la source financière intéresse peu le président actuel ; ce qui compte, c'est que l'argent soit attiré sur notre sol. Peu lui importe d'où vient cet argent ; peu lui importe qui sont les propriétaires des entreprises ; peu lui importe qu'elles soient françaises ou étrangères. Ce qui compte, c'est qu'elles soient installées en France. Les Anglais appellent cela la « théorie de Wimbledon » : on ne regarde pas de quels pays viennent les joueurs de tennis qui jouent sur le gazon de Wimbledon. Cette philosophie thatchérienne a ses avantages : l'argent venu de toutes parts crée des richesses et des emplois quand il rachète des entreprises et installe des usines. C'est le bon côté de « l'attractivité française » tant vantée par le pouvoir macronien. Mais elle a aussi un gros inconvénient : elle vend (à la découpe ou non) des entreprises françaises à des étrangers qui s'emparent des produits de nos recherches ou de notre travail et délocalisent ensuite les usines françaises dans des contrées où la main-d'œuvre est moins chère.

La moitié des sociétés du CAC 40 appartiennent aujourd'hui à des groupes étrangers. Emmanuel Macron, lorsqu'il était ministre de l'Économie de François Hollande, a laissé partir sans regret des trésors nationaux comme Lafarge ou Alstom Energie. Il est vrai que ces grands groupes étrangers sont très généreux avec un petit monde parisien de cadres supérieurs et de consultants en tout genre.

En revanche, tous les patrons, industriels, commerçants et indépendants que j'ai rencontrés n'ont cessé de me répéter que la générosité sociale française s'apparentait de plus en plus à une véritable politique d'assistanat qui avait deux effets néfastes majeurs. Premièrement, elle dissuade bon nombre de Français, et une proportion encore plus importante d'étrangers, de travailler, les revenus d'assistance pouvant être supérieurs à ceux du travail. Deuxièmement, cette générosité doit bien être financée par quelqu'un : en l'occurrence, les travailleurs et les patrons, dont les charges et les impôts pèsent de plus en plus sur le salaire et la rentabilité.

Or, la générosité française est devenue encore plus nécessaire depuis que notre État a dû compenser les ravages sociaux causés par la désindustrialisation et les délocalisations des usines de nos grands groupes, elles-mêmes causées par des charges sociales de plus en plus lourdes.

C'est un véritable cercle vicieux : les patrons doivent délocaliser parce qu'ils ne sont plus compétitifs au regard du coût exorbitant du travail en France (alors même que les salaires net sont bas à cause du poids des charges sociales !). Par conséquent, les Français perdent leur emploi et la solidarité nationale doit prendre le pas sur le travail pour les aider, alourdissant au fil du temps la fiscalité et les charges sociales. Nous revêtons cette générosité des atours prestigieux d'une politique de la demande, mais nous sommes obligés de la financer soit en réduisant le pouvoir d'achat des Français et les marges des entrepreneurs, soit à crédit par une dette de plus en plus lourde, qui n'a été rendue supportable que par la politique de taux bas longtemps conduite par la Banque centrale européenne.

J'ajoute un dernier élément aux effets néfastes que me décrivent mes interlocuteurs. Cette politique d'assistanat a détruit au fil des ans une culture du travail bien fait, jadis gloire des ouvriers et artisans français.

En réalité, nous ne sommes jamais sortis des mauvais choix opérés il y a des décennies. En 1974, Valéry Giscard d'Estaing faisait payer aux seules entreprises le surplus de dépenses provoqué par le quadruplement des prix du pétrole, tandis que son homologue allemand, le chancelier Helmut Schmidt, choisissait de répartir l'effort sur tous les contribuables.

En 1981, le président Mitterrand appliquait son programme d'augmentation des salaires, d'allocations sociales et de retraite à soixante ans, faisant ainsi le bonheur des industriels allemands, en particulier dans le secteur automobile. Ils purent vendre beaucoup de belles berlines aux consommateurs français. Chaque fois, nos choix de politique économique réduisaient la compétitivité des entreprises françaises au profit de leurs rivales étrangères. Les patrons français mirent la clé sous la porte. Et je ne parle pas des normes écologiques antipollution qui firent fuir à l'étranger nos usines chimiques et pharmaceutiques… Nous en fûmes fort marris lorsque l'épidémie de Covid survint.

Nos dirigeants ont choisi un modèle qui repose sur la consommation, en oubliant que le consommateur était aussi un travailleur, et qu'il ne pourrait plus consommer s'il perdait son emploi parce que son patron était forcé de délocaliser. Nous devons désormais financer ce modèle par la dette, alors que nos voisins allemands ont opté pour un modèle productif, financé par les exportations. Notre choix a sans cesse aggravé notre déficit commercial, qui atteint finalement l'équilibre de notre balance des paiements. Nous nous appauvrissons d'année en année, toujours moins productifs, toujours plus endettés. Notre système est pervers, mais tous ceux qui veulent en sortir sont accusés d'ultralibéralisme.

Tout au long de ma campagne, j'ai refusé de m'en prendre au modèle social français. Je n'ai pas oublié que, plus encore que ses costumes, c'est son offensive contre la Sécurité sociale (et les fantasmes autour de ses mesures) qui avait coûté sa défaite à François Fillon en 2017. En revanche, je tiens à réserver la solidarité nationale aux Français. Bien sûr, les étrangers qui cotisent sur leurs salaires doivent conserver leurs droits légitimes à la Sécurité sociale et à la retraite. Mais ce qui ne relève pas de l'assurance (Revenu de solidarité active (RSA), allocations logement, aide médicale de l'État (AME) et une kyrielle d'allocations diverses) serait désormais, avec moi, réservé aux seuls citoyens français.

Cette distinction n'a rien de scandaleux ; elle revient même à l'essence de l'organisation sociale voulue par Pierre Laroque en 1945. La solidarité est « nationale ». Au cours d'un débat avec Bruno Le Maire, celui-ci, emporté par son élan, me reprocha vertement de distinguer, de « discriminer » comme on dit aujourd'hui avec horreur, entre les Français et les étrangers, avant de se raviser, comprenant, mais un peu tard, que la distinction, et même la discrimination, entre nationaux et étrangers est la raison d'être de ce qu'on appelle une nation.

Ce que notre ministre semble ignorer, c'est que l'on ne peut pas concilier un État-providence généreux avec des frontières ouvertes. C'est l'un *ou* l'autre. Le Premier ministre danois, la social-démocrate Mette Frederiksen, ne dit rien d'autre lorsqu'elle affirme qu'« une société avec un État-providence universel, un accès gratuit égal pour tous à la santé, à l'éducation et à l'aide sociale, n'est pas compatible avec une politique migratoire ouverte ». En France, on a refusé de choisir, et on le paie aujourd'hui par une dette exorbitante, qui redevient un fardeau maintenant que les taux d'intérêt remontent, avec le retour, qu'on nous disait impossible, de l'inflation.

Je suis toujours étonné quand je vois des prétendus gaullistes traiter cette question de la dette avec désinvolture.

Le général de Gaulle était très fier d'avoir historiquement abaissé le montant de la dette française et d'avoir remboursé le dernier franc de notre créance envers les États-Unis ; il en faisait une affaire de souveraineté nationale. Par ailleurs, il était soucieux de respecter les équilibres budgétaires et la dévaluation de 1958 avait été suivie d'une politique de monnaie forte à laquelle il avait refusé de renoncer, même après Mai 68. En fait, le général de Gaulle était soucieux d'équilibre budgétaire, de dette faible et d'une industrie puissante, portée par des exportations dynamiques. Bref, le modèle allemand. Avec, ne l'oublions pas, des prélèvements obligatoires qui plafonnaient à 33 % de la richesse nationale : avec ces chiffres-là, on n'est même plus en Allemagne, mais au Japon ou aux États-Unis !

Ce modèle équilibré n'est pas seulement celui qui serait le plus à même de restaurer un appareil productif et industriel dévasté par trente ans de désinvolture publique. Il permettrait aussi d'améliorer enfin durablement le pouvoir d'achat des Français, de combattre la culture de l'assistanat qui a gangrené la société française et de redonner le sens de l'effort, du travail, de l'innovation à cette nation d'artisans, d'ingénieurs, d'entrepreneurs et d'ouvriers.

Sur le plan social, j'ai refusé la démagogie facile des mesures cadeaux, des chèques et des barèmes, les inventions d'allocations diverses et variées. J'ai voulu tenir un discours sincère et expliquer aux Français que ces chèques qu'on distribue par tactique électorale (Emmanuel Macron y a eu recours plus qu'aucun de ses prédécesseurs) ne sont pas du pouvoir d'achat durable mais sont forcément payés un jour ou l'autre par toujours plus d'impôts et de taxes. Il n'y a pas d'argent magique, d'argent gratuit, d'argent théorique. L'argent que l'État promet de leur donner se trouve aujourd'hui dans leur poche. Il faut donc prendre le problème à l'envers, cesser de prélever l'argent qui est déjà sur leur compte en banque et, pour cela, baisser les taxes et les impôts.

Fort de cet arsenal, j'ai fait l'effort de tenir un discours solide et cohérent sur le fameux « pouvoir d'achat », qui allait devenir le mantra de la fin de campagne. Je n'ai entendu aucun autre candidat dévoiler sa vision des choses au-delà de deux ou trois mesures parcellaires. Le pouvoir d'achat, ce n'est finalement rien d'autre que ce qu'il reste dans la poche de chaque Français après que l'État a prélevé impôts, charges et taxes diverses.

La baisse de ces taxes entraînera mécaniquement une hausse du pouvoir d'achat des Français. Incontestablement, les salaires français sont trop faibles pour vivre dignement ; mais pour une raison majeure : les charges sociales sont trop élevées. Le revenu est trop faible pour le travailleur, alors que son coût est trop élevé pour le patron. Le problème est le même pour tous les Français, même pour ceux qui ne sont pas concernés par le salariat : auto-entrepreneurs, commerçants, professions libérales, patrons. Tous vous diront qu'ils souffrent du racket de l'État sans comprendre ce que tout cet argent peut bien financer.

Des mesures logiques en découlent. Il s'agit, chaque fois, de permettre à ceux qui travaillent, quel que soit leur statut, de vivre de leur travail et d'empêcher que ce soit l'État qui en vive sur leur dos. Une fiche de paie d'où il ressort que l'État gagne autant que le travailleur est un scandale. La seule solution : augmenter le salaire net sans alourdir le salaire brut et j'ai présenté pour cela près d'une dizaine de mesures.

Dans le monde de l'entreprise, cette philosophie économique entraîne une philosophie politique : le salarié et le patron ont des intérêts communs, car la prospérité de l'un entraîne celle de l'autre. C'est une fois de plus le sens de la conception gaullienne qui, avec la participation, avait elle aussi tenté de réconcilier le patron et l'ouvrier.

Cette politique économique est la seule qui peut conforter le rassemblement des droites qui s'était agrégé autour de moi sur la défense de l'identité française. Elle répond à la fois aux légitimes besoins des classes moyennes et populaires, sans effaroucher l'électorat aisé qui rejette non sans raison la politique « socialiste » et dénuée de vision de Marine Le Pen et de ses « marqueurs de gauche », son attachement à la retraite à soixante ans et au rétablissement de l'ISF.

J'ai voulu rejeter la lutte des classes dans les limbes de l'histoire. N'en déplaise aux partisans du bloc contre bloc, ce qui nous rassemble en tant que peuple est aujourd'hui plus important que ce qui nous divise en tant que classes sociales.

Paris, le 9 octobre 2021

Mes meilleurs copains

Ils me tapent dessus sans répit. Ils me cognent sans vergogne. Ils emploient sans hésiter les pires arguments de leurs adversaires, de nos adversaires.

Jordan Bardella parle comme Caroline Fourest ou Clémentine Autin : le féminisme est son nouveau credo. Louis Aliot parle comme Arno Klarsfeld et déborde Julien Dray sur sa gauche : l'antiracisme est son nouveau bréviaire. Sébastien Chenu me juge soudain trop à droite. Franck Allisio fait chorus : il ne sait pas quoi dire contre moi, mais sait qu'il doit dire quelque chose ; Marine Le Pen ne lui pardonnera pas de ne pas trouver. Philippe Olivier murmure à la presse qu'il a des dossiers sur ma vie privée, qu'il va tout balancer, que ça va faire mal. Certains journalistes assurent qu'il aura ma peau comme il a eu celle de Georges Tron.

Leurs confidences anonymes dans la presse (les fameux « off ») dévoilent qu'ils sont désolés de devoir ainsi se jeter sur celui qu'ils adoraient. Quelques-uns m'envoient des SMS en cachette pour me montrer que le lien n'est pas rompu. Jordan Bardella se lamente d'être obligé de parler comme la gauche pour s'opposer à moi. Mais rien n'y fait : Marine a dit, il s'exécute. Après leurs interventions à la télévision, Marine décroche elle-même son téléphone pour leur ordonner de ne plus m'appeler « Éric » : cela montre une trop grande proximité !

Je regarde ce ballet de fauves bien dressés comme dans les cirques de mon enfance : Marine Le Pen claque son fouet et ils rugissent ; elle le fait claquer à nouveau et ils griffent, assomment, déchiquettent.

Je me souviens pourtant d'une autre époque, d'une autre ambiance, d'un autre climat. C'était il y a quelques mois seulement, quelques années tout au plus… C'était il y a cent ans, c'était il y a mille ans.

Je déjeune à la brasserie Lipp en compagnie de Jordan Bardella et de Sarah. Les deux jeunes gens ont le même âge ; ils se connaissent et s'apprécient depuis des lustres. Ils ont les mêmes copains et les mêmes opinions. Cette proximité brise la glace entre Jordan et moi. On se tutoie vite. On parle de Drancy, où nous avons grandi tous deux, à trente ans d'écart. Autant dire pas dans la même ville, pas dans le même pays. Jordan me parle de sa mère qu'il doit protéger contre l'agressivité des bandes de voyous ; je lui parle de la mienne, qui ne fermait pas sa porte à clé et ne savait jamais à quel enfant de la résidence où nous habitions donner quelques sous pour aller à la boulangerie lui rapporter sa baguette.

Bardella me confie qu'il m'a découvert à la télévision, « chez Ruquier », et qu'il ne ratait jamais une de mes prestations. Barricadé dans sa cité banlieusarde, environné de gens hostiles, j'étais son seul lien avec une France qui n'existait plus autour de lui, qu'il n'avait jamais connue. Quelques années plus tard, me dit-il en riant, ce sont mes éditos sur CNews qu'il retient par cœur, pour les utiliser à son tour sur les plateaux sans avoir besoin de trop creuser les sujets.

Je me souviens de Louis Aliot, qui me reçoit dans sa bonne ville de Perpignan en septembre 2019. La campagne des élections municipales démarre et il a beaucoup insisté pour que je vienne présenter mon dernier livre chez lui. Dans la salle prêtée par la mairie, il a mis les petits plats dans les grands, et ne laisse à personne le soin de m'interroger. Je le vois opiner du chef à chacun de mes développements, à chacune de mes analyses, toujours le premier à m'applaudir.

Le soir, nous dînerons ensemble avec quelques amis dans une ambiance joyeuse au cours de laquelle il me remerciera pour « l'énorme coup de pouce » que je venais de donner à sa campagne, lui qui ne voulait pas, à l'époque, se faire élire sous les couleurs du Rassemblement national.

Je me souviens de Sébastien Chenu, un an plus tôt, au printemps 2018. Il m'a convié dans un bar branché des Halles. Il veut me convaincre de prendre la tête de liste du RN aux européennes. Il m'assure qu'il est temps pour moi de sauter le pas, de me lancer en politique, de les rallier. À la fin du repas, il est heureux de me présenter son compagnon, un charmant jeune homme, qui est venu nous rejoindre. Nous prenons un café en riant et je les quitte.

Je me souviens d'un autre déjeuner, quelques jours plus tard, dans une brasserie de la porte Maillot, auquel le même Sébastien Chenu est venu, cette fois en compagnie de Philippe Olivier. Le propos n'a pas changé ; ils sont tous deux catégoriques : « Tu dois être tête de liste ! »

Je me souviens d'un petit restaurant italien où j'avais mes habitudes, rue de la Grange-Batelière, à quelques encablures du *Figaro*. Nous dégustons un risotto milanais, Franck Allisio et moi. C'est un sympathique jeune homme qui a lu tous mes livres et m'a apporté son propre ouvrage, une critique acerbe de l'Europe. Il s'interroge sur son avenir chez LR. Il se sent bloqué dans le Sud, entre Estrosi et Ciotti, n'est pas reconnu à sa juste valeur, ne sera jamais député, ni à l'Assemblée, ni au Parlement européen ; il songe à passer au RN, il hésite, craint la diabolisation, la déchéance sociale. Il me demande conseil. Il a confiance en moi. Je le comprends, l'encourage, le rassure. Je lui suggère de se rapprocher de la formation de Marine Le Pen.

Je connais bien ses tourmenteurs, ses empêcheurs de carrière. Je me souviens de Christian Estrosi, après l'attentat de la promenade des Anglais à Nice, en 2016, qui dénonçait la « cinquième colonne » islamiste avant de monter dans le train de Macron et de tonner en chœur contre « les racistes » et les « fascistes ».

Je me souviens d'Éric Ciotti et de nos innombrables conversations téléphoniques, lorsqu'il dissipait mes hésitations et mes craintes de candidat potentiel.

Je me souviens, mais ne m'étonne de rien. J'ai suivi comme journaliste trop de campagnes présidentielles, ai vu trop de revirements, trop de retournements de veste, trop de doubles discours, trop de politicailleries, trop de cynisme.

Alors, sans mot dire, j'encaisse les coups portés par mes meilleurs amis devenus mes meilleurs ennemis.

Paris, le 12 octobre 2021

« Zemmour, vous êtes juif ! »

Dans la synagogue que je fréquente avec mon frère depuis la mort de notre père, l'avertissement de mes coreligionnaires qui viennent me saluer courtoisement est unanime : « Ne vous présentez pas. Jamais les Français ne voudront d'un juif comme président de la République. » Je souris avec la tendresse d'un Albert Cohen pour ses « Valeureux » dans *Belle du Seigneur*. Le mélange d'atavisme de minorité persécutée et d'accent chantant venu du sud de la Méditerranée donne à leurs prophéties le charme irrésistible d'un film d'Alexandre Arcady avec Roger Hanin.

Le début de ma campagne est pourtant plus beau qu'au cinéma. Les foules qui se pressent à Nice ou à Lille cacheraient-elles soigneusement leur antisémitisme ? C'est pire, ou même mieux : mes origines juives ne sont pas pour elles un sujet. Les Français venus me voir les ignorent, les ont oubliées, ou ne cherchent pas à s'en souvenir. On voit des prêtres en soutane me bénir, et bientôt des descendants des rois de France appelleront à voter pour moi. La « France rance » des antisémites, comme dit la gauche, n'est pas celle que l'on croit. Le front a bougé depuis le temps lointain de l'affaire Dreyfus. Les coups sur ma « judéité » vont venir, oui, mais pas de là où les attendent mes coreligionnaires inquiets croisés à la synagogue.

Dans un article tonitruant dont il a l'habitude, en dernière page du *Point*, le 12 octobre, Bernard Henri-Lévy ouvre les hostilités. Son argumentaire se polarise exclusivement sur mes origines juives, pour mieux instruire mon procès de traître au judaïsme, à ses valeurs, à son histoire, à son ethos. Je suis, à l'en croire, une offense faite au « nom juif ». Un traître à mes ancêtres, à mes racines, à mon « peuple ». La charge fait grand bruit dans le petit milieu parisien, même si je doute fort qu'elle passionne à Romorantin.

Pascal Praud, en esthète toujours sensible aux belles joutes politico-intellectuelles, comme il l'est aux grands matchs de football ou aux œuvres impérissables du septième art, m'invite aussitôt à répondre sur son antenne. J'accepte. Je choisis de rendre coup pour coup. Clausewitz nous a naguère appris que la guerre était « la montée aux extrêmes ». Je fais la guerre.

J'attaque d'emblée : « Quand j'ai lu la première phrase : "Vous ne le savez peut-être pas, mais Éric Zemmour est juif", j'ai été pris entre l'hilarité et l'effarement. Hilarité en pensant à la célèbre réplique de Louis de Funès dans *Rabbi Jacob* : "Salomon, vous êtes juif ?" ; effarement car je me croyais revenu dans la presse antisémite d'avant-guerre : "Vous savez qu'untel est juif ?" »

Je ne m'arrête pas là. J'accuse BHL d'être un traître, lui, mais à la nation française, en dénonçant l'ensemble de son œuvre, depuis son fameux ouvrage *L'Idéologie française*, manuel de culpabilité française de la fin des années 1970, jusqu'à ses positions humanitaires, en Libye ou ailleurs, qui se retournent toujours contre les intérêts de la France.

Praud, interloqué par l'accusation de trahison, accorde dès le lendemain un droit de réponse à mon célèbre contradicteur. Mais celui-ci explique courtoisement qu'il a compris le sens de ma diatribe violente comme une volonté d'établir un rapport de force en ma faveur. Et qu'il préfère ne pas surenchérir.

Je m'étonne de la modération de son propos. Comme s'il s'inscrivait dans une logique de dissuasion nucléaire, dont il connaît suffisamment la grammaire pour éviter d'en venir aux extrémités destructrices. Le débat semble clos. En vérité, il vient seulement de s'ouvrir. BHL se taira pour le reste de la campagne, mais il a ouvert la boîte de

Pandore. Ma judéité est exposée à la face du pays comme un fait politique. Je me souviendrai que c'est un juif progressiste et prétendument universaliste qui l'a mise sous les projecteurs.

BHL me ramenait à mes origines juives, dans un curieux enfermement identitaire, alors que la doxa « républicaine » dont il se prévaut le refuse pour chaque individu, qu'il soit juif, chrétien, musulman ou athée.

Je conteste par ailleurs la vision que BHL a du judaïsme, qu'il voit comme le corollaire de la liberté individuelle et du dépassement de ses racines ethniques, raciales, et même confessionnelles. BHL ne veut pas voir que sa description du judaïsme est plus proche de Spinoza que de Moïse... Or, Spinoza fut excommunié par les autorités religieuses juives d'Amsterdam. En se plongeant dans les textes sacrés du judaïsme, un esprit sincère ne peut que constater que cette religion se déploie autour d'un triptyque intangible : une loi, un peuple, une terre. La loi de Dieu, le peuple juif, la terre d'Israël. Ce triptyque est plus proche de Maurice Barrès que d'Émile Zola. D'ailleurs, BHL le sait mieux que personne puisque, émule lyrique jusqu'à la grandiloquence de Zola à Paris, il se transforme en chantre barrésien exalté dès qu'il pose le pied à Jérusalem.

Cet individualisme libéral dont parle BHL est celui des juifs occidentaux, en vérité déjudaïsés et de gauche, travaillés par leur statut minoritaire et les idéaux de la Révolution française. L'amusant paradoxe est que la vision du juif qui est la sienne et celle de ses amis correspond exactement à la caricature qu'en faisaient Maurras et les nationalistes antisémites de la fin du XIXe siècle. C'était ce même individualisme libéral qui était dans le collimateur, glorieux et émancipateur pour les uns, nihiliste et destructeur pour les autres, mais également faux et éloigné de la réalité du judaïsme.

Mon discours ramenait au contraire le judaïsme français au respect et même à l'amour de la terre française : c'est-à-dire à l'assimilation. Cette synthèse exigeante mais féconde de l'israélitisme français, celui de Marcel Proust, d'Henri Bergson, de Raymond Aron, de Léon Blum et de tant d'autres, ne ravissait ni Bernard-Henri Lévy ni les institutions juives qui se voyaient ainsi rappeler le modèle qui avait fondé leur légitimité en France, mais qu'elles avaient trahi. J'étais leur mauvaise conscience ; ils devaient me transformer en bouc émissaire pour s'en libérer.

Il y a au moins un juif qui n'ignore rien de ce que je viens de décrire sommairement : le grand rabbin de France. C'est lui qui sonne la charge contre moi avec une violence inédite, allant jusqu'à dénier ma « qualité » de juif. Je choisis de traiter l'offense par le dédain et l'ironie. Après tout, je serais donc le premier juif « excommunié » depuis Spinoza ; la référence était flatteuse. J'avais tort de prendre cette affaire à la légère. Les spécialistes des arcanes communautaires m'expliquèrent que le grand rabbin était en concurrence avec le président du Conseil représentatif des institutions juives de France (CRIF), qui ne ménageait pas non plus ses insultes à mon égard, pour être l'interlocuteur privilégié de Sa Majesté le président Macron.

Cette lutte minable entre « juifs de cour » se faisait sur mon dos. Mais je décelai un arrière-plan tactique à toute cette offensive. Depuis quarante ans, tout défenseur de l'identité française est aussitôt traité de fasciste, sinon de nazi. Cette référence à Hitler est instantanée, automatique. Tous ceux qui veulent renvoyer des étrangers clandestins sont aussitôt accusés de nazisme. Les musulmans ont été peu à peu identifiés aux juifs par la gauche – « Qui s'en prend aux Arabes s'en prendra aux juifs », scandait SOS Racisme dans les années 1980. Cette entreprise de « nazification » a été mise en œuvre contre la droite avec une redoutable efficacité. Mais elle a aussi fait reculer tout ministre de l'Intérieur qui avait des velléités de faire son métier à l'égard des clandestins comme des délinquants. Or, il pouvait paraître ridicule, voire indécent, de traiter de nazi un Français de confession juive. Il fallait donc me « déjudaïser » pour pouvoir ensuite me « nazifier ». Mes adversaires ont bien vu tout le bénéfice qu'ils pourraient tirer de ce procédé.

Depuis des années, j'entendais dire : « Si Zemmour peut parler, c'est parce qu'il est juif », comme si ma liberté de ton à la télévision n'était tolérée par le « système » qu'en raison de mes origines juives. À l'époque, cet argument venait surtout du dernier carré de la presse antisémite. Mais cet argumentaire fut étonnamment repris par les antiracistes. Il faut croire qu'eux aussi, tels de vulgaires antisémites, voyaient mes origines juives comme un bouclier qui me permettait de dire ce que les Français pensaient de l'islamisation de leur pays. Alors les patrons de l'antiracisme entreprirent de m'arracher cette judéité qu'ils considéraient comme une protection indue.

Ils espéraient ainsi faire coup double : me faire détester d'abord par mes coreligionnaires et, par ricochet, me diaboliser aux yeux du reste des Français en me rangeant dans la case des affreux antisémites. Leur cynisme n'avait pas de limites. Le grand rabbin de France mit une main complaisante à cette manœuvre obscène. Ainsi, toute honte bue, le prétendu homme de Dieu s'efforça de détruire ce que Dieu avait fait : ma naissance d'une mère juive. Pendant les semaines qui suivirent son éclat, Haïm Korsia ne put plus se rendre dans une synagogue sans voir nombre de fidèles, la tête coiffée de la rituelle calotte sur laquelle était brodé un *Z* narquois et provocateur : la base ne cachait pas sa désapprobation au sommet.

Toute la classe politico-médiatique ayant reçu son « permis de chasse » par Bernard-Henri Lévy puis par le grand rabbin s'en donnait à cœur joie. Le candidat écologiste, Yannick Jadot, me traitait de « juif de service », ce qui signifiait qu'à ses yeux j'étais la bonne conscience des antisémites. Cette insulte est pourtant le modèle de toutes les assignations aux origines que ces gens de gauche prétendent dénoncer. On est « arabe de service » ou « noir de service », quand on clame son amour de la France et qu'on rappelle les nécessités de l'assimilation. La réflexion de Jadot avait l'avantage de montrer que le sens des mots s'était inversé : l'antisémitisme à l'ancienne reprochait aux juifs de ne pas être assez français ; l'antisémitisme moderne leur reproche de l'être trop.

Je retrouvai le candidat écologiste à la télévision quelques semaines plus tard, pour un débat où je pus lui exposer toute l'ignominie de sa réflexion. Je lui confiai que, dans mon enfance, j'avais bien connu un oncle qui revenait des camps nazis et que l'ensemble de ma famille avait souffert en Algérie de la politique discriminatoire du régime de Vichy. Je n'ai pas coutume de faire appel à ces souvenirs tragiques lors d'un débat politique que je souhaite toujours inspiré par la rationalité et l'affrontement des arguments selon l'enseignement que nous ont légué les philosophes des Lumières. Depuis des semaines, nombre de mes soutiens ne comprenaient pourtant pas que je puisse ainsi laisser passer de telles insultes sans jeter dans la bataille politique le poids de mes origines et de mes souvenirs. Devant la fureur des attaques, la mauvaise foi et l'impudeur de mes adversaires, je finis par m'y résigner. Je reconnais que cela fut fort efficace et que Yannick Jadot, sonné, ne pipa mot.

J'étais contraint de faire feu de tout bois, pris en étau entre le grand rabbin qui déniait ma judéité et les antisémites, amis d'Alain Soral et de Marine Le Pen, qui contestaient mon patriotisme et mon enracinement national ; je perdais sur les deux tableaux. Je n'en revenais pas de tant d'ingratitude. Depuis des années, je rétorquais inlassablement à tous les juifs obsédés par leur crainte du RN et leurs souvenirs du passé que ce parti n'avait plus rien d'antisémite ; j'en ai été remercié comme il se doit. Je ne compte plus le nombre de propos rapportés par des anciens du RN m'ayant rejoint, ou par d'autres qui y sont toujours, qui entendaient Marine Le Pen ou ses conseillers gloser sur « les Rothschild qui finançaient ma campagne », parce qu'ils ne comprenaient pas que tant de Français soient si généreux pour soutenir le combat que je menais.

L'un d'entre eux m'avait d'ailleurs dit, début février : « L'ambiance au siège du RN n'a jamais été aussi antisémite que depuis le début de ta campagne. » Je repense au tweet abject d'un certain Gilles Pennelle, alors conseiller de Marine Le Pen et désormais directeur général du Rassemblement national, relayant une attaque contre Sarah qui n'appartiendrait pas « au biotope d'un paysan du Cantal ou du marin-pêcheur de Boulogne ».

Marine Le Pen n'a même pas daigné le rappeler à l'ordre pour cette sortie (qui a même valu une promotion à son auteur). Je me retrouvais ainsi dans la situation inconfortable qu'avait connue l'écrivain André Suarès dans les années 1930, pris entre Charles Maurras qui lui reprochait d'être juif et la gauche qui lui reprochait d'être patriote.

Plus subtil, et plus pervers, Mélenchon jugeait au contraire que mes positions étaient bien le fruit d'un judaïsme originel qui prône la « fermeture » et « l'endogamie » pour survivre au milieu d'un environnement hostile. Au contraire de tous les autres, Mélenchon se servait de ma judéité pour poursuivre son entreprise de séduction des masses musulmanes. Contrairement à ses pairs, le Lider Maximo français a compris que l'antisémitisme renaissait sur les rives des banlieues islamisées. Les assassins de juifs depuis quelques années n'ont pas lu Maurras ni *Mein Kampf*, mais plutôt des versets du Coran. Mélenchon, mieux que les dirigeants communautaires, voit que le judaïsme français vit peut-être ses dernières heures en France en raison de la menace qu'y constitue pour lui l'islam. À ces banlieues islamisées qui ont chassé les juifs qui y vivaient nombreux il y a encore quelques années, Mélenchon lançait, en me prenant pour cible, un « je vous ai compris » bienveillant. Il en sera largement récompensé au soir du premier tour.

Les médias, je le disais, avaient enfin reçu un permis de chasse, donné par les institutions juives elles-mêmes, de me harceler sur ces questions. Pas une interview qui ne voulût aborder mes positions historiques sur la période de Vichy. Les journalistes m'enfermaient à nouveau dans un dilemme insoluble : je repoussais avec véhémence toute interrogation sur Vichy et on me soupçonnait de cacher aux Français mon corpus idéologique et politique. Je répondais sur Pétain et on me reprochait de « ne parler que du passé, pas de l'avenir ». Je rentrais dans la discussion historique et on en déduisait que je n'avais pas fait ma mue en politique et que je restais un écrivain, un historien, un polémiste. On m'accusait sans fin et sans contradiction de « réhabiliter Pétain ». Ben voyons !

Que me reproche-t-on vraiment sur la question ? J'avais consacré un court passage de mon livre *Le Suicide français* (2014) à cette période. Je rappelais les faits : l'Allemagne, qui avait gagné la guerre et occupait la moitié de la France en 1940, avait exigé du vaincu qu'il lui livre tous les juifs présents sur son territoire. Le gouvernement de Vichy avait obtenu de l'Allemagne qu'elle respectât une distinction entre juifs français et étrangers : Pétain avait donc livré les juifs étrangers et refusé de remettre leurs coreligionnaires français. Cela ne dédouane pas Vichy ni ne « réhabilite » Pétain. Cela cautionne encore moins la politique antisémite de ce régime, dont je rappelle qu'elle a affecté ma propre famille. En revanche, cela explique pourquoi plus des trois quarts des juifs vivant alors en France ont survécu (et 90 % des Français de confession juive selon les chiffres de Serge Klarsfeld) quand, dans tous les autres pays occupés par les Allemands, la plupart des juifs ont été massacrés (plus de 80 % des juifs de Pologne, des Pays-Bas, de Yougoslavie, de Grèce, de Tchécoslovaquie...). Dans cette affaire, je n'ai fait que rappeler ce que toutes les familles juives françaises, ainsi que Simone Veil, Raymond Aron et une grande partie des historiens, n'ont cessé de dire après la guerre. Même la justice, si souvent instrumentalisée contre moi, m'a donné raison à deux reprises, en première instance et en appel, au grand dam de tous mes contempteurs.

Il me faut tout de même reconnaître qu'en voulant partager mes pensées, je donne parfois le bâton pour me faire battre. Dans mon dernier livre, *La France n'a pas dit son dernier mot*, j'avais évoqué le cruel assassinat de deux enfants juifs par Mohammed Merah devant une école juive à Toulouse, en 2012. J'avais parlé des lieux de sépulture des victimes (Israël et le Maroc) et du bourreau (l'Algérie) comme d'un signal de désamour général pour la France. Certains en profitèrent pour m'accuser de « mettre dans le même sac » victimes et bourreaux. Comment pouvait-on m'accuser, moi qui alertais depuis des années sur le risque que les Français prennent un jour les armes contre d'autres

Français, moi si intransigeant avec les bourreaux ? Mais le matraquage médiatique ne fut pas sans effet. De bonne foi, certains me le reprochèrent.

Une relation commune me permit de rencontrer le grand-père de ces pauvres enfants Sandler. Je découvris un homme droit, honnête, aimant la France de tout son cœur. Je lui exprimai mon regret profond de l'avoir blessé ; il comprit qu'il n'y avait aucune malignité dans ma démarche intellectuelle et politique. Il m'expliqua son désarroi initial de voir ses enfants partir en Israël ; mais il partageait leur peur de voir la tombe de ses petits-enfants profanée dans une France qui ne savait plus protéger les siens.

Il me confia les pressions subies par des avocaillons et des petits marquis de l'antiracisme pour assouvir leur vindicte à mon endroit. Nous convînmes de ne plus accepter que l'on se joue de nous dans cette affaire et de refuser, lui et moi, tout nouveau commentaire. Si j'ai choisi de ne pas faire la publicité de cette rencontre en pleine campagne, Samuel Sandler eut l'élégance, lui, de dire publiquement que nous nous étions vus, qu'il avait accepté mes excuses et compris mon raisonnement, et qu'il ne souhaitait plus que l'on revînt sur cette affaire par respect pour la mémoire de son fils et de ses petits-enfants. Quelques rares journalistes eurent encore l'indécence de s'y attarder à nouveau, malgré sa volonté.

Ce fut le talon d'Achille de ceux qui cherchaient à m'abattre. Le chœur des officiels communautaires me conspue, mais la base rechigne à les suivre. Systématiquement. Lorsque le père éploré d'un jeune homme, Jérémie Cohen, exige la lumière sur la mort de son fils, harcelé et battu par une bande de racailles, c'est vers moi qu'il se tourne parce que son avocat (qui abandonnera ensuite son client), Patrick Klugman, estime, comme il le déclarera à la radio, qu'il ne faut pas donner d'écho à cette affaire « en pleine campagne présidentielle ». Il prenait ainsi le risque sans doute délibéré d'étouffer le dossier et de laisser le coupable s'évanouir dans la nature.

Le soir du premier tour, le langage des urnes est éloquent : dans certains arrondissements emblématiques de la région parisienne (16e, 17e, 19e), à Neuilly, ou même dans les ultimes îlots de banlieue (Saint-Mandé, Sarcelles, Créteil, Le Raincy, etc.) perdus au milieu de l'océan islamo-gauchiste de Mélenchon, mes résultats s'avèrent excellents, bien au-dessus de mon score national (entre 15 et plus de 21 % des suffrages).

Les Français de confession juive ont finalement voté en masse pour un candidat dont on a inlassablement caricaturé les propos sur Pétain, les enfants Sandler ou les prénoms. À qui l'on a prêté une imaginaire « haine de soi ». Je devais décidément être le candidat le moins électoraliste, et pourtant la majorité des Français de confession juive a compris que ses prétendus représentants la trompaient. Les Français d'Israël m'ont même porté en tête du premier tour de la présidentielle, dimanche 10 avril, avec 53,59 % des voix. Ils savent, eux, pourquoi ils ont quitté la France.

Pour une fois, le journal *Le Monde* (où d'habitude, « tout est faux, même la date », comme disait de Gaulle) n'a pas tordu la vérité dans son article du 12 avril :

> « Ces électeurs sont passés outre les réécritures de l'histoire du polémiste [...]. Ils n'ont pas écouté les appels du CRIF et du grand rabbin de France, ce "rabbin de cour", selon M. Zemmour, qui demandaient à la communauté de ne pas voter pour lui. [...] Éric Zemmour a séduit en déployant, en France, un discours depuis longtemps banalisé en Israël : sa dénonciation d'un supposé "Grand Remplacement". Il fait aussi écho aux craintes particulières d'une communauté qui cite majoritairement l'absence de sécurité en France comme la première raison de son *alya* (son émigration vers Israël) ».

On ne peut pas parler d'un vote simplement communautaire, de juifs votant pour un des leurs : j'obtiendrai des scores équivalents à Versailles, à Paris, ou dans le Sud méditerranéen, où un électorat catholique plutôt conservateur aura compris mon message de la même manière. Je constaterai la même réaction, le même engouement pour mes idées, en rencontrant des Français assimilés venus du Portugal, d'Arménie, d'Asie, de Kabylie ou d'Espagne.

C'est toute la France judéo-chrétienne qui, n'ayant pas renié ou ignoré ses racines, saisit mieux que les autres le danger d'une islamisation de notre pays. C'est un électorat sensible à la grandeur de la France, à son histoire, à sa culture, aux beautés de sa langue et de sa littérature, qui a compris avec une acuité précoce les relations étroites entre l'invasion migratoire, l'ensauvagement de nos rues, la tiers-mondisation de nos services publics, la saturation de la justice, l'explosion du nombre de détenus dans nos prisons, l'implosion de nos hôpitaux, l'appauvrissement et le grand déclassement de notre peuple, l'écroulement de notre école.

Ce peuple judéo-chrétien de culture gréco-romaine, comme tous ceux qui veulent s'y agréger et s'y assimiler, est aujourd'hui minoritaire, mais il a vocation à être une minorité éclairante et agissante, qui montre le chemin du renouveau et de la sauvegarde d'une civilisation française, disloquée par la désagrégation individualiste et la colonisation islamique.

Ce peuple judéo-chrétien, inquiet et lucide, sera la base à partir de laquelle nous pourrons défendre, protéger, et un jour, reconquérir une France qui aspire à rester française et à demeurer fidèle à cette civilisation européenne qui l'a façonnée depuis plus de mille ans. Les urnes lui ont donné tort ; l'histoire lui donnera raison.

Béziers, le samedi 16 octobre 2021

Robert Ménard, mon Judas de Béziers

C'est systématique, presque un réflexe conditionné. Chaque fois qu'on me communique une déclaration de Robert Ménard à mon propos, j'entends aussitôt la voix rocailleuse et goguenarde de Charles Pasqua qui me souffle de l'au-delà : « Avec des amis comme ça, on n'a pas besoin d'ennemis ! »

Cette phrase me revient comme un leitmotiv. Aussi souvent que Ménard intervient sur une chaîne info et ouvre son propos par un sadique : « Éric, je le dis parce que c'est un ami... », j'entends résonner le rire sarcastique de Pasqua.

Et « l'ami » peut préparer ses côtes. Le tombereau de critiques, voire d'injures, n'a jamais cessé durant toute la campagne. Seuls mes sondages de septembre et d'octobre 2021, l'ayant sans doute impressionné, ont pendant un (bref) instant inhibé mon inlassable procureur : « Je me suis trompé, reconnaissait-il, je ne croyais pas que le discours d'Éric Zemmour pouvait séduire autant ».

C'est alors qu'il décide de m'accueillir à Béziers en grande pompe. Il me fait traverser sa ville sous les acclamations ; mais s'agace dès que la salle s'enthousiasme. Dès le lendemain, aussitôt après que j'ai le dos tourné, il recommence à me taper dessus. Sacré Robert !

Il répétera ce procédé de nombreuses fois au cours de la campagne, tandis que je ne cesserai de passer l'éponge. En février, quand les sondages me donneront de nouveau au second tour, Ménard exprimera le désir de se réconcilier. Un ami commun nous recevra chez lui pour l'occasion. Notre dîner est chaleureux, Ménard louant ma campagne et les immenses progrès que j'ai faits. Le lendemain, le voilà qui accueille Marine Le Pen dans sa bonne ville, l'assurant de son parrainage et de son soutien.

Je provoque chez mon « ami » le syndrome de La Tourette, qui pousse sa victime à proférer des séries incoercibles de grossièretés et d'injures : je suis brutal, cruel, méchant, sans cœur, pas gentil avec les gens, pas attentif à eux, je ne connais pas la France ni les Français, je pousse à la guerre civile, et tant d'autres choses encore…

Avant de se lancer dans ce concours d'insultes, il a tenté d'abord de trouver un rôle à sa mesure. D'exister. Quand je me suis rendu à Béziers, il a proposé que Marine Le Pen et moi acceptions que l'un ou l'autre se désiste en faveur du mieux placé dans les sondages en février. Ni Marine Le Pen ni moi n'avions retenu cette idée saugrenue. En revanche, la patronne du Rassemblement national avait répondu favorablement à l'invitation lancée par Ménard d'un dîner à Béziers entre nous deux. Ne voyant pas l'intérêt d'une rencontre qui aurait pu avoir lieu à Paris, je proposais plutôt un débat qui aurait éclairé les électeurs sur nos divergences. Mais la présidente du RN, inquiète de cette confrontation publique, prit la poudre d'escampette.

Toute cette agitation médiatique était grotesque. L'attitude de Robert Ménard m'était incompréhensible. Quelques mois plus tôt, il me pressait de me présenter à la présidentielle et me promettait son soutien. Il disait tant de mal de Marine Le Pen que je devais modérer son discours. En juin 2021, il m'avait convié à plusieurs déjeuners discrets avec Guillaume Peltier ; il n'était question entre nous que d'union des droites et de la manière dont nous opérerions pour briser l'hostilité des appareils partisans du RN et de LR. L'ambiance était cordiale, les plaisanteries fusaient, les regards étaient complices. Nous n'imaginions pas, Guillaume et moi, que notre hôte allait nous planter un coup de couteau dans le dos.

J'étais d'autant plus confiant que Robert tenait le même discours depuis des années. C'était un militant acharné de « l'union des droites » et de la mise au rebut de ce stupide « cordon sanitaire » qui séparait depuis des décennies les électorats de LR et du RN. Il me répétait que j'étais la « seule personnalité » à pouvoir les rassembler, et m'incitait à prendre exemple sur lui et à abandonner le journalisme pour la politique active.

À Noël 2018, déjà, il avait rédigé un texte qui devait servir de pétition pour lancer ma candidature aux élections européennes de juin 2019. J'en étais fort touché, d'autant plus que Robert n'avait pas tari d'éloges à mon égard. Il savait manier l'encensoir :

> La rigueur et le courage d'Éric Zemmour ne sont plus à démontrer. Il sait dire son attachement à la France, à sa culture, à son histoire, à son ancrage dans la civilisation chrétienne. Il incarne le refus d'une immigration de masse et la fierté de ce que nous sommes. Il s'est toujours opposé à Bruxelles et à sa bureaucratie, véritables ennemies de l'Europe. En un mot, il est le visage contemporain de ces intellectuels engagés qui ont fait de notre pays ce qu'il est. Pour cette raison, et devant l'urgence de la situation pour la France, nous demandons à tous de se réunir derrière son nom pour porter une liste d'union aux élections européennes de mai 2019. À chacun maintenant de prendre ses responsabilités. Nous prenons les nôtres. Le sursaut peut avoir lieu. Nous pouvons le faire.

Je n'y étais nullement décrit comme un être « brutal » et « sans cœur ». Et pourtant, mon discours n'a pas varié d'une virgule. Ménard affirme sans cesse qu'il m'admire, mais on ne se méfie jamais assez des gens qui vous admirent. Le philosophe René Girard nous a appris qu'on veut souvent tuer celui qu'on admire. Ménard vantait, y compris devant moi, ma culture, mon intelligence, ma « mémoire ». Un jour, lors d'un de nos innombrables déjeuners de « réconciliation », il m'avoua qu'il était fort irrité lorsqu'en guise d'introduction à la citation d'un grand auteur ou d'un grand politique, j'usais de la formule rituelle : « Vous connaissez cette phrase célèbre de... » J'eus beau plaider une rhétorique de politesse, destinée à épargner l'orgueil de l'interlocuteur, Ménard l'interpréta à l'envers comme une marque de mépris envers l'ignorant potentiel ; je sentis qu'il m'en voulait de posséder la culture dont il me félicitait.

Robert Ménard a joué dans cette campagne un rôle bien supérieur à son véritable poids politique ; il a donné une crédibilité à toutes les accusations, même les plus outrancières, lancées à mon encontre. Sa position de prétendu ami fut idéale pour me décrédibiliser et donner corps aux arguments de mes ennemis. Il était de mon camp, proche de mes idées ; ses critiques n'en avaient que plus de poids : « Si même Ménard le dit... »

Robert a porté et répandu sur tous les plateaux cette même parole qui a permis aux médias et à la gauche d'interdire depuis des décennies toute autorité de l'État et toute unité de la nation, ce qu'il réclame pourtant à cor et à cri. Ménard est un oxymore sur pattes. C'est un bon client des médias, puisqu'il accomplit lui-même le chemin que ceux-ci veulent lui faire parcourir. Quand il tance ma « dureté » à propos des réfugiés ukrainiens, il s'empresse de faire son *mea culpa* à propos des réfugiés syriens de 2015 qu'il refusait de recevoir : c'est parce que je craignais cette contagion humanitariste – un réfugié ukrainien est autant en danger qu'un réfugié syrien, afghan, et demain algérien, malien, etc. – que j'avais fait assaut de prudence dans la question ukrainienne.

Ménard me reproche de ne pas m'intéresser aux gens, de ne pas voir au plus près le cas de chacun, parce que j'appréhende les questions qui se posent aux Français en tant que peuple, et non en tant qu'individus. Il est sans doute un bon maire, mais il n'a pas compris que je n'aspirais pas à être maire d'une ville, mais président de la République.

Il fut la révélation de l'alliance entre Marine Le Pen et le « système médiatique » pour me montrer du doigt. J'étais le problème : ma personnalité, mon caractère, ma brutalité, ma prétendue misogynie, ma supposée insensibilité, etc., et non les idées que je défendais, idées que partagent tant de Français.

Enfin, en comparant sans cesse ma candidature à celle de la présidente du RN, il a donné aux médias l'occasion qu'ils attendaient de m'enfermer dans une primaire « d'extrême droite » d'où je souhaitais à toute force m'extirper.

Robert Ménard incarna ainsi la figure pure et parfaite du traître, celle qu'on trouve tout au long de l'histoire de France, du connétable de Bourbon à Talleyrand en passant par l'évêque Cauchon. Il a repris le rôle-titre des Saxons à la bataille de Leipzig qui retournèrent leurs armes contre leurs alliés de la Grande Armée de Napoléon, alors que leurs ennemis étaient déjà plus nombreux. Il fut le Judas de Béziers, sans qu'on n'évalue précisément les trente deniers qu'il escomptait : la réélection de son épouse à son siège de député grâce au soutien du Rassemblement national ? Ou, au vu de ses propos dithyrambiques à l'égard d'Emmanuel Macron, son rêve de devenir ministre ? On apprenait pendant la campagne que lors d'une visite à Béziers, en novembre 2021, le président Macron promit 200 millions d'euros d'aide de l'État et 500 emplois pour Genvia, une entreprise spécialisée dans la production d'hydrogène décarboné. Il y a eu beaucoup d'inflation depuis l'époque des trente deniers…

Les retournements de veste de Robert m'ont donné le tournis. Il n'a pas eu le reniement honteux ni la trahison sournoise ; son méfait, il l'a proclamé avant même qu'on ne le lui reproche ; il a l'apostasie tonitruante.

Comme amis, nous avions déjà un vieux désaccord : après avoir vanté, lui aussi, la nécessité du combat culturel en 2015, Robert avait décrété que seule l'action politique locale avait du sens, que la bataille idéologique était un « luxe de Parisiens ». Invité de la Convention de la droite en septembre 2019, il égratignait d'un mépris grossier les jeunes gens qui l'avaient convié et avaient pour seul tort de croire encore aux âpres nécessités de la bataille culturelle, la fameuse métapolitique chère à Gramsci.

Pendant la campagne présidentielle, à tout bout de champ, Ménard réitéra son dédain pour le combat des idées et son goût exclusif de « l'action ». À Béziers, je lui répondis que la bataille des idées était indissociable de la bataille politique, que sans elle, la politique n'était que la lutte pour des places, que la conquête des esprits permettait non seulement la victoire mais aussi, mais surtout, la capacité de gouverner selon ses convictions.

Les mois qui ont suivi m'ont donné raison. On a vu ce qu'a donné le dégoût affiché par Robert Ménard pour les idées : des changements de pied incessants, des reniements innombrables. Lui qui était déjà passé des rangs de la gauche et des trotskistes à ceux du Front national. Lui qui fut un activiste des droits de l'homme lorsqu'il dirigeait Reporters sans frontières puis qui ne jura que par la nation et le souverainisme.

Souvent Robert varie, bien fol est qui s'y fie. Cela dit en toute amitié, bien sûr.

Charvieu-Chavagneux, le 5 novembre 2021

Mon tour de France

Pendant que mes doigts courent sur le clavier de mon ordinateur, mon regard est attiré au loin par le clocher de l'église qui surplombe une rue bordée de vieilles et modestes bâtisses. Le ciel est bas, en ce mois de novembre, mais le soleil arrive quand même à faire son trou entre les nuages et la montagne. Ma fenêtre est ouverte et le silence règne sur cette vision de carte postale. J'ai soudain l'impression de me retrouver projeté dans la célèbre affiche de campagne de François Mitterrand en 1981.

Cet après-midi-là, j'écris le discours que je vais prononcer dans quelques heures. Déjà, une longue queue de spectateurs serpente devant le gymnase de Charvieu-Chavagneux, au cœur de la campagne lyonnaise. Je me suis retiré dans la petite chambre d'hôtel d'un village avoisinant. Les mots me viennent aisément et mon esprit vagabonde…

Je ne vais pas mentir en prétendant que je suis un produit de cette France des villages, moi, enfant de la banlieue, né à Montreuil, élevé à Drancy, que Paris a pris très tôt dans ses bras. Lors de l'échange que j'avais eu au Palais des Congrès, Michel Onfray, l'enfant des champs, m'a dit que j'avais manqué de ce rude contact avec la terre et le ciel, les odeurs et les couleurs, la boue à mes chaussures et les étoiles dans les yeux, et que je m'étais jeté dans les livres pour pallier ce vide à la fois sensuel et métaphysique. Il a touché juste.

J'ai découvert les villages français dans les livres d'histoire, de géographie et dans les romans ; pour moi, Angoulême est d'abord la ville de Rubempré ; le Béarn, le pays de d'Artagnan ; Cabourg, la station balnéaire où le petit Marcel Proust allait en vacances avec sa grand-mère ; la Normandie, la terre que me décrivent Gustave Flaubert et Guy de Maupassant ; la Provence, le pays de Jean Giono et Marcel Pagnol.

Mes yeux ne découvriront ce que mon esprit avait imaginé que des années plus tard, tandis que le jeune journaliste que j'étais accompagnait les politiques dans leurs tournées. Alors, je vis, je touchai, je m'imprégnai de lieux qui n'étaient jusque-là que des noms, des histoires, des personnages réels ou fictifs. Et voilà que, bien des années plus tard, je refaisais ce périple initiatique, mais c'était moi le candidat !

La beauté de la France est toujours émouvante. Bien sûr, je me désolais des ronds-points, des centres commerciaux à l'entrée des agglomérations, des rideaux de fer tombés sur les boutiques des centres-villes, toujours en plus grand nombre, comme un habit de deuil toujours plus large. Et puis, au milieu de la marée noire de cette « France moche », soudain, une trouée de lumière, un îlot de beauté, trace persistante de ce pays qu'ont admiré des générations de voyageurs : une église romane, humble et austère, une allée tracée au cordeau, au milieu d'une rangée de bâtisses en pierre du Grand Siècle, un château, au loin, avec ses tourelles du Moyen Âge.

Pendant un an, je pris des trains et des avions, j'avalai des kilomètres en voiture. Je parcourus la forêt du Morvan, à proximité de Saulieu ; je déambulai dans un marché de Noël en Alsace, à Riquewihr ; je contemplai la Grande Bleue du haut des falaises abruptes de Sartène, en Corse ; j'accompagnai un troupeau de moutons, dans la campagne solognote ; je dédicaçai mon livre dans une église désaffectée à Touques, en Normandie ; je déjeunai avec des élus dans une chaleureuse brasserie à Saint-Jeoire, en Haute-Savoie ; je grimpai le vieil escalier en bois du cloître de Moissac, jusqu'à ses cloches antiques ; je discourrai dans les endroits les plus insolites : une foire aux bestiaux à Saulieu, un gymnase à Charvieu-Chavagneux, une salle des fêtes à

Chaumont-sur-Tharonne, un théâtre à Pleurtuit en Ille-et-Vilaine, dans la boue, en plein air, au pied du majestueux mont Saint-Michel.

Je parlai avec des commerçants et des philosophes, des infirmières et des agents immobiliers, des agriculteurs et des fonctionnaires, des chefs d'entreprise et des retraités, des enseignantes et des ouvriers : je me rendais compte que cette France des bourgs et des villages, cette France qui avait été tant moquée par nos plus grands écrivains, abandonnée par tous les Rastignac des siècles passés, cette France des Français moyens, cette France qu'on disait « périphérique », parce qu'elle était éloignée des flux économiques de la mondialisation, cette France des zones blanches, parce qu'Internet n'arrive pas jusqu'à elle, cette France qui se sent délaissée et abandonnée, qui se vide de ses habitants année après année, qui voit fermer ses usines, ses bureaux de poste, ses perceptions, ses écoles, ses hôpitaux et même ses cafés, cette France à l'agonie était en même temps devenue une France fantasmée et idéalisée.

Longtemps, les Français ont vécu à la campagne et rêvé de la ville ; désormais, ils habitent en ville et rêvent de la campagne. Jadis, la cité rendait libre ; désormais, elle emprisonne, menace, agresse. Quand tous les Français étaient sédentaires, accrochés à leur glèbe, incapables de voir au-delà du chef-lieu de leur sous-préfecture, le mouvement était la liberté, le luxe, le privilège. Quand tous les Français sont mobiles, pour le travail ou le tourisme, c'est l'immobilité, l'enracinement qui deviennent la liberté, le luxe, le privilège.

C'est de ce renversement des imaginaires dont nous devons tenir compte. Pour régler la fameuse question de « Paris et du désert français », les pouvoirs publics d'après-guerre ont forgé des métropoles provinciales, des « petits Paris » qui avaient pour mission de rééquilibrer la France : Bordeaux, Lille, Nantes, Rennes, Toulouse, Strasbourg, Nice, Marseille, Grenoble, Montpellier. Toutes sont devenues des capitales, avec tous les avantages inhérents à cette situation géo-économique. Portes d'entrée et de sortie de tous les flux de la mondialisation, commerciaux, technologiques, scientifiques, financiers, ces anciennes citées endormies se sont transformées en nouvelles villes-mondes, qui tiennent leurs richesses non plus de la redistribution parcimonieuse venue de la capitale, mais des miettes semées sur les routes des « chaînes de valeurs » par les grands groupes mondiaux.

Cette manne céleste inespérée a toutefois un prix de plus en plus lourd : des embouteillages jusqu'à l'embolie ; une architecture uniformisée de béton et de verre, qui écrase le charme des anciens remparts en pierre ; des rues de moins en moins sûres, un paysage urbain encombré de kebabs et de boutiques halal ; un réseau universitaire, parfois de niveau mondial, mais asphyxié par l'idéologie woke ; une uniformisation du tissu commercial qui, par le jeu financier des franchises des grandes marques internationales et la piétonnisation, fait se ressembler toutes les artères principales des grandes villes françaises.

Cette mondialisation par le haut (chaînes de valeur, urbanisme, pôles universitaires) et par le bas (tiers-mondisation, islamisation, ensauvagement) provoque une double « défrancisation » qui bouleverse tous les équilibres et altère l'âme millénaire de ces lieux. Les habitants ne reconnaissent plus les rues où ils ont grandi, le sentiment de dépossession s'ajoutant à celui d'insécurité pour les pousser à fuir leurs quartiers et à s'installer plus loin, toujours plus loin, dans des contrées tranquilles, pavillons du périurbain, villes moyennes ou villages qui n'ont pas été atteints par ces fléaux.

Bien sûr, la dictature morale imposée par les bien-pensants et le prosaïsme de la vie quotidienne mettent au premier rang de cette fuite des causes matérielles : hausse du prix du logement, insuffisance de l'offre de transports, développement du télétravail. La vérité enfouie remonte très vite à la surface dès qu'on interroge ces néoruraux et autres exilés de l'intérieur qui ne tardèrent pas à me confier les affres de leur existence dans leurs anciennes métropoles.

Pour certains, cette fuite paraît sans fin puisqu'ils ont abandonné la région parisienne pour les mêmes motifs, surtout quand ils apprennent que le président Macron annonce, aussitôt réélu, qu'il va envoyer des migrants dans ces petites communes rurales qui ont jusqu'alors eu la chance de ne pas en recevoir : jusqu'où devront-ils aller pour retrouver cette

France d'avant qu'ils chérissaient, même s'ils n'ont pas le droit de l'avouer à nos maîtres à penser qui leur expliquent que « c'est un mythe qui n'a jamais existé » ?

Pourtant, ce mythe, ils l'ont bien connu : c'est leur enfance, leurs souvenirs, la mémoire encore vive de leurs parents et de leurs grands-parents ; les films aussi et les chansons, qu'ils peuvent toujours regarder ou écouter, admirer et fredonner, comme le parfum d'un monde à jamais englouti. J'ai montré ce « mythe qui n'a jamais existé » dans ma vidéo de candidature, suscitant de vives critiques de mes adversaires qui ont aussitôt dénoncé ma « nostalgie » et mon « goût du passé ».

Cette fuite en arrière de millions de rurbains constitue une rupture historique avec deux cents ans d'un exode rural qui a commencé au début du XIXe siècle et a dévitalisé, d'année en année, de siècle en siècle, les campagnes françaises. Cet exode urbain a d'abord touché Paris et s'attaque aux « métropoles d'équilibre » : rien de plus logique, mais ce phénomène historique est d'une ampleur encore mal mesurée.

Ce mouvement de populations ne solde pas seulement les comptes du passé, mais annonce aussi l'avenir : une partition de fait entre, d'une part, des métropoles mondialisées et islamisées (qui n'auront plus de français que la trace mélancolique des monuments sublimes laissés par nos ancêtres, et auront le destin programmé des ruines admirées par Chateaubriand lors de son voyage à Rome, un décor, rien de plus, et encore, un décor qui sera peu à peu saccagé par les hordes vandales de la *cancel culture* qui ont déjà engagé leur travail de destruction en visant les statues de nos ancêtres les plus glorieux : Napoléon, Voltaire, Colbert, Louis XIV, etc.), et, d'autre part, des villes moyennes et des petits villages du « cher et vieux pays » où se retrouveront les Français de souche ou assimilés qui voudront préserver un mode de vie à la française.

Cette opposition recoupe largement celle faite depuis dix ans par Christophe Guilluy, entre ce que le géographe appelait la France « périphérique » et les métropoles. C'est l'inconvénient d'être un « petit nouveau » dans la bataille électorale qu'on paraît toujours un intrus dans la guerre politique. Lorsque je me rendis à Saulieu ou à Charvieu-Chavagneux, les journalistes me demandèrent : « Alors, vous venez dans la France périphérique ? » Comme si, en tant que chroniqueur à « On n'est pas couché », dès les années 2000, je n'avais pas été celui qui avait justement fait connaître les travaux de ce géographe iconoclaste sur cette France des oubliés.

Je reconnais pourtant que j'ai trop tardé à le montrer physiquement et médiatiquement. Mes habitudes d'écrivain et les nécessités techniques de grandes salles de meeting m'ont d'abord conduit vers le cœur des grandes villes : Toulon, Nice, Lille, Rennes, Nantes, Marseille. J'ai payé cette erreur au prix fort : je me suis offert en cible privilégiée à la racaille antifa, qui est en vérité une milice islamo-gauchiste faisant régner la terreur, comme les nervis communistes et fascistes des années 1920 en Italie et en Allemagne. J'ai donné aux médias, qui n'attendaient que cela, cette double image d'homme cerné par la violence et d'homme des grandes villes. Pendant ce temps, Marine Le Pen arpentait les rues tranquilles de la France périphérique, enchaînant sourires et selfies avec des Français ravis de toucher de près une « star » nationale, loin de toute violence et loin, à vrai dire, de toute politique.

Mon programme de reconquête française à partir de la France rurale et des petites villes repose sur une stratégie : transférer les fonds de la politique de la ville, tonneau des Danaïdes depuis quarante ans, vers une politique active de la ruralité ; je décline ainsi ce renversement de perspective sur tous les domaines de politique publique : prime de 10 000 euros à toute naissance française dans les villes de moins de deux mille habitants ; suppression du permis à points et remboursement des frais d'essence pour les salariés se déplaçant en automobile ; grand plan d'investissement pour la suppression des zones blanches ; fin des fermetures de classes ; lutte acharnée contre les déserts médicaux par l'embauche publique de médecins ; nouvelle organisation de la gendarmerie pour mieux combattre la délinquance ; suppression des lois Solidarité et Renouvellement Urbains (SRU) et Droit au logement opposable (DALO), qui transportent dans les villes moyennes les ravages causés par l'immigration dans les métropoles : toutes ces mesures, et bien d'autres, ont suscité un large écho dans cette France rurale, comme les sondages en attestent, avant que la pression du « vote utile » ne renvoie de nombreux électeurs affolés vers leur candidate habituelle.

Mieux encore, au sein même des métropoles, mon discours est parvenu à séduire une partie des habitants des beaux quartiers et à l'arracher aux attraits du macronisme ; un électorat qui n'aurait jamais voté pour le RN, et qui a bien saisi, pour les vivre au quotidien, les conséquences qu'une double mondialisation dessine désormais, avec des métropoles partagées entre l'électorat islamo-gauchiste de Jean-Luc Mélenchon (l'est de Paris, par exemple) et l'électorat européo-mondialiste d'Emmanuel Macron (l'ouest de la capitale, qui votait encore pour François Fillon en 2017).

Ces poches de « reconquête » française me donnent l'espoir d'une alliance future entre ces îlots des métropoles et une base arrière logée dans les villes moyennes et les villages. Pour qu'une France française subsiste, survive. Et renaisse.

Londres, le 19 novembre 2021

La fameuse bourgeoisie patriote

Chacun a pris place autour de la longue table en bois massif. Nous sommes plus de trente. Déjà, les serveurs s'affairent. Dans le salon de ce grand hôtel londonien, tout est luxe, calme et volupté.

Je suis venu en cette fin novembre dans la capitale anglaise pour mieux connaître les très nombreux Français qui y vivent ; mais nous allons aussi profiter de ce déplacement outre-Manche pour approcher de futurs contributeurs à la campagne. Lors de ce court séjour londonien, tous mes déjeuners et mes dîners sont pris par ces rencontres, ce qui me permettra de lier connaissance avec plus d'une centaine de donateurs en un week-end.

Les convives se présentent tour à tour : beaucoup d'hommes en costume sombre de bonne coupe, quelques femmes très apprêtées ; des banquiers comme s'il en pleuvait, dont certains devenus entrepreneurs : un parterre représentatif de ce qu'au RN et chez Mélenchon, on appelle, avec une moue de dégoût, la « finance internationale ».

J'ai moi-même, en tant que journaliste, écrit d'innombrables articles à charge sur ces « élites mondialisées », selon l'expression chère à Jean-Pierre Chevènement, leur cupidité insatiable, leur cosmopolitisme oublieux des réalités nationales, leur européisme fanatique, leur mépris de classe pour les pauvres qui avaient le malheur d'être sédentaires.

J'ai récité la leçon de Christopher Lasch décrivant la « sécession » des élites américaines et occidentales. J'ai repris jusqu'à satiété la formule de Jaurès célébrant la patrie comme « seul bien des pauvres ». Non sans un certain manichéisme, j'opposais alors les classes populaires, patriotes et victimes de la mondialisation, à ces expatriés, vainqueurs de la globalisation, qui avaient jeté par-dessus bord les anciennes fidélités à la France. Le vote massif de cet électorat des Français de l'étranger en faveur du candidat Macron en 2017 m'avait paru cohérent avec ce que je croyais savoir d'eux.

En ce mois d'octobre 2021, je ne souhaitais pas encore dévoiler de programme économique précis, mais je commençais à dire ce que je voulais, ou plutôt ce que je ne voulais pas : ni d'un libéralisme échevelé qui fasse de l'État « le problème » et de l'individu « la solution » ; ni d'un socialisme étatiste qui chante les louanges de l'assistanat et de l'impôt. Ni Alain Madelin, ni Marine Le Pen ou Jean-Luc Mélenchon. Un juste dosage d'interventionnisme public et de concurrence privée, de commandes publiques et de baisses d'impôts, de protectionnisme subtil et de dynamisme exportateur. J'avais à cœur de retrouver le génie des années Pompidou dont je tentais de découvrir les secrets en lisant dans l'Eurostar les souvenirs de son conseiller pour les affaires industrielles, Bernard Ésambert.

Le dessert n'était pas servi que j'ouvrais le bal de mes réflexions devant un public que je croyais avant tout soucieux d'économie, et de « business ». Soudain, un de mes convives m'interrompt avec un grand sourire : « Ne vous embêtez pas avec votre programme économique, on est sûrs que ce sera très bien ! Parlez-nous de la France, parlez-nous de l'école, de l'arrêt de l'immigration, parlez-nous de l'avenir de nos enfants ! » Sa rude franchise débrida l'audace de ses voisins. Dans un joyeux tohu-bohu, chacun s'empressa de me supplier d'oublier l'économie pour leur assurer que la France pouvait encore être sauvée. Et chacun d'ajouter son mot, de livrer son anecdote, de raconter ses angoisses, de proposer son remède. De confier sa sidération mêlée de désolation devant un Paris qu'ils reconnaissent de moins en moins à chacune de leur arrivée gare du Nord, cette France défigurée par ces quartiers islamisés, ces femmes voilées, ces hommes en djellaba, ces racailles vindicatives ; leur crainte pour leurs filles et leurs femmes ; leur mal-être, leur sentiment de dépossession.

Ces compatriotes exilés n'ont pas seulement quitté leur patrie pour échapper à la rapacité du fisc français, mais aussi – mais d'abord ? – parce qu'ils ne reconnaissaient plus le pays de leur enfance. Une fois la campagne présidentielle passée, *Le Figaro* enquêtera sur « ces Français qui s'exilent parce qu'ils ne reconnaissent plus la France » et où « l'importance du vote Zemmour interpelle ». Mais à l'époque de cette virée londonienne, cet aspect des choses est largement ignoré, sinon rejeté avec véhémence, par les commentateurs hexagonaux.

Dans le brouhaha général du déjeuner, des éclats de voix mêlés au bruit des couverts, un de mes interlocuteurs me lâche : « Si vous êtes élu président, je rentre. » Et tous d'opiner, ravis qu'un des leurs ait clamé ce qu'ils n'osaient peut-être pas s'avouer. Je renouvelai cette expérience à Genève, la semaine suivante. Même accueil triomphal par près de 300 Français réunis dans la salle de réception d'un hôtel, même sentiment de dépossession, même espoir de reconquête.

C'est ainsi qu'aux côtés des dizaines de milliers de « petits donateurs », un bataillon de « gros donateurs » vint en renfort. Cette dilection des Français expatriés à mon égard ne passa pas inaperçue ; les soutiens financiers que ma campagne recevait, recueillis avec l'efficacité charmeuse et l'intelligence de Julien Madar, qui avait déjà pu voir une telle collecte de fonds lorsqu'il participa à la campagne d'Emmanuel Macron en 2017, suscitèrent de nombreuses jalousies.

Sur les réseaux sociaux, certains agitaient le spectre de la « caste internationale » à laquelle j'aurais fait allégeance. Puisque j'avais travaillé au sein du groupe de Vincent Bolloré, j'étais forcément son obligé. On mettait en cause mon enracinement, voire mon patriotisme. J'ai déjà évoqué ces personnages, peut-être moins hypocrites, et franchement antisémites qui parlaient sans détour des « juifs qui m'entouraient », en particulier de Sarah Knafo, Julien Madar et Jonathan Nadler. On se serait cru revenu sur Radio Paris, sous l'Occupation, qui ne manquait jamais de dénombrer les juifs partis à Londres. Ulcéré par cette campagne ignoble, Philippe de Villiers enregistra une vidéo de réplique dans laquelle, l'âme noble et le verbe lyrique, il lança : « C'est en chevalier français que je vous dis qu'il n'y a pas plus patriotes que ces gens-là. »

Certains proches du Rassemblement national s'en donnaient à cœur joie, s'efforçant de raviver une influence en berne depuis les attentats de 2015. Au début des années 2010, le discours d'Alain Soral avait été fort influent sur les réseaux sociaux, en particulier chez les militants du RN : il mêlait alors un authentique populisme, souverainiste et social, une analyse géopolitique anti-occidentaliste, un rejet du conflit de civilisations, une distinction remarquée entre islam et islamisme, avec son slogan : « Égalité et réconciliation », et un antisémitisme virulent qui présentait la figure du juif comme l'ennemi commun des prolétaires français de souche et des Arabes musulmans, qui « voudrait lancer les Français dans une guerre contre les Arabes » comme jadis de nombreux pacifistes accusaient « les juifs de faire mourir les Français dans leur guerre contre les Allemands ».

Ma candidature était une occasion inespérée de remettre en vogue ce cocktail idéologique. Les éléments de langage qui me prenaient pour cible privilégiée provenaient pour la plupart de certaines officines proches du Rassemblement national où, je l'ai dit, l'antisémitisme était redevenu à la mode depuis que mon irruption sur la scène électorale avait ébranlé le monopole lepéniste, et où les plus anciens se souvenaient que Marine Le Pen et Alain Soral avaient dirigé de concert la campagne présidentielle de Jean-Marie Le Pen en 2007.

Marine Le Pen ne manquait pas d'affirmer que j'étais le « candidat de Macron » envoyé par le président pour l'affaiblir. C'était l'hôpital qui se moque de la charité ! Elle qui a toujours été et serait encore l'adversaire rêvée du président sortant. Puis, lorsque Valérie Pécresse perça dans les sondages, Marine Le Pen ne rata pas l'occasion d'affirmer que la candidate LR était mon « actionnaire majoritaire ». On se demande encore comment elle a pu se risquer à une telle formule...

Au premier tour de la présidentielle, beaucoup de bureaux de vote à l'étranger, au Canada, au Portugal, au Mexique, à Singapour ou en Thaïlande nous donnèrent des scores flatteurs. Je ne prétends pas avoir rassemblé tous les Français de l'étranger ; Emmanuel Macron a gardé beaucoup de ses partisans de 2017 et sa ligne reste majoritaire ; mais un certain nombre de ses électeurs ont rallié ma candidature, comprenant que la France n'était pas seulement une « start-up nation », connaissant parfaitement les raisons pour lesquelles ils avaient décidé, souvent à contrecœur, de la quitter.

J'observais ces Français expatriés avec un pincement au cœur. Notre pays n'a jamais été une terre d'émigration. Contrairement aux Anglais, Allemands, Italiens, les Français furent longtemps un peuple de paysans sédentaires. Dans la bataille nous opposant à l'Angleterre pour l'hégémonie européenne, puis mondiale, ce fut l'un de nos principaux handicaps : c'est parce que les Anglais émigrèrent en masse dans les colonies d'Amérique du Nord que la Couronne britannique finit par y supplanter sa rivale française. C'est aussi parce que nos compatriotes ne furent jamais assez nombreux en Algérie que cette terre ne devint pas une Australie française.

Paradoxe cruel : nos compatriotes s'expatrient en masse maintenant que l'émigration n'est plus au service de la puissance française. Depuis 2006, chaque année, cent dix mille jeunes Français de dix-huit à vingt-neuf ans partent s'installer à l'étranger, pour la plupart aux États-Unis ou en Asie, où ces brillants esprits, formés dans les grandes écoles françaises, vont apporter à ces pays leur intelligence, leur créativité, leur dynamisme. Ce sont les jeunes scientifiques français qui, avec les Asiatiques, font tourner la Silicon Valley, foyer de la domination technologique américaine sur le monde. Ce sont les jeunes polytechniciens français qui ont fait la fortune des grandes banques de Wall Street à New York comme de la City à Londres.

Pendant ce temps-là, sur le territoire français, ces jeunes diplômés sont remplacés par de jeunes migrants sans papiers dont beaucoup deviendront des livreurs Deliveroo ou des chauffeurs Uber, pointeront au chômage ou bénéficieront des aides sociales françaises, quand, transformés en esclaves modernes par un système cruel et hypocrite, ils ne rejoindront pas les gangs de trafiquants de drogue ou les réseaux de prostitution.

Ces vases communicants permettent aux démographes du déni d'affirmer que le « solde migratoire » de la France est modeste. En vérité, ils sont le symbole d'une nouvelle tragédie historique : la France se vide d'une jeunesse formée et audacieuse, qui va fournir sa force de travail et son génie à d'autres nations, comme les protestants chassés par Louis XIV ont fait la fortune industrielle de la Prusse et de l'Angleterre, ou comme les juifs allemands persécutés par Hitler ont forgé la machine à rêves de Hollywood et la puissance de feu nucléaire de l'Amérique.

Nos élites de demain fuient un territoire envahi par les masses venues du Maghreb et d'Afrique noire, qui le transforment peu à peu en un pays islamisé et tiers-mondisé où ils ne veulent plus vivre, où ils ne veulent surtout pas faire grandir leurs enfants ; ils fuient la France comme d'autres fuient des pays en guerre. Lors de chacun des dîners de donateurs, à l'étranger mais aussi en France, je pris l'habitude d'interroger mes convives à brûle-pourpoint : qui est persuadé que ses petits-enfants vivront en France ? Il est souvent arrivé qu'aucune main ne se lève…

Ces deux phénomènes, qui forment les deux faces du Grand Remplacement, sont intimement liés et accentuent conjointement le grand déclassement. Ce raisonnement vaut aussi pour les pays d'Afrique et du Maghreb qui voient partir vers la France des médecins algériens ou tunisiens, des mathématiciens marocains, qui manqueront cruellement à leur pays, et pour lequel nous tenons le rôle d'une Amérique du pauvre.

Avec ma candidature, j'ai voulu escalader en même temps les deux versants de la montagne : arrêter les flux migratoires, renvoyer tous les étrangers condamnés ou les chômeurs de longue durée et faire revenir ces Français exilés qui nous seraient si utiles. Baisse des impôts, soutien actif à la recherche scientifique, rétablissement du niveau scolaire, hausse des salaires net par la réduction du poids des dépenses sociales, retour de l'ordre et de la sécurité dans les rues, toutes ces politiques, mises en œuvre conjointement, peuvent seules provoquer cette inversion des flux migratoires dont notre pays a un besoin vital.

Depuis ma défaite, de nombreux Français, jeunes et moins jeunes, étudiants et retraités, me confient, dépités, qu'ils se sont décidés à quitter la France. Ils regardent le Portugal, l'Australie, le Japon, la Hongrie ou la Pologne, la Croatie aussi, avec des yeux brillants. Ils y reconstituent là-bas, avec d'autres expatriés, la France de leur enfance… Parfois, en cachette, ils pleurent sur ce pays qu'ils quittent parce qu'ils l'aiment trop. Ils me disent, dans un souffle : « Tenez bon. On est avec vous. On s'en va, mais si vous gagnez, on reviendra. »

Marseille, les 26 et 27 novembre 2021

Il pleut sur Marseille

On associe toujours Marseille au soleil, à la chaleur, à la bonhomie d'une partie de boules sur le Vieux-Port, à l'accent chantant qui rend drôle la moindre boutade. On n'a pas toujours raison. Il y fait froid lorsqu'un mistral tourbillonnant et glacé vous saisit avant qu'une pluie fine et acérée ne vous transperce le corps.

Le grand historien Henri Pirenne a jadis expliqué que l'unité du monde méditerranéen, façonnée par l'Empire romain, avait été rompue par l'avancée des troupes de Mahomet à partir du VIIe siècle ; l'ex-*mare nostrum* sépara l'Empire de l'Occident chrétien de Charlemagne au nord et l'oumma islamique au sud. Marseille est la preuve vivante que l'analyse de Pirenne est désormais anachronique, car les terres autour de la Méditerranée sont en voie d'être de nouveau réunifiées, mais dans le cadre de cette oumma. Sur le Vieux-Port, il y a belle lurette que les femmes voilées et les hommes en djellaba ont remplacé les joueurs de boules ; et si certains rient encore sur la Canebière, c'est davantage dans la langue du prophète que dans celle de Monsieur Panisse.

Ce n'était pas la première fois que j'allais à Marseille, et, comme de nombreux locaux et touristes, j'avais déjà eu le loisir de constater les changements profonds, démographiques et culturels, qu'avait subis la cité phocéenne en trente ans. Jean-Claude Gaudin et Claude Bertrand m'en avaient souvent parlé, mais le maire et son directeur de cabinet m'avaient aussi avoué leur impuissance. En 1986, comprenant ce qui se jouait dans sa ville, Gaudin avait eu le courage de s'allier avec le Front national. Mais il avait fini par céder devant les pressions de ses alliés de droite, les brocarts du caricaturiste du journal *Le Monde* qui le dessinait en pardessus de SS, entouré de mouches, tel un étron malodorant, et les mises en garde de l'Église catholique qui culpabilisait le chrétien sincère qu'il était.

J'avais conservé mon habitude d'écrivain de venir présenter sur la Canebière chacun de mes livres avant d'aller déguster la pêche du jour dans un restaurant du Vieux-Port, puis d'assister à un match de l'OM au Vélodrome où, enfant, j'avais admiré les dribbles chaloupés du Suédois Roger Magnusson, et la redoutable efficacité du buteur yougoslave (à l'époque, j'ignorais s'il était serbe ou croate), Josip Skoblar.

On devrait toujours se méfier de ses souvenirs, surtout quand ils sont bons, et de ses habitudes. J'avais prévu d'achever mon périple littéraire à Marseille et j'avais tort. Je n'étais plus seulement un écrivain et Marseille n'était plus Marseille.

Je revenais la veille de Genève où, déjà, l'ambiance avait été électrique, entre les hôtels qui avaient peur de m'accueillir, du fait des menaces d'attentat de l'extrême gauche, et la police locale qui affrétait carrément un hélicoptère pour assurer ma sécurité. Le matin même, *Closer* publiait sa une putassière. Je débarquais pourtant serein à la gare Saint-Charles. Je ne tarderai pas à m'en repentir. Mon équipe avait prévu le service minimal : une balade en ville, des rencontres avec les commerçants, les policiers, les élus. Nous étions à la veille de l'annonce de ma candidature et à quelques jours du premier grand meeting, à Villepinte. Toute l'équipe était focalisée sur ces deux prochaines échéances. Nous avions sans doute pris cette virée à Marseille par-dessus la jambe, et j'allais le payer très cher.

Comme d'habitude, nous avions distribué notre programme à la presse. À la demande de mon service de protection, nous avions pris soin, pour la première fois, de préciser aux journalistes que ce programme leur était transmis « sous embargo », c'est-à-dire qu'ils pouvaient en prendre connaissance mais qu'ils n'avaient pas le droit de le rendre public, pour des raisons de sécurité. Nous leur avons fait confiance, mais un journaliste de *La Provence*, comme nous l'apprendrons plus tard, décida de livrer sans vergogne ces informations sur WhatsApp à son groupe d'amis de la racaille antifa.

Les conséquences de son méfait furent immédiates : tous les commerçants du quartier du Panier furent visités par les nervis d'extrême gauche qui les menacèrent de brûler et saccager leurs boutiques s'ils venaient à me recevoir.

Ainsi, quand j'arrive dans la rue principale du Panier, les rideaux de fer ont été descendus à la hâte par les commerçants paniqués. Je devine parfois quelques têtes dissimulées derrière les vitrines. Autour de nous, une horde de furieux masqués nous encercle, nous harcèle, nous insulte, nous menace, hurle des « Zemmour, fasciste ! », « Zemmour, raciste ! », « Zemmour, fous le camp ! ». La police est absente ; à aucun moment, la préfecture n'a daigné assurer notre protection. Mes propres agents de sécurité sont dépassés. Je quitte précipitamment les rues du Panier, sous les questions grotesques de la journaliste du *Point* qui me demande, narquoise : « Pourquoi vous n'allez pas au contact des gens ? Marine Le Pen, elle, elle le fait. »

J'avais déjeuné dans un restaurant du Vieux-Port en compagnie d'élus et de soutiens. Le soir, je retrouve sa devanture brisée et la canaille antifa qui se jette sur moi. Je crois un instant qu'ils vont me rouer de coups. Les policiers qui me protègent ont à peine le temps de me jeter dans leur voiture et de prendre la route cernant le Vieux-Port dans le sens inverse de la circulation. Derrière la vitre de l'auto, je regarde ces barbares masqués qui courent après nous, hurlant et menaçant.

La visite à la basilique Notre-Dame-de-la-Garde n'est pas plus sereine. Les autorités ecclésiales ont refusé de nous accueillir, sans que je sache si elles ont été elles aussi intimidées.

Il semble que le devoir d'asile de l'Église concerne tout le monde sauf nous. Le sénateur RN Stéphane Ravier, lui, a le courage de m'accompagner. Sa bonne humeur, sa jovialité, son goût pour les galéjades sont une parenthèse enchantée dans cet enfer organisé. Stéphane Ravier est sans doute le dernier représentant du Marseille français. Son téléphone ne cesse de sonner ; il me fait un clin d'œil complice : c'est Philippe Olivier, l'homme lige et beau-frère de Marine Le Pen, qui le harcèle en voyant les images sur les chaînes info.

Le lendemain matin, tout recommence. Le mistral glacé et pénétrant ; les rues désertées ; les hordes sauvages. Nous montons dans la voiture pour rejoindre la gare Saint-Charles. La canaille antifa n'a pas désarmé. Au moment du départ, une femme entre deux âges aux cheveux courts s'approche de mon véhicule. Mon agent de sécurité se place devant elle pour lui barrer le passage et s'apprête à l'évacuer, mais je baisse la vitre de la voiture et lui lance un compatissant : « Non, laissez-la, c'est une dame, quand même. » L'agent s'écarte donc, et la « dame » me gratifie d'un doigt d'honneur triomphant. Incrédule, je lui renvoie son geste insultant. Sarah relève la vitre précipitamment et me tance. J'avoue avoir du mal à m'apaiser. J'ai eu tort, je le sais. Aujourd'hui encore, je n'évoque pas cet échange d'amabilités avec sérénité. Je songe au fameux « Casse-toi, pauvre con » de Nicolas Sarkozy, et soudain, je comprends mieux la réaction de l'ancien président. Humain, trop humain. Comme il est difficile de suivre l'exemple de Jacques Chirac qui, lorsqu'on l'insultait, tendait une main courtoise et l'accompagnait d'un ironique : « Enchanté ! Moi, c'est Jacques Chirac ! » J'avoue ne pas avoir encore acquis cet admirable contrôle de soi en toutes circonstances.

Dans le train, Olivier Ubéda m'apprend qu'un photographe posté là par hasard (par hasard, vraiment ?) a immortalisé mon geste de chauffard furibond. Olivier trouve la force de plaisanter : « On va vous acheter des moufles, maintenant, Éric ! » Il parvient à nous faire sourire. Ce jour-là, Olivier montre une solidité et une fidélité admirables, improvisant seul un point presse dans le train pour me défendre devant une dizaine de journalistes déchaînés.

Déjà, toutes les chaînes d'info diffusent en boucle la photo du doigt d'honneur ; certains médias « oublient » même de montrer l'origine de cette réaction en effaçant mon « interlocutrice » du cliché. BFM en fait un sondage : moins d'un Français sur deux se déclare « choqué par ce geste ». Ce n'est pas aussi net que les journalistes l'espéraient, mais la semaine qui suivra, toutes les interviews commenceront par la même question : « Croyez-vous que ce geste soit digne d'un chef d'État ? »

La réponse est évidente. Un chef d'État doit rester digne en toutes circonstances. Mais un chef d'État bénéficie de la protection que lui assure l'État. De la distance qui lui permet d'éviter la tourbe des fous et des furieux. Je ne suis pas alors chef d'État, mais seulement candidat : des deux corps du roi, je n'avais que mon corps d'homme, avec ses peurs, ses passions, ses colères, ses fureurs. Ses remords aussi. Que celui qui n'a jamais péché me jette la première pierre.

Paris, novembre 2021

Les Républicains, « écartelés entre le macronisme et le zemmourisme »

« Ils ont encore parlé de toi pendant une heure. » Éric Ciotti est hilare. J'entends son accent du Sud chanter dans mon portable. Il me conte par le menu le bureau politique de LR qui s'est, une fois de plus, appesanti sur mon cas. Ciotti me décrit un procès en bonne et due forme, le mien, avec Jean-François Copé et Rachida Dati en procureurs acrimonieux et Nadine Morano en avocate passionnée. Mes relations sont aussi exécrables avec ceux-là qu'elles sont chaleureuses avec celle-ci.

C'est que Nadine Morano est sympathique, joyeuse et drôle, d'un abord facile et direct. Elle n'a pas froid aux yeux et est courageuse. Les délicats se pincent le nez devant son côté Madame sans gêne qui cache sa finesse d'esprit. Nous faisons le même diagnostic sur les dangers de l'islamisation de la France, c'est pourquoi elle m'a défendu lors des bureaux politiques de LR. Pourtant, elle m'avait déconseillé de me présenter ; mais son ode d'inspiration très sarkoziste (« la politique, c'est un métier, faut laisser ça aux professionnels ») ne m'avait pas convaincu.

J'imagine la rage de mes deux procureurs : mon ombre plane sur la primaire de LR. Une excellente éditorialiste aux *Échos* expliquera que la ligne identitaire et civilisationnelle de ma campagne a percuté de plein fouet la « droite sociale » chère à Xavier Bertrand et l'a fait verser dans le fossé. On découvrira plus tard que ces savantes analyses politiques s'effaceront devant la course frénétique aux cartes d'adhésion, remportée haut la main par l'équipe Pécresse, aux méthodes pour le moins douteuses. Splendeurs et misères de la « démocratie au sein des partis politiques »...

Éric Ciotti est radieux en ce soir du premier tour de la primaire de LR. Il a pris sa revanche sur les hiérarques du parti qui l'ont toujours méprisé ; c'est souvent ainsi avec les élus du Sud, ils ne sont jamais pris au sérieux par leurs collègues du Nord. On se moque de leur accent, quand ce n'est pas de leur physique ; le centriste Pierre Méhaignerie surnommait ses collègues de l'UDF élus dans le Sud « les pizzaïoli » ; même Jean-Claude Gaudin et Charles Pasqua ont subi semblable dédain.

Ciotti m'appelle un long moment pour me remercier. Il me décrit avec reconnaissance l'enthousiasme des salles de militants qui chavirent lorsqu'il prononce mon nom ; des militants et des adhérents qui lui ont su gré de s'engager à voter en ma faveur pour le second tour de la présidentielle. Il n'ignore pas qu'il n'a aucune chance de l'emporter face à Valérie Pécresse, mais il a montré la puissance de nos idées à ces notables centristes qui ont mis depuis plusieurs décennies la main sur la droite française. Bientôt, Nadine Morano puis François-Xavier Bellamy prendront la même direction qu'Éric Ciotti.

Je savais leur audace fragile. Mes trois alliés potentiels s'avéraient, dans un présent certain, des soutiens fidèles de Valérie Pécresse. Au nom du patriotisme partisan bien sûr, mais pas seulement. Au cours des nombreuses conversations que j'ai eues avec eux, j'ai compris qu'ils étaient victimes de deux illusions dont je ne parviendrai pas à les détromper : ils étaient persuadés que leur candidate était capable de battre Emmanuel Macron et tout aussi convaincus qu'élue présidente de la République, elle serait contrainte de faire une large place à leur sensibilité. Ils se leurraient sur les deux plans. Mais ils crurent que mon analyse était faussée par mes intérêts propres.

J'avais songé un instant à présenter ma candidature à cette primaire. L'idée était de m'appuyer sur cette base de militants et d'adhérents « zemmourisée », comme le disait avec une pointe de désespoir hautain Agnès Evren, pour prendre d'assaut la citadelle du parti. L'appareil de LR, même vermoulu, aurait pu être une bonne base de lancement de mon offensive présidentielle, à la manière de Donald Trump s'imposant aux oligarques du parti républicain américain ou de Boris Johnson prenant la tête des conservateurs britanniques. Chaque fois, cet alliage de l'iconoclaste et du conventionnel, du tribun populaire et des notables modérés avait conduit la droite à la victoire. C'est sans doute pour cette raison que les dirigeants de la droite française, du président de LR, Christian Jacob, au président du Sénat, Gérard Larcher, m'interdirent, par des artifices juridiques, l'accès à la compétition.

Je ne le regrette pas. Mon parti Reconquête s'avéra un vaisseau bien plus fringant que celui de LR. Nous avons rameuté en quelques mois davantage de militants, de compétences, d'innovations, créé un mouvement de jeunes plus dynamique, avec des finances plus saines. Avec deux sénateurs, quatre députés européens, quelques centaines de maires, conseillers municipaux, départementaux et régionaux, nous avons certes, et ce n'est pas négligeable, un réseau d'élus nettement moins important que LR, ce qui demeure l'ultime richesse de ce parti de notables. Mais s'il y a encore des élus Les Républicains, il n'y a plus d'électeurs lors de l'échéance principale : la présidentielle. On se souvient du mot de Charles Pasqua : « Le RPR amène les électeurs et l'UDF amène les élus. » LR est devenu une UDF qui n'a plus le RPR pour lui fournir un réservoir électoral. À l'aune des 4 % de Valérie Pécresse, les 8 % de François-Xavier Bellamy aux européennes de 2019, alors jugés comme une catastrophe, sont un triomphe.

Il y a vingt-cinq ans, mon ouvrage *Le Livre noir de la droite* avait dévoilé les trahisons de Jacques Chirac à l'égard de sa famille d'origine. Mon récit devait beaucoup aux conversations que j'avais eues avec Philippe Séguin, Charles Pasqua et Marie-France Garaud. Ils avaient compris que Jacques Chirac s'était converti aux thèses de son vieil ennemi Valéry Giscard d'Estaing ; qu'il avait adopté les principales analyses de cette UDF qu'il avait combattue âprement lorsqu'elle était au pouvoir, aussi bien sur l'Europe que sur l'économie ou l'organisation administrative du pays. Comme l'avait dit Pasqua à Chirac, il avait « embourgeoisé », et « technocratisé » le mouvement gaulliste. Il avait, comme on disait à l'époque, « UDFisé » le RPR. Les chiraquiens avaient conservé les places, mais ils avaient emprunté leurs idées aux libéraux et aux centristes.

La création du parti unique de la droite, l'Union pour un Mouvement Populaire (UMP), voulue par Chirac et Juppé dans la foulée du second tour de 2002 qui avait opposé le président sortant à Jean-Marie Le Pen, avait donné une forme partisane à cette apostasie chiraquienne. On avait cru que Nicolas Sarkozy, avec son audace iconoclaste, allait conjurer ce destin centriste de la droite française. Ce ne fut qu'un feu de paille électoral, les deux campagnes de Sarkozy étant contredites par le quinquennat du président : s'il avait été élu avec Patrick Buisson et Henri Guaino, il gouvernait avec Alain Minc et Alain Juppé.

LR est l'héritier de cette UMP chiraquienne. C'est un parti de notables modérés qui, à la manière d'un Sarkozy, sortent de temps en temps de la tranchée centriste où ils s'enlisent pour des percées sporadiques vers la droite, histoire de rameuter une base qui se désespère : ce sera le Kärcher de Sarkozy, le « pain au chocolat » de Copé, ou la lutte contre « le totalitarisme islamiste » de Fillon. On pourrait d'ailleurs remonter à plus loin encore : le « bruit et les odeurs » de Chirac, les charters de Pasqua, ou les fameux états généraux de l'opposition de 1990 où les principaux hommes fort de la droite promirent l'immigration zéro, la fin du droit du sol et la préférence nationale pour les allocations sociales. LR pouvait changer de nom, il resterait condamné par les conditions d'origine de la naissance de l'UMP et cette alliance de « la droite et du centre » vantée par tous ses dirigeants alors qu'elle est le talon d'Achille de la droite française depuis vingt ans.

Ce n'est pas une histoire récente. Les centristes (anciens démocrates-chrétiens de la IVe République), qui se déclaraient « le parti de la fidélité » au Général, ont abandonné de Gaulle en 1962 après qu'il se fut moqué de leur fédéralisme européen. Les fameux cabris qui sautent en criant « l'Europe, l'Europe, l'Europe ! », c'étaient eux. Une partie d'entre eux a rejoint Georges Pompidou en 1969. En 1974, Valéry Giscard d'Estaing rameutait les derniers dans l'opposition. Lorsqu'en 1977, le Premier ministre Raymond Barre voulut interdire la venue dans le cadre du regroupement familial des familles maghrébines, qui arrivaient en grand nombre et posaient déjà des problèmes de chômage et de délinquance, le Conseil d'État, dans une jurisprudence de 1978, annula le décret du gouvernement. Raymond Barre s'apprêtait alors à faire par la loi ce qu'il ne pouvait faire par la voie réglementaire, quand les centristes de Jacques Barrot et Bernard Stasi lui signifièrent qu'ils ne voteraient pas ce texte. Le Premier ministre s'inclina. En pleine guerre avec le RPR de Chirac, il n'avait plus alors un seul soutien à l'Assemblée nationale. Quelques années plus tard, en 1990, Bernard Stasi fut le seul à ne pas approuver les états généraux de l'opposition sur l'immigration. Bravache, mais lucide, il prenait le pari qu'aucun gouvernement de droite, lorsqu'il serait revenu au pouvoir, ne mettrait en œuvre certaines mesures comme la préférence nationale pour les prestations sociales. Il fut malheureusement bon prophète.

Il faut refonder un RPR sans l'alliance avec les centristes. C'est tout le projet de Reconquête. LR ne le pourra jamais. Dès que l'un d'entre eux assume ses convictions de droite, il est accusé de vouloir rompre « l'alliance de la droite et du centre » et doit donner des gages. Ce fut le cas pour Sarkozy, Fillon, Copé, Wauquiez et, avant même qu'il ne conquière la présidence du parti, Ciotti.

Je serai désolé que mon ami Éric devienne mon adversaire en tant que président de LR. Je pense que son départ ne serait ni admis ni compris par les militants et les adhérents

LR qui nous associent dans la même affection. Loin de moi cependant l'idée d'accabler le pauvre Ciotti. Il n'est pas le seul : c'est le destin de LR que de se soumettre au centrisme. Je reste persuadé qu'au-delà des personnes et de leurs faiblesses – « là où il y a de l'homme, il y a de l'hommerie », disait souvent Charles Pasqua, reprenant cette ancienne formule de saint François de Sales –, le véritable problème de LR réside d'abord dans la perversité profonde de sa formation ainsi que dans celle de son ancêtre, l'UMP.

L'idéal eût été bien sûr que je fusse qualifié au second tour de la présidentielle ; alors, LR serait mort de sa belle mort, écartelé entre ceux qui m'auraient rejoint et ceux qui auraient soutenu Macron. La qualification de Marine Le Pen a sauvé Les Républicains, ou plutôt leur a donné un sursis, en gelant pour un temps la situation politique.

Mais LR est de toute façon condamné à disparaître. Un parti qui a autant trahi ses électeurs et qui est divisé en deux camps de force équivalente (dans les sondages sur l'union des droites, 55 % des électeurs LR s'y déclarent hostiles, 45 % favorables) n'a plus de raison d'être. Je l'ai constaté lors de ma campagne législative dans le Var. La droite, là-bas comme dans beaucoup d'autres départements, est orpheline du RPR tendance Pasqua. J'ai défendu et rétabli cet héritage. Je me sens proche d'eux car, comme eux, je fais partie de la tradition du RPR. Ils ont le même discours que Reconquête sur l'école, le travail, le mérite, contre le wokisme et pour l'identité de la France. Ils ont compris que notre positionnement, équidistant entre le RN et LR, était dans l'intérêt de la France et dans le sens de l'histoire.

Nicolas Sarkozy me l'a confirmé lors de notre déjeuner en septembre dernier : « Les LR sont condamnés. Ils n'ont pas d'avenir. Leur destin est de finir écartelés entre Macron et toi. » Rappelons que l'ancien président connaît bien ce parti : il l'a fondé. Les formations politiques naissent, grandissent et meurent. Elles achèvent toutes leur existence en devenant des associations d'élus, de notables, qui tiennent davantage par leur enracinement local que par la force de leurs convictions ou la clarté d'une ligne idéologique commune. Ainsi déclinèrent le Parti radical, le Parti communiste et le Parti socialiste. LR suit cette pente inexorable. Son agonie doit s'achever pour que renaisse sur ses ruines une authentique droite française. Tous ceux qui tentent de le sauver, par un bouche-à-bouche aussi pathétique que vain, sont condamnés à retarder l'inéluctable échéance.

Villepinte, le 5 décembre 2021

« Il faudrait nous arracher le cœur »

Une paroi de verre me protège et m'isole. Je viens de parcourir le long couloir allant de ma loge à la salle, où une foule de quinze mille personnes m'attend. Comme ceux d'un lion en cage, mes moindres mouvements sont observés. Des centaines de journalistes, photographes, cameramen, venus de toute la France, mais aussi du monde entier, se bousculent, jouent des coudes, du bras, de la main, de l'invective aussi. On me glisse que cinq cents journalistes sont accrédités dont cent soixante-sept de médias étrangers.

Immobile, concentré, le corps raide mais l'esprit en mouvement, j'esquisse un sourire en direction d'Olivier Ubéda qui règle, à travers son micro accroché à l'oreille, le ballet des orateurs qui me précèdent à la tribune. J'entends sans bien les distinguer les clameurs qui viennent de la salle, les applaudissements, les cris. Nous avions initialement choisi le Zénith, à la porte de la Villette, pour ce premier meeting de campagne, mais, en quelques jours, nous avons été débordés par le nombre d'inscriptions. Nous avons demandé à la préfecture de pouvoir installer une « fan zone » à l'extérieur de la salle pour accueillir les milliers d'inscrits supplémentaires mais, devant son refus, nous avons dû nous diriger vers une salle plus grande. Beaucoup plus grande.

Ces quelques minutes d'attente me paraissent hors du temps. J'ai l'impression que je suis derrière cette vitre depuis une éternité. Mon regard reste fixé sur la horde de journalistes et de photographes entremêlés, mais mon esprit vagabonde ; les visages de mes parents, disparus il y a une dizaine d'années, m'apparaissent, à la fois bienveillants et fiers, les mêmes visages et sourires que je voyais lorsque je descendais de la tribune de la distribution des prix de mon école primaire, les bras chargés de livres enrubannés, qui faisaient une pile plus grande que moi.

Cet événement n'est pas pour moi un rendez-vous banal ; c'est le premier meeting de mon existence, le premier de ma campagne présidentielle. Double première qui accroît mon inquiétude. Je sais que ce coup d'essai doit être un coup de maître. Depuis des années, j'ai multiplié les interventions publiques à l'occasion de la parution de mes livres. Mais l'exercice était différent : je partais du dernier ouvrage que j'avais écrit ; je filais une idée, j'improvisais, je laissais courir ma pensée par analogies, je digressais ; puis je répondais aux questions, qui me donnaient l'occasion de revenir sur un point que je n'avais pas évoqué ou que j'avais oublié.

Deux ans avant ce meeting présidentiel de Villepinte, je m'étais retrouvé à la tribune de la « convention de la droite ». On m'avait fait l'honneur d'en ouvrir les débats. Le résultat, il faut le reconnaître, avait été déplorable. Je souffrais depuis quelques jours d'une extinction de voix. Je lisais mon texte davantage que je ne le prononçais, la tête penchée sur mes feuilles, les yeux rivés à mes phrases, ignorant les spectateurs dans l'obscurité de la salle. Je m'en étais voulu : la médiocrité de la forme avait altéré le fond. Ce souvenir hantait mon équipe qui, et nous nous en amusons aujourd'hui en l'évoquant, finissait par espérer une campagne réduite par de nouvelles restrictions sanitaires à sa seule expression télévisée.

La veille, je m'étais rendu sur les lieux. La salle, immense et vide, était impressionnante. Je ne me doutais pas qu'elle le serait plus encore, agitée d'une énorme houle humaine. Olivier Ubéda m'avait présenté le pupitre qu'il m'avait fait confectionner et où j'étais censé poser mon discours. Par conscience professionnelle, il décida aussi de me présenter un nouvel objet : un prompteur auquel je m'étais jusque-là refusé. J'essayai l'objet, mais les caractères s'avéraient trop petits. On les grossit mais rien n'y fit. J'étais obligé de plisser les yeux et je ne pouvais pas supporter de lire un discours ainsi pendant plus d'une heure. Je m'apprêtais à abandonner, quand un membre de l'équipe me dit : « Et si on essayait avec tes lunettes ? » Je me récriai : le public n'avait pas l'habitude de me voir affublé de cet accessoire. Mais à la demande générale, je fis l'essai. La lecture devint aisée et fluide, mais ce n'était déjà plus ce qui les intéressait : « C'est génial avec les lunettes ! » s'enthousiasmait Olivier Ubéda. « Il faut absolument les garder ! » conseillait Antoine Diers ; « Ça adoucit ! », « Ça rend plus sage ! », « Ça crédibilise », s'exclamaient les autres. Elles emportèrent l'approbation unanime de l'équipe réunie à la veille de Villepinte. La presse du lendemain encensera le « coup de maître », la « stratégie d'image réussie », l'« objet qui change tout ».

Le prompteur me permettait de regarder mon public en permanence sans avoir besoin de me pencher sur mes feuilles. Il me restait à travailler l'essentiel avant le lendemain : retrouver à l'oral le rythme que j'avais donné à mon discours écrit. Un rythme à la fois vif et enlevé, sans doute le seul secret de cette prestation réussie. Un rythme personnel qu'un de mes soutiens me permit de sentir quelques instants avant de monter sur scène. Le jour même du meeting, il m'avait proposé de rester avec moi dans les dernières minutes pour que je puisse lui lire mon discours « comme si je le racontais à un ami ». C'était la première fois que je « m'entraînais » ainsi mais, avec la pression qui montait, cela me changeait les idées.

Il m'avait écouté, encouragé, désinhibé ; je m'étais aperçu grâce à lui que l'ennemi de l'orateur est l'orateur lui-même ; sa timidité, sa réserve naturelle, sa bonne éducation. Il m'avait demandé de ne pas jouer le texte mais de le dire ; de ne pas le clamer mais de le raconter ; de ne pas prendre une posture mais d'être moi-même. Quand je découvris, quelque temps plus tard, la prestation pitoyable de Valérie Pécresse, je compris à quoi j'avais échappé en ne fréquentant pas les traditionnels « professeurs d'éloquence » et ce que ce soutien, partisan du naturel, m'avait évité.

Pendant que je lis une dernière fois mon discours, j'entends les clameurs de la salle parvenir jusqu'à ma loge. Nos petits artistes de la vidéo, Maxime et Louis-Évrard, ont préparé un clip qui doit précéder mon entrée sur scène. Il fait monter la pression de la salle avant mon arrivée. La mienne aussi, ce jour-là... À la fin de la vidéo, on entend le son d'un cœur qui bat avant le grand moment. Le cœur bat. Je parcours le long couloir qui sépare ma loge de la salle et me retrouve devant les perches et les caméras.

Les quelques minutes d'attente durent des siècles. Je l'avoue, j'ai peur. Peur de décevoir aussi bien mes supporters que moi-même, peur d'échouer, peur d'être mauvais. Peur de ne pas être à la hauteur de l'attente, du bruit, de l'électricité de ce monstre si exigeant, si dur, si capricieux, qu'on appelle la popularité. Au Trocadéro, des mois plus tard, mon état d'esprit aura évolué : je serai prêt, sculpté par les meetings précédents, et me dirai, tandis que j'avancerai à la rencontre de cette foule immense : « Regarde bien, ressens bien, vis bien l'instant, imprègne-toi, n'oublie jamais. » Mais ici, à Villepinte, je suis seul face à l'obstacle, face à mon pari et face à la France. On a beau se préparer, le saut dans le vide est vertigineux. On se sent minuscule au moment où il faut être grand.

Mes premiers pas dans la grande salle de Villepinte sont euphorisants. Je dois me frayer un chemin au milieu d'une foule déchaînée, où chacun veut me toucher, me serrer la main, m'embrasser. Nous ne savions pas alors que cette alchimie serait aussi réussie ; que nos meetings deviendraient les événements politiques de cette campagne ; que ma faiblesse présumée se transformerait en force. J'ignore que, pendant que je prononce mon discours, soixante mille Français sont en train d'adhérer au parti que je lance ce jour-là : Reconquête.

Le soir même, sur tous les plateaux de télévision qui suivent le meeting, les journalistes, les politiques et tous les commentateurs saluent la révélation de l'orateur, un « tribun qu'on n'attendait pas », « un discours de haute tenue », sur le fond et dans la forme.

Au fur et à mesure que la campagne avançait, que les meetings se succédaient, nous rationalisions, Sarah et moi, l'écriture des discours. Les petites salles alternaient avec les grandes, les gymnases étroits avec les Zénith extensibles à volonté – on devait toujours étendre davantage la jauge au vu de l'afflux de Français qui nous rejoignaient –, la place ensoleillée du Trocadéro avec le sol boueux du mont Saint-Michel. Ces réunions devenaient des spectacles, les publics se répondaient, les « Ben voyons » et les « C'est nous », les « Il faudrait nous arracher le cœur » et les « Surtout, vive la France ! » scandant des finaux frénétiques, les *Marseillaise* déclenchées inopinément, pour un rien, pour le plaisir, chacun connaissant par cœur sa partition et la jouant avec un bonheur visible et contagieux.

Je crois que certains rassemblements resteront gravés à tout jamais dans la mémoire de ceux qui m'ont accompagné : le meeting de l'union des droites à Cannes, qui réunissait enfin les amoureux de la France dans une maison commune ; le discours sur la ruralité à Saulieu, dans cette halle aux bestiaux où des bottes de foin s'étalaient partout au sol, où des agriculteurs étaient venus de toute la Bourgogne pour communier avec nous ; le discours sur la question du pouvoir d'achat qu'un candidat faisait enfin l'effort de définir à Lille, le 5 février ; le discours sur la puissance française, avec le majestueux mont Saint-Michel en arrière-plan.

Je me souviendrai longtemps de ce meeting tenu sous la majesté du célèbre rocher ! Le vent souffle, fort et glacial, nettoie le ciel de tous ses nuages et vient percuter parfois les micros. Le public a les pieds dans la boue mais conserve sa bonne humeur. Sarah, en ciré jaune, grelotte à côté de l'impassible Philippe de Villiers, grand oiseau de mer taillé pour ces embruns ; Olivier Ubéda craint qu'un ouragan inopiné ne balaie comme fétu de paille la tribune qu'il a eu le plus grand mal à installer. Mon discours est à moitié emporté par les bourrasques, la nature tempétueuse donne à notre présence et à mes mots un air d'aventure. L'évocation de l'archange Michel dans un discours sur l'armée française laisse une impression irremplaçable, celle de voir la politique soudain réenchantée en mystique. « Défendez-nous dans le combat, demandent les catholiques à saint Michel. C'est aussi ce que les Français me demandent alors que survient le mauvais temps de l'histoire. »

Il y eut aussi le meeting de Toulon, où Marion Maréchal nous a rejoints. Le discours à la jeunesse au palais des Sports, sur lequel j'ai déjà eu l'occasion de revenir. Et, bien sûr, le Trocadéro. Quelle émotion tandis que je parcourais, solennel, cette fameuse dalle ! La foule qui s'étendait à perte de vue. Les larmes qui coulaient sur de si nombreux visages émus lorsque nous avons récité en chœur « Demain dès l'aube ».

J'avais déjà assisté à d'innombrables meetings. J'avais mon propre panthéon des orateurs : François Mitterrand ou Jean-Marie Le Pen tout en haut de l'affiche ; mais aussi Pasqua, Séguin, Fabius, Mélenchon, Sarkozy. Le discours est la quintessence de la vie politique. Les grands acteurs de l'histoire politique française sont restés par leur talent à la tribune : Mirabeau, Danton, Lamartine, Hugo, Gambetta, Jaurès, Clemenceau, Briand, Thorez, Doriot, Malraux. De Gaulle faisait du Chateaubriand, Hugo faisait du Hugo.

Le discours, on le sait depuis Thucydide, est le cœur de la démocratie. Périclès, Alcibiade et les autres sont d'abord de grands orateurs. Ils séduisent, convainquent et emportent l'enthousiasme. Ils parlent aussi bien à la raison qu'aux sens. C'est un mouvement qui va de haut en bas, du tribun à la foule, mais aussi de bas en haut. Contrairement à ce qu'on a pu lire dans la presse, les discours ne parlaient pas à des militants déjà convaincus. Il suffisait de demander le moteur de leur engagement à nos adhérents pour le savoir.

Un discours, c'est une idée, mais aussi un style, une voix, un mélange d'intellect et de physique, d'abstraction et de charnel. Le discours nécessite une vision, des idées, une cohérence.

Depuis l'échec d'Édouard Balladur à la présidentielle de 1995, les journalistes ont fait des « déplacements de terrain » l'alpha et l'oméga d'une campagne réussie : il faudrait être Chirac, le roi de la touche-menottes, pour réussir. Comme si la victoire de Chirac n'était pas en majeure partie due au fond de son discours et au thème de la fracture sociale. Pendant cette campagne présidentielle, il y eut d'ailleurs deux camps : ceux qui, comme Mélenchon et moi, privilégiaient l'instrument des meetings, et ceux qui, tels Marine Le Pen ou Emmanuel Macron – quand il a fait campagne –, préféraient les images du candidat dans les rues ou sur les marchés. Entre les deux, Valérie Pécresse ratait autant l'un que l'autre. Ce clivage est révélateur de la conception que nous nous faisons de la présidentielle. D'un côté, la campagne conçue comme un exercice démocratique d'empoignade politique, le clivage assumé aux risques et périls du candidat ; de l'autre, la dépolitisation au nom du prétendu rassemblement.

Au commencement était le Verbe, et le Verbe s'est fait chair ; une marée de drapeaux tricolores qui s'agite et ondule, au milieu des applaudissements, des acclamations, des cris de joie, des cris de stupeur, des cris d'amour. Et soudain, cette fierté retrouvée, fierté d'être côte à côte, fierté d'être les héritiers d'une histoire et d'un peuple glorieux, le peuple bâtisseur des cathédrales et de Versailles, le peuple qui enfanta Pascal et Descartes, Voltaire et Rousseau, Balzac et Flaubert, le peuple qui entra triomphant à Milan, à Vienne, à Berlin, jusqu'à Moscou, le peuple qui s'enfonça, stoïque, dans les tranchées de Verdun sans céder sous la mitraille et les morsures des rats. Oui, pendant six mois de campagne, la soudaine fierté, fierté de ne pas oublier, fierté de ne pas céder sous le flot de la propagande et de la culpabilité, fierté de ne pas abandonner notre pays, fierté de ne pas se soumettre, fierté d'être français, ensemble.

Roissy, le 11 décembre 2021

Philippe de Villiers, le chevalier

Il marche d'un pas vif qui résonne sur le sol dallé. Sa haute silhouette s'aperçoit de loin dans l'aéroport de Roissy-Charles-de-Gaulle. Il me hèle en agitant son bras et je reconnais sa voix grasseyante avant même que mon regard ne fixe les traits de son visage. Il me tape sur l'épaule avec une vigueur joyeuse et claque une bise sonore sur mes deux joues avant de me lâcher, goguenard : « Allez, Éric, tu peux être rassuré, la vache est bien dans l'étable. »

Je connais Philippe de Villiers depuis plus de trente-cinq ans et je ne crois pas avoir rencontré dans la classe politique française, Chirac mis à part, d'adepte plus talentueux de l'autodérision. Villiers est le seul, à ma connaissance, qui soit capable d'imiter... son imitation par Laurent Gerra.

Nos relations ont connu des hauts et des bas. Quand j'étais journaliste politique, il s'agaçait de la moindre remarque, sarcasme ou analyse critique dans mes articles. Mais comme avec Philippe Séguin et Charles Pasqua, la campagne référendaire sur le traité de Maastricht avait scellé entre nous la plus solide des amitiés, celle fondée à la fois sur la communauté des opinions et la contiguïté des esprits.

C'était au début 2015. La courbe des ventes de mon livre *Le Suicide français* ne fléchissait pas. Nous nous retrouvions au restaurant Le Dôme, à Montparnasse, avec Patrick

Buisson ; la presse avait surnommé nos repas « les déjeuners de la droite hors les murs ». Mes deux compères avaient très vite traduit en termes politiques mon succès de librairie. Philippe, toujours imaginatif, et souvent visionnaire, m'avait lancé : « Ce triomphe t'oblige. Tu dois te présenter à la présidentielle. » Il songeait à l'échéance de 2017. Buisson ne cria pas à la folie et lâcha pour seul commentaire ironique : « Tu es le plus jeune de nous trois. Cela te dépasse. » J'avais calmé leurs ardeurs : « Déconnez pas... » Et puis on n'en avait plus parlé.

La prédiction de Philippe de Villiers n'était pas tout à fait erronée ; mais c'était la « gauche hors les murs » qui, en la personne d'Emmanuel Macron, avait conquis l'Élysée. Notre position n'avait guère progressé. La présence de Marine Le Pen au second tour l'avait rendue encore plus inextricable.

Mais si nos analyses convergeaient, nos emplois du temps divergeaient. En 2015, Philippe m'avait encouragé et je m'étais récrié ; en 2019, après des européennes catastrophiques pour LR, Patrick Buisson avait lancé publiquement l'idée de ma candidature ; une nouvelle fois, j'avais mis le pied sur le frein. Mais, deux ans plus tard, alors que je m'étais finalement fait à cette idée, je découvrais que mes deux complices s'étaient résignés à une nouvelle défaite.

Je décidai donc de m'engager seul. J'en parlai régulièrement avec Philippe. Nous nous appelions, mais il n'était pas à mes côtés. Quand il refusa de me rejoindre à Villepinte, début décembre, pour le meeting de lancement de ma campagne, je ne pus dissimuler ma tristesse. J'avais négligé son souci de protéger le Puy du Fou, son bijou, le chef-d'œuvre de son existence. J'avais surtout sous-estimé sa grandeur d'âme et son amour de la France.

Philippe de Villiers est un chevalier de l'ancienne roche qui met son épée au service de son roi et de la patrie. Un paladin sans peur et sans reproche. Il possède, bien sûr, comme tout homme, un ego, un orgueil, une vanité, une susceptibilité, mais il est de cette race française capable de les sublimer dans la grandeur du combat pour sauver le pays. Le soir du meeting, quand je sortis de scène pour repasser dans les loges, mon téléphone comme celui de Sarah sonnaient sans discontinuer. Parmi tous les messages de félicitations, ceux de Philippe, qui ne cessait d'appeler. Sarah le prit : « C'est magnifique, c'est magnifique. Je suis désolé, j'ai raté ça. Je suis désolé. »

Dans l'avion qui nous conduit à Erevan, il me conte à de multiples reprises, sans se lasser, comment il a regardé sur son écran de télévision, seul, mon discours de Villepinte ; son enthousiasme, sa joie, sa solitude aussi ; ses larmes de joie enfin. Un ami commun s'est moqué de lui : « Philippe, vous vous targuez d'être un chien d'avalanche ; prenez soin de ne pas devenir une vache qui regarde passer les trains. »

Pendant les quelques jours que nous passons dans la capitale arménienne, nous ne nous quittons guère. Nous vivons parfois de véritables moments de grâce et d'allégresse enfantines, comme cette soirée dans un restaurant perdu au milieu de l'Arménie : nous improvisons alors un jeu de questions-réponses sur l'histoire du football. Toute la table pose les questions les plus invraisemblables et nous nous précipitons, Philippe et moi, pour répondre en premier. Les coupes du monde depuis l'après-guerre défilent ; les vainqueurs et les vaincus, les meilleurs buteurs, les prolongations héroïques, les Pelé, Maradona, Cruyff, Platini, Zidane, ou Kopa et Puskas. Chaque bonne réponse est acclamée, les rares hésitations ou erreurs sont impitoyablement moquées par notre jeune public. Le football est avec l'amour la chose légère la plus sérieuse au monde. Puis, joyeux et complices, nous entonnons à tue-tête le répertoire de Charles Aznavour pour rendre hommage à sa terre d'origine. « Emmenez-moi au bout de la terre / Emmenez-moi au pays des merveilles / Il me semble que la misère / Serait moins pénible au soleil… »

Nous partageons tout, de notre émotion grave sur le mont Ararat, au milieu des odeurs d'encens et des prêtres célébrant une messe, qui semblaient sortis tout droit de l'Antiquité romaine, aux rires complices devant une nourriture à laquelle nos palais n'étaient guère habitués. L'ambiance est joyeuse, et nous le devons à la présence de Philippe parmi nous. Nous découvrons un Villiers boute-en-train, jamais en manque d'une histoire drôle, d'un bon mot, d'un sarcasme.

Mon ami ne changera pas à notre retour à Paris. Pendant les mois qui suivirent, il ne fit jamais défaut, toujours présent, toujours créatif, toujours intelligent, toujours loyal, toujours fidèle, charmant camarade, toujours prêt à une plaisanterie pour détendre, partageant sans cesse idées et conseils, acceptant sans barguigner la contradiction.

Philippe s'avéra un parfait compagnon de campagne. Il m'emmena en Vendée, où Patrick Buisson nous rejoignit. Après un meeting, nous nous rendîmes devant la statue de saint Michel que les juges avaient décidé de déboulonner. À notre grande surprise, une foule énorme nous y accompagna, défilant dans les rues des Sables-d'Olonne telle une procession. Nous nous regardions, incrédules. Philippe me confia : « Cela fait des décennies que je n'ai pas vu la Vendée se soulever ainsi pour un homme. » On acheva cette folle journée chez lui, dans sa demeure chargée d'histoire et d'histoires, sirotant un dernier verre, admirant la photographie d'Alexandre Soljenitsyne dans ces mêmes lieux, écoutant Philippe nous conter sans se lasser les moindres détails de la visite du géant russe.

Dans les semaines qui suivirent, il m'accompagna partout. En Sologne, comme à Cannes, au Mont-Saint-Michel comme à Toulon. Quand je sortais de scène, il s'enthousiasmait : « Fantastique, Éric ! C'est un tournant ! Fantastique ! » Quand les sondages baissaient, il était taciturne, il avait peur, peur que son ami, son petit frère comme il disait, connût le même « effet de sol » que lui.

Je découvrais, au fil des mois, son extrême sensibilité, riant d'un rien, mais s'offusquant aussi d'un rien, d'un mot, d'un refus, d'une impatience, d'une négligence. Une sensibilité à fleur de peau. Une sensibilité d'artiste qui n'a jamais abandonné son âme d'enfant. Villiers qui rit, Philippe qui pleure. Villiers qui monopolise la parole, Philippe qui se vexe dès qu'on parvient à le couper. « Si je peux en placer une... »

Villiers conteur, narrateur et affabulateur tout ensemble, Philippe dont les accommodements avec la vérité ne sont pas des mensonges mais un hommage que la poésie rend à la vérité. Nous nous retrouvions le dimanche soir, Sarah, Guillaume, lui et moi, autour d'un poisson et d'une purée, afin de préparer notre plan d'attaque de la semaine. Philippe avait de nombreuses feuilles étalées devant lui, autour d'un pastis, en hommage à Charles Pasqua, qui l'avait initié à cette boisson de la maison Ricard ; il lisait, corrigeait, biffait. Il avait préparé notre réunion dans l'après-midi avec le plus grand soin, en compagnie de Guillaume, pour aller à l'essentiel, le soir venu.

Quand Peltier avait une bonne idée, Philippe lui jetait un regard paternel : « Je l'ai quand même bien formé », se félicitait-il. Quand Sarah le contredisait, il soupirait : « Elle est forte quand même, la petite. » Quand j'osais jeter un œil à mon téléphone, il haussait les épaules et disait aux autres : « Regardez, vous voyez bien, il s'en fout ! »

Villiers fait les choses sérieusement, sans se prendre au sérieux. Il a gardé le meilleur de l'aristocratie, le goût du beau et le sens du sacrifice, en jetant aux orties le mépris de classe. Quand il rendit hommage aux morts du génocide vendéen, ce n'était pas, à la manière de la *cancel culture*, pour salir la France et culpabiliser les Français, mais pour dénoncer les ravages de la tyrannie jacobine et rendre hommage, à la manière de Bonaparte, à l'héroïsme des va-nu-pieds qui se battirent contre les Bleus.

À la fin de la campagne, cet artiste est rentré dans ses terres vendéennes qu'il avait longtemps abandonnées pour se remettre à travailler, jour et nuit, sur l'avenir du Puy du Fou : une série, deux nouveaux parcs, un tour de France en train… Je l'ai moi-même poussé à ce retour, même si la presse en profita pour faire croire qu'il était parti par déception.

Les Français ignorent qu'ils possèdent en Philippe de Villiers leur Walt Disney. Le Puy du Fou est la plus belle création de « guerre culturelle » forgée par un Français à la gloire de son histoire. Villiers a mille fois plus fait pour son pays que la plupart des politiciens qui l'ont dépassé lors des deux élections présidentielles auxquelles il s'est présenté. Lorsque leurs noms seront oubliés, celui de Philippe de Villiers restera dans les regards émerveillés des enfants qui découvriront la féerie du Puy du Fou.

Saint-Quentin, le 14 janvier 2022

Les médias, les Français et moi…

Quand le rien devient le tout

La longue tablée est bruyante, festive et même rigolarde. On parle haut et fort, on se hèle d'un bout à l'autre avec gestes et mimiques ; on s'esclaffe, on rit. On se croirait dans une de ces scènes mythiques des films de Claude Sautet, où une bande d'amis partagent de bons plats et de bons vins, de bonnes blagues et de bons mots aussi.

On parle de politique, de football, de cinéma, de musique, de littérature et d'histoire. Comme dans toutes ces soirées, chacun tient son rôle, qui lui semble dévolu de toute éternité, le pitre et l'analyste, le bavard et le mutique, la bonne copine et la timide, la tête de Turc et le petit nouveau. On a bien chaud, en cette soirée de janvier, au fond de cette brasserie de Saint-Quentin, tandis qu'au-dehors, une bise glaciale pince les rares passants qui osent marcher dans les ruelles sombres.

Mon équipe m'a convaincu de réunir les journalistes qui suivent ma campagne depuis des semaines. Quand j'étais à leur place, et que je suivais moi aussi, comme eux, les hommes politiques, je détestais ce genre de rassemblements. Aux assemblées d'une dizaine, voire d'une vingtaine de confrères côte à côte, je préférais le contact personnel, la conversation en tête à tête. Aux questions à répétition centrées autour de « l'actu », avec son lot de réponses stéréotypées, éléments de langage convenus et confidences anonymes dans la presse calibrées soigneusement, à la quête éperdue mais vaine du « scoop », aussitôt périmé que révélé, j'inclinais pour l'échange à bâtons rompus, sans questions ni réponses, où l'on invoquait tour à tour l'histoire de France, les grands auteurs, la psychologie des peuples et des individus, les lois implacables de la politique et de la géopolitique.

J'eus la chance, quand j'avais l'âge des reporters qui me suivent désormais, de côtoyer des générations de politiques cultivés, sinon lettrés, qui connaissaient l'histoire de France, et même, pour les plus vieux, l'avaient faite. J'ai connu de près, pour mon plus grand plaisir, Michel Debré, Marie-France Garaud, Jacques Chirac, Valéry Giscard d'Estaing, Édouard Balladur, Charles Pasqua, etc.

Mais ce temps-là était révolu. Je m'adaptais. Je n'eus pas à m'en plaindre. Ces jeunes journalistes, qu'ils exercent sur les chaînes d'info ou dans les derniers journaux de presse écrite, n'étaient ni antipathiques ni vindicatifs. Ils ressemblaient davantage à des collégiens en voyage linguistique qu'à des agents du fisc en vérification approfondie. Ils me suivaient pour la plupart depuis le début de ma campagne, même lorsqu'elle était encore camouflée en tenue littéraire.

J'avais appris à reconnaître, au fil des points presse, leurs visages, leurs sourires, leurs manies, leur habileté à se faufiler au milieu de la forêt menaçante de caméras et de micros qui dansaient autour d'eux. Je tardais à mettre un nom sur chacun d'entre eux, mais je repérais leur allure et leur silhouette.

Le grand dégingandé de BFM, qui ressemblait à Lucky Luke à qui on aurait enlevé ses colts. Le visage poupin du reporter de CNews, le petit plaisantin de la classe. Sa collègue de LCI, sympathique et l'air malin. La représentante du service public, l'air protecteur, bienveillante mais exigeante. Sans oublier la journaliste du *Monde*, dont le sourire se voulait charmant mais qu'altérait un regard qui me faisait penser à Milady dans *Les Trois Mousquetaires*, jamais à court d'un stratagème pour planter un couteau dans la gorge de ses ennemis, en l'occurrence le « polémiste d'extrême droite » que j'étais. Jamais très éloignée non plus de son compère de *Libération*, ado rebelle, toujours en jean et baskets, toujours loin du centre, mais épiant la périphérie, comme une marque de mépris pour le fond du propos que je pouvais tenir. Mon propos, il pensait le connaître d'avance, lui qui dissimulait mal, sous le masque d'une ironie grinçante, sa haine pour le candidat « maurrassien » ou « pétainiste ». Je me suis toujours demandé pourquoi il n'était pas allé jusqu'à me traiter de collaborationniste ou de nazi, voire de résurrection d'Adolf Hitler... manque d'imagination sans doute ! Mais j'ai pu manquer un de ses articles. Il y avait aussi la journaliste du *Point*, cheveux courts et regard réprobateur, qui pestait sans cesse contre sa direction à qui elle reprochait de vouloir « faire du Zemmour, parce que ça fait des clics ».

Ils étaient nombreux, de plus en plus nombreux. Il y avait aussi le représentant attitré du *Figaro*, petit bonhomme blond à l'allure de Tintin, intelligence fine mais caractère ombrageux. Quelques mois plus tard, il sera remplacé par sa collègue venue de *L'Express*, le visage mangé par de grandes lunettes, petit sourire mais air toujours sérieux de l'élève studieuse, rangeant ses notes avec soin. Et puis, le journaliste du *Parisien*, grand échalas au cheveu broussailleux et au regard de Calimero ; ou encore le reporter d'Europe 1, au physique et au patronyme sortis tout droit d'une corrida ou d'un roman balzacien, qui formait avec le joyeux drille de CNews et leur acolyte moustachu de *Valeurs actuelles* le trio de la droite sympathique et bon vivant, que regardaient avec commisération leurs confrères drapés dans leur dignité « d'hommes et de femmes de gauche ».

Toute cette cohorte, et d'autres encore, est donc réunie lors de ce chaleureux dîner de Saint-Quentin. Le groupe m'a suivi toute la journée, dans un déplacement consacré à l'école. Un discours d'une heure pour évoquer le mérite, l'effort, l'excellence, la transmission des savoirs, la fin du collège unique, le retour de la sélection et de la discipline.

Auparavant, dans l'après-midi, j'avais discuté avec une dizaine d'enseignants. La réunion est ouverte à la presse. On échange à bâtons rompus sur l'effondrement de l'école française. Un professeur m'entretient des différences de niveau entre les élèves de sa classe qui l'empêchent de faire cours, aussi bien aux meilleurs qu'aux moins bons élèves ; je lui réponds qu'il est grand temps d'en finir avec le collège unique, symbole de la philosophie de « l'inclusion », mantra qui est devenu le seul objectif de notre école au détriment des exigences du savoir, du mérite et de l'excellence.

Nous nous apprêtons à clore notre conversation lorsqu'une jeune femme réclame la parole pour une dernière question. Cette institutrice du primaire nous confie son désarroi face au manque de moyens et de soutiens nécessaires pour ses élèves, en particulier handicapés. Sa charge de travail est doublée tant elle veut répondre au mieux aux besoins de tous ses élèves. Elle témoigne avec émotion du quotidien des enfants handicapés qui sont les premières victimes des carences de notre système éducatif. L'école inclusive tant vantée, me dit-elle, ne convient parfois pas à certains enfants handicapés, en même temps qu'elle rend difficile aux enseignants d'instruire le reste de la classe. Je lui réponds qu'elle pâtit, elle aussi, de « l'obsession de l'inclusion » que je décrivais quelques minutes plus tôt, et qu'en plus des difficultés rencontrées par les enseignants, cela est aussi injuste pour ces élèves qui n'ont pas le même rythme, qu'ils soient handicapés ou non. J'allais payer très, très cher mon propos, mais je ne le sais pas encore.

Lors de notre dîner de presse, quelques heures plus tard, aucun des journalistes présents n'évoque cette question – et, pour cause, personne n'y a trouvé à redire le moment venu. Mais le lendemain, sur l'antenne de BFM, nous découvrons que les quelques mots exprimés la veille sont en train de faire scandale. Le journaliste de l'AFP présent sur place a, en effet, sorti mes propos de leur contexte et envoyé sa dépêche. Damien Abad, le député LR lui-même handicapé et à l'époque soutien actif de Valérie Pécresse, qui rejoindra plus tard Emmanuel Macron, lance l'offensive sur

Twitter, et la question est mise sur le tapis médiatique... qui se transforme en un tapis de bombes lorsque la secrétaire d'État chargée des Personnes handicapées, Sophie Cluzel, s'empare du sujet pour dénoncer vivement ma déclaration.

Soudain, tous les médias, tous les candidats à la présidentielle, toute la classe politique se passionnent pour cette question des enfants handicapés et des conditions de leur scolarisation. Seuls les journalistes d'Europe 1, LCI et CNews refuseront de sonner l'hallali, par honnêteté, car la phrase ne les a pas choqués. Grâce leur soit rendue. Tous leurs confrères n'auront pas leur élégance : le journaliste de *Libération* ira même jusqu'à corriger après parution son article pour y rajouter la croustillante polémique, qu'il n'avait pourtant pas vue venir...

Le samedi, je ne suis pas encore rentré à Paris que chacun y va de sa condamnation, Marine Le Pen se faisant un plaisir d'être la plus véhémente. Mais au même moment, ma boîte mail se remplit de messages de remerciements. Une, deux, trois et bientôt des dizaines, des centaines de familles ou de proches de personnes handicapées m'assurent que j'ai dit la vérité, que leurs enfants souffrent à l'école ordinaire, qu'ils sont soumis à la pression sociale de la « normalité » qui les culpabilise et les force à « mettre leurs enfants à l'école pour faire comme tout le monde » alors que certains d'entre eux auraient besoin d'un traitement spécialisé, « pas comme tout le monde ». Parmi ces messages, des dizaines me décrivent la scandaleuse carence française en établissements spécialisés, qui contraint d'innombrables familles à scolariser leurs enfants en Belgique.

Dans l'après-midi, Marie-Anne Montchamp, l'ancienne secrétaire d'État aux personnes handicapées, auteure de la loi « handicap » de 2005 sur l'école inclusive, me propose une visioconférence. La discussion est cordiale. Elle me confie que je viens de mettre le doigt sur un sujet extrêmement sensible, mais que j'ai raison ; sa loi a été dévoyée. L'école inclusive ne devait concerner que certains handicaps, pas tous. Seulement, faute de moyens, elle sert désormais d'alibi pour mettre la plupart des enfants handicapés à l'école, y compris sans accompagnement approprié, pour ne pas avoir à ouvrir des établissements spécialisés, qui coûtent beaucoup plus cher. Je la remercie vivement pour sa sincérité et nous convenons de rendre publique notre conversation pour mettre un terme à cette polémique injuste. Quelques minutes plus tard, appelée par la journaliste du *Monde* qui l'accuse de me soutenir et menace de l'écrire dans son article, la pauvre Marie-Anne Montchamp est contrainte de reculer.

Toute la journée, nous mènerons le combat du pot de terre contre le pot de fer. Je tweete, j'enregistre une vidéo à destination des parents d'enfants handicapés, je rédige un communiqué, mon équipe répond sans arrêt à la presse et mène la bataille sur Internet et sur les plateaux TV. Rien n'y fait. Nous ne pouvons pas lutter : le samedi 15 janvier au soir, les journaux de TF1 et de France 2, qui n'avaient pas dit un mot de mes succès du week-end, diffusent l'extrait de ma seule phrase sur « l'obsession de l'inclusion », précédé d'un commentaire d'une neutralité exemplaire : « Aujourd'hui, Éric Zemmour a tenu des propos monstrueux sur les enfants handicapés. » Le lendemain, rebelote, mais sur le plateau de France 2, où l'on peut voir la réaction outragée de la ministre Cluzel qui pleure à chaudes larmes en direct au sujet de sa propre fille handicapée...

Les directions de l'information des deux grandes chaînes ont déjà respecté les temps de parole et l'équilibre des positions. On ne va pas en plus leur demander d'être honnêtes. Mon équipe, furieuse de cette communication unilatérale, réclame un droit de réponse aux journaux télévisés : « Désolé, le sujet est passé : on ne va quand même pas parler des enfants handicapés tous les jours ! »

Le traquenard est parfait. Difficile d'en sortir vivant. Une seule chose compte : faire comprendre qu'Éric Zemmour est un homme « brutal », sans cœur, qu'il ne lui suffit pas de s'en prendre aux immigrés, aux musulmans, aux femmes, il faut qu'il s'attaque aussi aux enfants handicapés. Daniel Cohn-Bendit ira jusqu'à oser dire que je suis « pire qu'Hitler », puisque ce dernier a, sous la pression de l'Église, au moins renoncé à exterminer les handicapés !

À la fin du mois d'août, *Le Parisien* fera pourtant sa une sur le sujet : « L'école inclusive ne fonctionne pas pour les enfants handicapés ». Bien sûr, je ne serai ni cité ni « réhabilité ». Nos modestes moyens n'ont pas pu lutter contre la puissance de trois journaux télévisés. Les jours qui suivront, je perdrai trois à quatre points dans les sondages d'intentions de vote. Personne n'entendra parler de mon discours sur l'école ; personne ne connaîtra le propos liminaire de l'institutrice ; personne ne saura que l'idée que je défendais coule de source pour tout enseignant comme pour tout parent d'enfant handicapé. Depuis lors, beaucoup de gens, y compris des esprits supérieurs et bienveillants comme Alain Finkielkraut, me reprochent de ne pas avoir parlé d'école. J'ai renoncé à leur raconter l'histoire de Saint-Quentin. La presse avait gagné. 1-0.

Tant d'autres événements de la campagne seront à l'image de cette cabale. Les médias ne cesseront de détourner, annihiler, torpiller chaque événement en ma faveur. Le cas le plus emblématique sera bien sûr le meeting du Trocadéro. Nous avons réuni sur cette place immense près de cent mille personnes. Davantage que François Fillon en 2017, et même que Nicolas Sarkozy en 2012. Aucun de mes rivaux, même Jean-Luc Mélenchon, n'a rassemblé autant de monde. L'enthousiasme et la ferveur sont à leur comble, le tout dans une ambiance bon enfant, sans aucune bagarre, sans aucun incident, sans aucun voyou venu gâcher la fête. Ma descente dans les sondages, qui nous accable depuis le jour de l'intervention armée des Russes en Ukraine, semble enfin suspendue.

Un ciel bleu illumine cette journée. On répète en boucle, entre nous, pour nous galvaniser : « C'est le soleil d'Austerlitz ! » Il me semble que mon discours n'a pas fait retomber la température. Les images diffusées par les chaînes d'info sidèrent nos adversaires et ragaillardissent nos soutiens. Les commentateurs ébahis doivent d'abord reconnaître une « démonstration de force ». Mais une telle lucidité journalistique ne peut pas durer. Il faut trouver une parade, un écran de fumée, un contre-discours. Il y a urgence. Alors un éditorialiste de BFM débarque avec ses gros sabots, sa voix métallique, son ton péremptoire. Après avoir soigneusement cherché, il a fini par trouver.

Alors que j'évoquais la mémoire de jeunes Français assassinés dans les rues de notre pays par des migrants en situation irrégulière qui n'ont rien à faire sur notre sol, une partie du public exprimait sa colère.

« Certains s'indignent de ma fermeté, dis-je. Ce qui m'indigne, moi, ce ne sont pas les mots et les concepts, ce sont les drames quotidiens que vous subissez. Ce qui m'indigne, moi, c'est qu'on ne rendra jamais la paix à Évelyne Reybert, maman de Julien, massacré devant les yeux de son enfant à Romans-sur-Isère. Ce qui m'indigne, moi, c'est qu'on ne consolera jamais les enfants de Sarah Halimi ou de Mireille Knoll. On ne rendra jamais justice à tous ceux que l'État n'a pas su protéger. »

À la fin de cette phrase, pendant quelques secondes, une poignée de spectateurs perdue au milieu de la foule lance un slogan qui n'est pas repris par l'ensemble du public. Notre inspecteur Maigret tient son coupable ; il ne le lâchera pas.

Certains ont crié : « Macron assassin ! » L'éditorialiste de BFM est fier de sa trouvaille : formé outre-Atlantique, il a sans doute l'impression d'être ainsi le digne héritier de Woodward et Bernstein, les journalistes qui firent tomber Nixon dans le scandale du Watergate. Il n'est en vérité que l'émule des médias soviétiques qui inventaient des « affaires » pour nourrir les procès staliniens des dissidents qu'ils avaient déjà condamnés à l'avance.

« Vous approuvez les cris de “Macron assassin” ? Non, vous ne les approuvez pas… Alors pourquoi ne les avez-vous pas interrompus ? Comment ? Vous ne les avez pas entendus ? Vous confirmez que vous ne les avez pas entendus ? Vous les condamnez ? » Pas une interview, pas une émission de télévision ou de radio, pas un micro tendu qui ne relaie ces interrogations essentielles pour le destin de la France. Oubliée la « démonstration de force », oublié le succès populaire, oublié le discours d'abord jugé de « haut niveau », oubliés les thèmes abordés, l'assimilation, l'école, oubliée la France.

Oubliées les larmes, l'émotion, la ferveur, la communion d'un public venu de toute la France, de Corse, des territoires d'outre-mer, du Canada, des États-Unis, d'Europe de l'Est, d'Amérique latine. « Vous condamnez les cris de "Macron assassin ?" Mais enfin, comment ? Vous ne voulez pas les condamner ? Ah, vous condamnez bien ? Mais alors, pourquoi ne pas les avoir fait taire ? Comment, vous ne les avez pas entendus ? » Le négligeable est devenu l'essentiel ; le rien est devenu le tout. Le rien a effacé le tout pour que la paix macronienne soit.

À la fin de la campagne, un ami m'invite à dîner chez lui. À peine arrivé, il m'annonce que ses enfants ont quelque chose à me dire. Deux petites têtes de neuf ou dix ans s'approchent de moi, les yeux baissés : « Monsieur Zemmour, on voulait vous dire pardon. Pardon, parce que le jour du Trocadéro on a fait partie de ceux qui ont crié "Macron assassin", et on sait que ça vous a fait des problèmes. » Des larmes me montent aux yeux devant leur désarroi, mais je ne sais pas si c'est de rage ou d'émotion. Alors c'était eux, les violents, les skinheads, les putschistes que la presse décrivait...

Après mon premier meeting de Villepinte, début décembre 2021, j'avais déjà connu semblable détournement. D'abord la surprise et les éloges puis, dans un second temps, l'incident sans importance qu'on grossit pour en faire un événement national, qui finit par remplacer le sujet d'origine. À Villepinte, on mit le projecteur sur la dizaine d'activistes de SOS Racisme, venus à dessein pour provoquer. Leur objectif était d'obtenir des images choc pour faire parler de leur association à bout de souffle. Ils s'étaient placés tout près du carré presse, avec leurs amis voyous antifas, pour se lever en plein meeting, exposant leur tee-shirt « Non au racisme ! », suscitant ainsi les réactions outragées des spectateurs. Ils touchèrent leur cible en provoquant une rixe à l'arrière de la salle. Tout le groupe, y compris bien sûr ceux qui avaient cédé à leur provocation, fut expulsé *manu militari* par le service d'ordre.

Mais c'était trop tard. Une des activistes exposa sans relâche sa blessure sur tous les plateaux de télévision, refusant volontairement les soins que mes équipes lui proposèrent. En sortant de la salle, on la vit hilare dire à l'un de nos agents de sécurité : « Non, non, ne me soignez pas, j'ai d'autres plateaux ! » Elle ne se savait pas enregistrée. La dénonciation du fascisme n'a pas de prix... et la soirée avançant, les chaînes info, comme les papiers du lendemain, ne se concentrèrent plus que sur les violences prétendument subies par SOS Racisme. Oubliée « la mue du candidat », oubliés les quinze mille participants du plus grand meeting de la campagne, oubliée même l'agression dont j'avais moi-même été victime avant d'entrer sur scène.

Le même procédé fut usé jusqu'à la corde. Lors de la vidéo d'annonce de ma candidature, après les éloges sur l'originalité de la forme visuelle et la qualité littéraire du texte, les médias se sont focalisés sur les plaintes juridiques des personnalités ou producteurs de films qui refusaient l'utilisation des images dans notre clip de campagne.

Lorsque, au mois de novembre 2021, les antifas commencèrent, de Nantes à Marseille, à harceler mes meetings, sous l'œil goguenard des caméras de télévision qui se gavaient d'images de voitures renversées et de heurts violents avec la police, François Fillon m'envoya des messages affectueux pour me mettre en garde contre le « pourrissement » de ma campagne par ces voyous, qui lui rappelait de mauvais souvenirs, cinq ans plus tôt. Quand je lui demandai ce qu'on pouvait faire, il me répondit, laconique et désarmé : « Rien ». Rien parce que les médias, seuls, décideraient s'ils préféraient mettre en avant dix agités devant un Zénith plutôt qu'un discours d'une heure devant huit mille Français.

Je ne compte plus les interviews qui s'ouvraient sur Pétain ou sur mes écrits portant sur la féminisation de la société. J'avais eu le malheur de publier, en 2006, un ouvrage intitulé *Le Premier Sexe*, et me voilà sommé d'expliquer, seize ans plus tard, la moindre phrase. Mon procès médiatique et idéologique était systématique : extraits sortis de leur contexte, accusations lancées à la cantonade. Je ne répéterai jamais assez la célèbre phrase attribuée à Richelieu : « Donnez-moi six lignes de n'importe quel honnête homme, et je le fais condamner. »

On me reprochait tout et son contraire : de répondre et de ne pas répondre, d'assumer des propos scandaleux et de refuser de les commenter. Comme lors de ce premier 20 heures de TF1, le soir de ma déclaration officielle de candidature, quand le présentateur du JT reprend les mêmes méthodes et les mêmes procès pour un entretien qui ne durera que cinq minutes. TF1 avait pourtant insisté pour obtenir ma première interview de candidat... Sortant du plateau, j'enrage, je fulmine. Gilles Bouleau m'a interrogé comme la police cuisine un délinquant pris en flagrant délit. Même le trotskiste Philippe Poutou, qui ne veut pas être président (et qui détruirait le pays en un temps record s'il le devenait) est traité avec plus de respect que moi. Le présentateur de TF1 a pris la pose antifasciste pour mieux séduire la confrérie journalistique. Gilles Bouleau a enchaîné les questions pernicieuses sans même me laisser le temps d'y répondre. Il a sciemment et méthodiquement gâché mon entrée dans l'arène. C'est minable. Ma colère est justifiée. Alain Duhamel, qui a interrogé tous les présidents de la Ve République depuis Giscard, déclara, outré, qu'on n'avait « jamais traité ainsi aucun autre candidat à l'élection présidentielle ».

« *Il ne parle que d'immigration !* »

Faisons preuve d'équanimité : les médias n'ont pas toujours été si caricaturaux et systématiques. Au début de ma cavalcade « littéraire » de la Croisée des chemins, la cohorte de journalistes me faisait une garde d'honneur. Les médias chantaient ma gloire ; les commentateurs s'extasiaient de mes bons mots et de mes bons sondages ; les unes de la plupart des hebdomadaires m'exposaient au milieu d'une forêt de micros ; on vantait ma « franchise », ma « liberté », mon « ton nouveau ». Les autres paraissaient soudain ternes et ringards. J'étais seul en piste, ou presque : LR n'avait pas encore désigné son candidat et Marine Le Pen, déboussolée, ne trouvait pas son axe de campagne. Seul Jean-Luc Mélenchon parvenait à suivre mon *tempo*, mais seulement parce qu'il s'opposait frontalement à moi.

Cette adulation n'était nullement de l'amour. Un jour, un patron de presse m'avoua : « Si on parle de toi, c'est parce que tu fais vendre. C'était pareil pour Macron en 2017. » Il disait juste.

Cyril Hanouna déclara la même chose, un soir, à son antenne : « La vérité, c'est que lorsque Zemmour arrive sur une chaîne, les audiences explosent ! Voilà pourquoi on veut l'inviter partout. » La une que *L'Express* consacra en février 2021 à ma « tentation présidentielle » fut leur meilleure vente de l'année. De même, pour le *Paris Match* qui m'offrit en pâture avec Sarah en octobre. Chaque fois que *Valeurs actuelles* m'affichait sur sa couverture, il battait son précédent record. Même succès pour les autres hebdomadaires, quelle que soit leur ligne politique, du *Figaro Magazine* au *Nouvel Obs* en passant par *Marianne.* Mon débat avec Mélenchon permit à BFM d'atteindre la plus forte audience de son histoire (et d'ailleurs de l'histoire d'une chaîne info). Idem pour le « Face à Baba » de Cyril Hanouna sur C8, ou pour les émissions politiques sur LCI, CNews, France 2, et même sur France Inter.

Cette lune de miel dura près de deux mois, en septembre et octobre 2021. Jusqu'à ce que les sondages m'accordent 19 % des intentions de vote et une place au second tour face à Emmanuel Macron. Alors, les commentaires se firent plus acerbes ; la franchise devint de la brutalité ; la liberté, de l'amateurisme ; la sincérité, de la radicalité ; le ton nouveau, un manque d'empathie. Ma « fraîcheur » de non-politicien n'était plus louée et on ne parlait que de cette « mue que je tardais à faire » ; mes plaisanteries étaient désormais des provocations intolérables. J'avais « bousculé les codes » ? C'est que je n'étais pas du sérail. J'avais « élevé le débat » ? C'est que je restais un indécrottable commentateur, un éternel polémiste. On peut tout retourner : un éloge peut rapidement être transformé en critique quand l'objectif est de dénigrer. Je subissais ainsi la loi d'airain, dégagée il y a longtemps par le journaliste Jean-François Kahn : « On lèche, on lâche, on lynche. »

Les sondages et les médias jouent rarement l'un sans l'autre. Au-delà de l'enfermement idéologique de certains, qui avaient décidé de tout condamner d'avance, les commentaires des autres dépendaient étroitement des chiffres sortis des cornues mystérieuses des sondeurs. On était davantage dans l'interprétation « devant le fait accompli » que dans l'analyse politique et idéologique. Si les courbes étaient en hausse, les journalistes en déduisaient que la stratégie, les tactiques, les méthodes du candidat étaient bonnes ; si les courbes étaient en berne, celles-ci étaient condamnées sans appel. La « bonne campagne » n'était donc rien d'autre que le reflet de bons sondages ; mais comme les bons sondages influaient sur la décision des électeurs, puisqu'ils votent moins, en tout cas dans les derniers jours qui précèdent l'élection, en fonction de leurs convictions que du fameux « vote utile », ces analyses sont autoréalisatrices. On ne sait plus ce qui détermine quoi, selon le bon vieux mystère de la poule et de l'œuf.

Très tôt, j'avais eu la présomption de dévoiler mon jeu : « Dans la Ve, celui qui gagne la présidentielle, c'est celui qui trouve la question qu'attendent les Français, et qui a la réponse à cette question », avais-je assuré. Avec l'identité et le Grand Remplacement, j'avais mis la main sur ce trésor, sur « le courant profond » de la présidentielle, comme disait mon ami Philippe de Villiers. Chaque fois que l'immigration et l'identité trouvaient leur juste place dans le débat public, c'est-à-dire en haut des préoccupations des Français, je montais. Tout l'enjeu désormais serait pour les médias et pour les autres candidats de m'arracher cette découverte, d'en détourner une opinion séduite, de les remplacer par un autre thème, car on ne « détruit que ce qu'on remplace », comme l'affirmait Danton.

Les médias veulent et peuvent choisir les thèmes de la campagne, éliminer ceux qui ne leur conviennent pas et imposer ceux qu'ils décident de privilégier. En 2017, les costumes de François Fillon avaient noyé les débats et le favori sous un déluge de pseudo-révélations et de moralisme hypocrite, un putsch médiatico-judiciaire qui avait mis sur le pavois Emmanuel Macron, le chouchou des journalistes et des grandes figures de la bien-pensance, de Cohn-Bendit à Attali. En 2022, les journalistes feront de même tout pour que l'identité et l'immigration soient effacées de l'agenda idéologique et électoral.

À partir de décembre, une nouvelle « vague » de l'épidémie de Covid saturera l'antenne des différentes chaînes, publiques comme privées. En février, ce fut au tour de la guerre en Ukraine de mobiliser le (peu de) temps que les Français accordaient au suivi des informations, reléguant au dernier plan l'élection présidentielle. Chaque fois, l'avenir du pays passait après et les intentions de vote à mon endroit s'en ressentaient. Chaque fois aussi, les médias en profitaient pour dire que les Français n'étaient pas intéressés par le sujet de l'immigration.

Je propose aujourd'hui une chose simple aux journalistes qui me lisent : diffusez sur toutes les chaînes de télévision, pendant trois jours, les images de cette vieille dame tabassée par deux voyous, ajoutez des documentaires sur Roubaix, parlez des jours entiers des agressions des supporters anglais et espagnols aux abords du Stade de France au JT de TF1, au lieu de donner des nouvelles du béluga dans la Seine pendant trois semaines, et ensuite demandez aux Français quels sont leurs sujets d'intérêt. Vous serez surpris ! Évidemment, personne ne fit le test pendant la présidentielle. Tout l'objectif était de pouvoir prouver que « mon » sujet n'était pas celui des Français. Par conséquent, si je m'obstinais à évoquer cette thématique, c'est que j'en étais « obsédé ». Aujourd'hui encore, certains de mes interlocuteurs, parfois de bonne foi, me reprochent de n'avoir parlé que d'immigration. Ils l'ont entendu à la télévision, ils le répètent...

J'avoue que je peux difficilement contenir mon agacement.

Je repense à une conversation que nous avons eue avec Sarah en décembre, lors des rares jours de répit dont nous avions pu disposer pour réfléchir posément pendant la campagne : la priorité identitaire était posée et bien reçue par les Français depuis le mois de septembre. Il s'agissait désormais de « séquencer », comme on dit dans le jargon des communicants, dès la rentrée de janvier, la suite des thèmes pour pouvoir tous les aborder avant l'échéance du 10 avril.

Nous avons ainsi défini les sujets des différents déplacements et discours : la première semaine, ce serait l'école à Saint-Quentin, avec la langue française et la francophonie à Villers-Cotterêts ; la deuxième semaine, ce serait un développement autour de la justice à Cannes ; la troisième semaine, nous passions à la ruralité, en Sologne ; début février, ce serait le pouvoir d'achat, pour un grand discours posant une vue d'ensemble et nos mesures sur la question ; sept jours plus tard, direction la Bourgogne pour parler à nouveau de ruralité, cette fois sous l'angle de l'écologie, de la forêt et de l'agriculture ; la semaine d'après, cap sur le mont Saint-Michel pour développer ma future politique internationale ; dans la même semaine, une conférence de presse pour dévoiler mon programme défense, etc.

Je pourrais continuer ainsi pendant des pages et des pages pour décrire les efforts que nous avons déployés pour traiter des thèmes essentiels pour notre pays : énergie, santé, cryptomonnaies, sports, handicap, enseignement supérieur, formation, défense, institutions, police, justice, artisanat, *made in France*... Nous n'avons rien laissé au hasard. Chaque thème avait son programme. Chaque sujet fit l'objet d'un déplacement, d'un discours, d'une vidéo ou d'une rencontre avec une association ou des professionnels.

Pour répondre à ceux qui pensaient sincèrement que je n'avais parlé que d'immigration, j'évoquais mon discours de Lille sur le travail, mon échange économique avec l'excellent journaliste François Lenglet, mon débat sur l'énergie avec le ministre de l'Économie, Bruno Le Maire. Rien n'y faisait : je n'avais pas parlé d'économie. Je détaillais mon plan pour l'école, ressassais mes interventions à la télévision, sur France 2 en particulier, rien n'y faisait : je n'avais pas parlé d'école. Je rappelais mes très nombreuses propositions pour augmenter le salaire net, rien n'y faisait : je n'avais pas parlé de social, je ne m'étais pas intéressé au pouvoir d'achat.

Aujourd'hui, je n'en veux plus à ceux qui m'ont fait ce reproche. J'ai compris. J'ai lu depuis qu'Emmanuel Macron ne cessait de se plaindre du même phénomène à l'envers : les Français retiennent son discours sur l'économie, mais ils oublient ses « efforts » sur le régalien : discours sur le séparatisme, loi asile-immigration, etc. Il y a bel et bien une différence notable, un gouffre, entre la réalité effective et la réalité perçue. L'électeur, même le mieux disposé, et l'observateur, même le plus subtil, sauf à tout suivre en temps réel, ce qui est quasi impossible, ne peuvent retenir que ce que les médias veulent qu'ils retiennent et décident eux-mêmes de retenir. Or, les journalistes ont été incapables de distinguer entre établir une hiérarchie des priorités et ignorer tout ce qui n'était pas en haut de la pile ; ils n'ont pas voulu, dans notre démocratie médiatique qui se prétend complexe mais qui n'est que simpliste, distinguer entre second et secondaire.

J'ai aussi, personnellement, une part de responsabilité dans ce qui fut perçu de moi et c'est l'une des nombreuses leçons que je tire de cette présidentielle pour l'avenir. Guidé par ma volonté farouche d'imposer le thème de l'identité française à une classe politico-médiatique qui ne jurait que par l'économie, je ne me suis pas rendu compte que je prêtais le flanc à la caricature du monomaniaque. Soucieux de sonner le tocsin, j'ai moi-même sous-estimé l'efficacité de mon discours. J'ai traité avec sérieux toutes les autres questions politiques au cours de la campagne, mais je l'ai peut-être fait sans la même passion, la même vigueur, la même force de conviction que je mettais quand je parlais de la France en danger de mort. Je suis pourtant convaincu du bien-fondé des solutions que je préconise pour l'école, l'industrie, la ruralité, l'hôpital. Mais la raison l'emporte alors sur la passion, diminuant sans doute l'intensité de mon propos, toujours entendu, mais plus guère écouté. L'oral n'est pas l'écrit, la télévision pas un journal et encore moins un livre. Ce média « chaud » provoque des impressions fugaces suscitées par la seule émotion. Quand on ne met pas tout son cœur, et pas seulement sa raison, à défendre une mesure, les téléspectateurs n'en retiennent pas grand-chose.

Je rappellerai toutefois que je ne me suis pas engagé en politique pour revendiquer un poste de gestionnaire.

Si l'époque était à la gestion, d'autres feraient mieux que moi et je n'aurais pas eu besoin de brûler mes vaisseaux. « Il n'est plus temps de réformer la France mais de la sauver », avais-je dit en conclusion de mon annonce de candidature. Si j'ai décidé de tout sacrifier, c'est pour préserver les Français du danger de mort qui nous guette. Ce discours avait d'abord éclairé mon itinéraire de la lumière de l'urgence et de la sincérité, mais il finit par simplifier ma démarche à l'extrême.

C'est d'ailleurs une loi d'airain de la présidentielle qui dépasse mon modeste cas. Comme l'avait fort bien noté François Hollande auprès des auteurs de *Un président ne devrait pas dire ça...*, « une présidentielle, c'est forcément caricatural ». « Pour moi, disait encore Hollande, on n'a retenu que la seule phrase : "mon ennemi c'est la finance". Pour Sarkozy, ce fut "travailler plus pour gagner plus". Pour Chirac, "la fracture sociale"... » On pourrait ainsi remonter l'histoire de toutes les élections présidentielles et les réduire à un seul thème, un seul slogan. Pour le meilleur et pour le pire. Cette année, pour Marine Le Pen, ce fut le prix de l'essence. Pour Mélenchon, ce fut la créolisation. Pour Macron, ce fut la guerre en Ukraine. Pour Pécresse... eh bien... toute loi a son exception !

Un point positif dans tout cela : j'ai réussi à imposer la question de l'identité française dans cette campagne. Après tout, c'est notre destin qui se joue : reprocherait-on aux Français de 1914 d'avoir été obsédés par la guerre ? Quand le général de Gaulle revient au pouvoir en 1958, sa priorité est la réforme des institutions qui seule lui donnera les moyens de régler toutes les autres questions : Algérie, économie, dette, etc. De même, je considère que la question identitaire est aujourd'hui la mère de toutes les batailles, car refaire la France et refaire des Français est la condition *sine qua non* pour guérir toutes les autres plaies qui nous accablent : effondrement du niveau scolaire, désindustrialisation, déficit public, assistanat, fiscalité excessive, etc.

En d'autres termes, l'immigration extra-européenne n'est pas la cause de tous nos maux, mais elle les aggrave tous. Le discours médiatique me faisait dire le contraire et mutilait mon analyse. D'une part, on expliquait que je « détestais les Arabes », que je voulais « chasser tous les musulmans » ; de l'autre, les sondages s'accumulaient pour démontrer que l'immigration n'était pas la préoccupation essentielle des Français. On saucissonnait les questionnaires en séparant les thèmes d'immigration, d'insécurité, de terrorisme, d'islam et de laïcité pour bouleverser le classement. Le pouvoir d'achat qui, lui, n'était pas divisé en plusieurs thèmes par les instituts de sondage, commençait sa carrière glorieuse, lorsque Vladimir Poutine lança ses chars sur l'Ukraine. Les images de guerre effacèrent alors sur les écrans toute autre préoccupation. Puis le gaz, l'énergie, l'essence prirent la place des chars russes.

Les médias jubilaient. Le sujet de cette présidentielle n'était enfin plus identitaire. Lors d'une réunion informelle avec la presse à Metz, la journaliste du *Monde* me dit fièrement : « Vous voyez que l'identité n'est pas le courant profond de cette élection, mais que c'est le pouvoir d'achat. » Le piège était refermé : je n'avais parlé que d'immigration ; or le sujet de l'élection n'était pas l'immigration.

Meilleurs vœux pour la presse

J'avais assisté au cours de ma première vie de journaliste à de nombreuses cérémonies de vœux à la presse : présidents de la République, Premiers ministres, ministres, chefs de parti. J'avais toujours été frappé alors par l'hypocrisie et la fausse cordialité qui y régnaient.

Quand ce fut à mon tour de présenter mes vœux, je décidais de sortir de l'ordinaire et de réunir les journalistes pour une conférence de presse de rentrée un peu particulière. En ce 10 janvier 2022, je voulais en profiter pour leur dire ce que je pensais de leur métier que je connais si bien et qui joue un rôle si important dans notre démocratie.

> « Comment pourrais-je vous prendre de haut ? Il y a six mois à peine, j'étais encore l'un d'entre vous, leur dis-je. Vous aviez beau me présenter comme "le polémiste d'extrême droite",

j'étais votre collègue. Vous aviez beau clamer que mon intention de me présenter à la magistrature suprême était un coup de bluff destiné à vendre mon dernier livre, un feu de paille médiatique sans lendemain, vous aviez beau tenter de faire croire que je n'étais qu'un provocateur, j'étais votre semblable. Oui, c'était hier, j'étais l'un d'entre vous. Ah, bien sûr, j'étais différent, aussi. Pour trois raisons. D'abord, j'étais de droite, alors que, souvenez-vous, 99 % d'entre vous ont défendu bec et ongles François Hollande, avant d'être 99 % à défendre Emmanuel Macron. Ensuite, je parlais et j'écrivais le français, alors que votre langue maternelle est le politiquement correct. Enfin, j'étais populaire. J'étais le plus controversé d'entre nous, oui, mais également le plus applaudi. Alors que vous n'êtes ni controversés ni applaudis. Vous qui m'avez si souvent présenté comme l'homme le plus détesté de France, vous étiez en réalité, vous êtes toujours, les hommes et les femmes les plus méprisés de France.

Mais qui vous méprise ? Le peuple. C'est que, voyez-vous, chers amis, le peuple a de la mémoire, de la jugeote et du goût. Le peuple vous en veut. Il a raison de vous en vouloir. Le peuple est en colère. Il dit énormément de mal de vous dans votre dos. Depuis six mois, je fais le tour de la France en long, en large et en travers, je discute de tout avec tous ceux que je rencontre, et je peux vous dire que pas une fois, pas une seule, même pas en rêve, le moindre Français ne m'a dit : "Arrêtez de dire du mal des journalistes, moi, j'aime les journalistes !" Non, vous n'êtes pas aimés, mes bons amis. La population vous taille des costards à la chaîne, de quoi vous rhabiller pour cent ans, mais la question essentielle est alors : "Le méritez-vous ? Êtes-vous responsables de cette affreuse réputation qui vous est faite par nos concitoyens ? Êtes-vous coupables des faits qui vous sont reprochés par le tribunal de la rue ?" »

Je répondis pour eux : non. Non, les journalistes ne sont pas individuellement responsables. Je le dis parce que je connais leur situation mieux qu'aucun politicien. Je sais comment et où ils sont formés : les instituts de sciences politiques et les écoles de journalisme sont dominés par l'idéologie *woke* et le magistère moral de *Mediapart*. Je sais ce qu'ils subissent au sein des rédactions lorsqu'ils sortent des sentiers battus. Je connais les rapports de force et d'influence au sein de l'univers médiatique. Quand j'étais jeune journaliste, dans les années 1980, on lisait nos homologues du *Monde* pour se jauger, pour savoir si on avait bien vu la même chose, si on avait bien pensé. Aujourd'hui, dans toutes les rédactions de France, les journalistes travaillent en regardant en boucle les images diffusées sur BFM. Les sujets et les angles choisis les imprègnent en permanence. Et, comme tout se fait dans l'urgence, c'est souvent celui qui a parlé le premier qui supplée à l'inspiration.

On peut me répondre que les médias sont moins uniformes que je ne le prétends. Il y a des journaux de gauche et des journaux de droite, des chaînes privées et des chaînes publiques. On peut difficilement le contester. Mais les forces vives viennent des mêmes écoles et sont condamnées à évoluer pour toujours dans ce cénacle journalistique qui est un monde de surveillance permanente. Un véritable panoptique. Chacun scrute chacun, et surtout, chacun se sent scruté, lu, regardé, jaugé, jugé par chacun. Comme disait Régis Debray avec sa finesse ironique : « Le journaliste est quelqu'un qui lit les autres journalistes. » La pression des uns sur les autres est permanente.

Quand on parle de « système médiatique », on imagine quelques grands propriétaires de médias, magnats milliardaires influents et tireurs de ficelles ; on devrait plutôt évoquer une AG d'étudiants où l'on vote à main levée. On est plus près du communisme que de la ploutocratie. D'où les mouvements d'imitation moutonniers qui donnent cette impression de système quand vous les observez et qui provoquent une glaçante sensation d'avalanche quand vous vous retrouvez pris dessous.

Il y a des degrés dans le conformisme ambiant. Il y a les militants et les discrets ; il y a le service public et les chaînes privées. Quand je suis reçu sur France Inter, France 2 ou 3, ou sur France Info, je sais que je suis en territoire hostile : c'est écrit à l'entrée, dans les sourires forcés des journalistes et même des techniciens, les regards courroucés, la formulation des questions, même si la patronne du service public, Delphine Ernotte, est toujours d'une extrême courtoisie. Un soir, à la sortie d'une de leurs émissions, un technicien de

France TV me glisse, tétanisé, entre deux portes : « Monsieur Zemmour, je vous adore, je suis avec vous ! Si je le dis ici, je suis viré, mais sachez qu'avec deux collègues, on a adhéré chez vous, on parle de vous à la cafétéria, on vous a donné un pseudo ! » Causer politique à la cuisine, cela ne vous rappelle rien ? Moi, l'URSS.

J'ai proposé pendant ma campagne électorale la suppression de la redevance télé et la privatisation d'un service public partial et militant ; mais je reconnais volontiers que le service public remplit au moins son devoir démocratique en continuant d'évoquer les grandes échéances politiques. Les chaînes privées, en particulier M6 et TF1, s'y dérobent. Cette dernière, le soir du premier tour de l'élection présidentielle de 2022, décidera de rediffuser une énième fois le film *Les Visiteurs* au lieu de la traditionnelle soirée électorale… Quitte à verser ensuite des larmes de crocodile sur la « progression constante de l'abstention ». Cette timidité des deux grandes chaînes populaires convenait fort bien à un président sortant qui avait fait de la dépolitisation et du refus de la campagne l'axe majeur de sa stratégie de réélection ; et les patrons des deux mastodontes audiovisuels n'étaient pas mécontents de complaire à Emmanuel Macron alors même qu'ils étaient engagés dans un rapprochement économique qui aurait, s'il avait été mené au bout, bouleversé le paysage audiovisuel français en transgressant sans vergogne les principes les plus élémentaires de la concurrence.

Ce sont toutes ces vérités indicibles que j'ai osé rappeler à la presse lors de mes vœux de début d'année. J'ai détourné délibérément ce rituel compassé pour dire ce que j'avais à dire au système médiatique. Nullement pour me faire plaisir, mais parce qu'il s'agit d'un sujet d'intérêt général. À voir les visages éberlués de mes anciens confrères, comme s'ils avaient reçu un soufflet en pleine face, ne sachant quel comportement adopter, hésitant entre le départ outragé, fier mais ridicule, et le silence contrit, lâche mais digne, je comprenais que j'avais frappé un grand coup. Les trois ou quatre plus sincères d'entre eux envoyèrent des SMS à mon équipe : « Quel patron ! C'est exactement ce qu'on vit… »,

« Très courageux de le dire alors qu'il sait qu'on peut le lui faire payer. »

On sait aujourd'hui que les journalistes constituent la profession la plus détestée des Français, en concurrence avec les juges. Je vis d'ailleurs aux réactions sur les réseaux sociaux que mes vœux avaient eu un écho ô combien positif. C'est également ce qu'avait compris Donald Trump, qui mena une bataille acharnée contre les manipulations de la presse américaine. J'avais moi-même déclaré aux médias au début de ma campagne : « Je me fous de la diabolisation, car la diabolisation, c'est vous qui la décrétez. » Mais je me suis aperçu, tout au long de ma course présidentielle, que les journalistes continuaient à former l'opinion, et ce, en dépit de l'hostilité qu'ils suscitent. Les Français se méfient de leur parole mais, peut-être parce que nous avons moins de médias alternatifs qu'aux États-Unis, ils sont forcés de la prendre pour argent comptant. Les Français ne sont pas des Américains comme les autres.

On comprend alors mieux, au milieu de ce panorama, l'hystérie du milieu contre Vincent Bolloré. Il est le seul patron de presse jugé réactionnaire par les médias. Ses pairs sont convaincus par l'idéologie diversitaire, ou, quand ils pensent comme lui, craignent par-dessus tout l'hostilité médiatique, le « bad buzz » qui affecterait leurs affaires. Les grands patrons aussi ont peur. Longtemps, Bolloré n'a pas été différent des autres, cultivant un profil sans danger : libéral, européen, centriste. En tout cas, c'est ce que prétendait la presse. J'ai le sentiment que l'âge venu l'a libéré, lui a donné une responsabilité et une gravité qu'il dissimule par élégance derrière une modestie de bon père de famille : « Je veux seulement transmettre à mes enfants et à mes petits-enfants la France qu'on m'a transmise », me dit-il. Il sait qu'il est minuit moins le quart. Dans cette course contre la montre, il a très bien identifié l'importance vitale des médias. À la fois leur puissance systémique et leur capacité implacable de façonner l'opinion, mais aussi leur relative fragilité, puisque l'écosystème est tenu en main par quelques milliers de personnes seulement – journalistes, intellectuels, universitaires, sociologues, artistes, éditeurs et animateurs.

Le combat est d'envergure pour l'avenir. Cette idéologie dominante n'est pas seulement véhiculée par les journalistes, mais aussi par tout le reste de la sphère médiatique : émissions de divertissement, documentaires, films de fiction, séries, jusqu'aux publicités. La propagande bien-pensante utilise tous les canaux sans vergogne. On a beaucoup reproché à Laurent Ruquier d'avoir « créé un monstre » en me confiant, pendant cinq ans, le poste de chroniqueur dans son émission du samedi soir, « On n'est pas couché ». Les critiques ont redoublé lorsque je me suis présenté à l'élection présidentielle. Mais aucun de ses contempteurs n'a noté que près de la moitié des chroniqueurs de cette émission, d'Audrey Pulvar à Aymeric Caron en passant par Charles Consigny, ont basculé, après leur passage à l'antenne, dans la politique active. Mon intuition avait été la bonne : « On n'est pas couché », comme beaucoup d'autres émissions dites de divertissement, était une machine de guerre politique, ou métapolitique, une machine à façonner l'opinion des téléspectateurs. Les distinguos subtils entre médias et politique, entre commentaire et action, entre divertissement et réflexion, n'ont plus lieu d'être. Ces murs prétendument vertueux ne sont dressés que pour faire taire une parole iconoclaste qui s'oppose à la doxa dominante.

Les médias ont été mes plus farouches adversaires ; ce sont eux qui m'ont combattu, bien davantage que mes concurrents. J'avais même parfois l'impression qu'ils se servaient d'eux comme de figurants plus ou moins doués dans la lutte qu'ils menaient contre moi. À l'occasion d'une de ses « spéciales présidentielles », LCI avait réuni une dizaine d'abstentionnistes que chacun des candidats devait s'efforcer de convaincre. J'emportai sans le savoir l'adhésion de l'un d'entre eux, Jean-Marc Guyot. Longtemps après que la campagne fut achevée, celui-ci me confia une anecdote qui l'avait troublé. Avant le début de l'émission, la responsable du programme avait glissé aux abstentionnistes : « Avec Zemmour, ne faites aucun cadeau. ». Cette consigne ne fut réitérée pour aucun autre candidat...

Je n'ai pas été le premier dans cette situation ; François Fillon, cinq ans plus tôt, fut de même vaincu par une coalition des médias et des juges sans que les autres candidats aient eu grand-chose à faire.

Le système médiatique est bel et bien devenu le bras armé d'un totalitarisme sans goulag, qui endoctrine, façonne l'esprit public en continu, met sous le boisseau ce qui contrevient au récit dominant, forge la plupart des *fake-news* qu'il fait mine de déconstruire (les fameuses rubriques de *fact-checking*). Il donne raison posthume à tous ceux qui, tel le grand Balzac, ont tout de suite vu ses tares et ses dangers pour la qualité du débat public et la pérennité de la nation. Longtemps, les journaux ont été les auxiliaires de la démocratie ; par leur parti pris et leur uniformisation, ils en sont désormais les fossoyeurs.

Cannes, le 22 janvier 2022

Ils ont préféré leur pays à leur parti

Mon meeting de Cannes vient de prendre fin. Je roule vers Nice pour aller dîner. À peine suis-je entré dans le restaurant que tous les clients se retournent. Les applaudissements fusent. Décidément, j'aime cette ville ! Je gagne la table où m'attendent mes amis, au fond de la salle.

Philippe de Villiers est là, et bien là, qui trône : c'est le patriarche et le rhapsode à la fois. Ses blagues et ses bons mots font rire toute l'assemblée. Il accueille, il intronise, il adoube. On a l'impression que, propriétaire du lieu, il fait à chaque convive les honneurs de sa maison. Il a une anecdote pour chacun et un compliment pour chacune.

Il a fait asseoir à côté de lui Guillaume Peltier. « Son petit Guillaume », comme il l'appelle, avec une complicité de père à fils qui remonte à la campagne présidentielle de 2007, lorsque le « petit Guillaume » soutint le grand Philippe, accablé par les soucis familiaux et les ennuis de santé. Guillaume a annoncé publiquement son ralliement à ma candidature il y a quelques jours à peine. Il a bien choisi son moment, au sortir de l'apathie provoquée par le Covid, et, lors de ses premières prestations médiatiques, a pointé avec pugnacité les faux-semblants de la candidate LR, Valérie Pécresse. J'avoue que je m'étais montré longtemps rétif à la venue de Guillaume Peltier, au grand agacement de nos amis communs, Philippe de Villiers et Paul-Marie

Coûteaux. J'avais moi-même, en tant qu'éditorialiste, écrit un portrait moqueur sur ses changements de pied et ses fidélités successives. Alors qu'il était invité sur tous les plateaux de France et de Navarre, il fut interrogé là-dessus par des journalistes taquins, et il eut l'élégance de reconnaître qu'à ce moment-là, je n'avais pas tort. Mais je le dis aujourd'hui : je n'avais pas raison non plus. J'ai compris depuis que Peltier ne manquait pas de convictions ; c'est un affectif qui a suivi les chefs qu'il admirait jusqu'au bout. Villiers et Sarkozy, la liste était tout sauf médiocre ; je pouvais être fier d'être le suivant. Tout au long de la campagne et jusqu'à aujourd'hui, Guillaume sera travailleur et plein d'allant ; orateur lyrique et bretteur pugnace à la télévision. C'est un joyeux compagnon, toujours optimiste et volontaire, qui a beaucoup œuvré aux côtés de Sarah dans les derniers mois de la campagne. Comme moi, il a gardé des habitudes enfantines qui nous font toujours autant rire et une chaleur humaine qui le rend attachant.

Il retrouvera bientôt Nicolas Bay, quelques semaines plus tard. Les deux hommes s'étaient côtoyés dans leur jeunesse militante. Ce dernier apportera à leur duo reconstitué un côté plus mesuré, plus raisonnable, mais une même finesse d'analyse politique et de connaissance du terrain. Je dois dire que la présence bruyante de Guillaume ne faisait pas que des heureux. Jérôme Rivière, qui nous avait ralliés officiellement fin janvier, manifestait son mécontentement.

Dès le soir du joyeux dîner de Cannes, Rivière se posa ostensiblement à l'autre extrémité de la table et se mura dans un silence boudeur. Je ne remarquai rien, trop occupé à m'esclaffer aux blagues de Philippe, aux bons mots de Jean Messiha et aux conversations de stratégie politique qui parvenaient à émerger au milieu des rires. Je compris peu à peu. Son assistante à la présidence du groupe RN au Parlement européen, Isabelle Muller, qui était aussi l'attachée de presse de mes derniers livres, et une amie très chère, essayait de me traduire le langage corporel de son patron, mais je demeurais étranger à ce qui se tramait. L'arrivée de Guillaume avait réveillé, incontinent, la jalousie de Jérôme, qui datait apparemment du temps lointain où ils entouraient tous deux Philippe de Villiers, une jalousie puérile et pathologique, que j'avais sous-estimée et qui rendit si vindicatif l'ancien président du groupe RN au Parlement européen, lui auparavant si doux et amical, qu'elle le poussa à devenir le pourvoyeur de confidences anonymes vengeresses aux médias avides de « dissensions » au sein du parti.

Rivière, que Marine Le Pen avait surnommé drôlement « le sénateur du Kentucky », finit même par se coaliser avec une certaine Jacline Mouraud, figure éphémère des gilets jaunes, qui, elle, nous reprochait avec véhémence de ne pas céder à ses demandes financières incessantes alors qu'elle était pourtant le seul de mes soutiens à être rémunéré. Je découvrais ainsi, après tant d'autres, que la traversée de la jungle politique était pleine de dangers pour les amitiés les plus solides.

Gilbert Collard m'avait pourtant averti. Avocat et patient du grand psychanalyste Jacques Lacan, Collard aimait à citer une de ses phrases : « L'ego est une simplification enfantine. » Il décrivait volontiers les milieux politiques comme un bruyant jardin d'enfants. Il reconnaissait d'ailleurs qu'il n'était pas le moins atteint, en dépit de plusieurs décennies d'analyse. Je concède que je ne suis guère le plus malin dès qu'il s'agit des susceptibilités des uns et des autres, des sensibilités, des « ressentis », comme on aime à dire aujourd'hui. J'ai parfois du mal à comprendre la part d'irrationalité de ces vexations pour un rien, de ces chamailleries ou de ces jalousies de cour d'école. Pour beaucoup, « gérer les hommes » revient à ne les voir que comme de grands gosses susceptibles et égocentriques. J'ai la faiblesse de les prendre pour des adultes.

Gilbert Collard nous a retrouvés cet après-midi même, lors du meeting de Cannes. Il s'est installé à notre table avec son épouse et son chauffeur, qui le ramènera le soir même dans le Gard. Lors de nos conversations des jours passés, il a réclamé la présidence d'honneur du parti Reconquête que je lui ai bien volontiers accordée. Collard a une personnalité complexe : ne demandant rien et exigeant tout, alternant l'autodérision et une susceptibilité maladive, l'avocat m'a confié qu'au RN, il ne pouvait jamais avoir d'échanges sur la littérature ou l'histoire, ou tout simplement sur les enjeux majeurs pour l'avenir de notre pays. Ses anciens collègues m'avouaient, eux, qu'ils respiraient enfin depuis qu'ils s'étaient soustraits à la férule tyrannique de la présidente de leur ancien parti, dont l'humiliation semble, à les entendre, l'unique méthode de management.

Mais tous ceux qui m'ont rejoint ne sont pas calibrés sur le même modèle. À côté de moi, ce soir-là, Laurence Trochu arbore un sourire serein. Elle accepte avec une bienveillance mâtinée d'ironie discrète les hommages de Philippe de Villiers. Avec elle, point de frictions égotiques ni de caprices puérils. Il en va de même pour Jean Messiha et Stéphane Ravier, toujours bons camarades, loyaux et attentionnés.

Longtemps, les médias décrivirent avec insistance ma solitude de nouveau venu dans le grand jeu présidentiel. Pourtant, sans prétention, jamais dans ma longue carrière de journaliste je n'ai connu de campagne qui comptât autant de ralliements. Dès les premières semaines, alors même que je n'étais pas candidat, Jean-Frédéric Poisson annonçait retirer sa candidature à mon profit, Laurence Trochu déclarait mettre à ma disposition les forces de sa structure, le Mouvement conservateur (ex-Sens commun qui avait contribué à la victoire de Fillon lors des primaires), Jean-Yves Le Gallou, Paul-Marie Coûteaux, Bruno North, Christine Boutin, Benjamin Cauchy, de très nombreux cadres intermédiaires LR dont Sébastien Pillard, le fondateur de Sens commun, Vijay Monany, le talentueux conseiller départemental de Seine-Saint-Denis, quelques dizaines de maires, des figures des gilets jaunes, des cadres de l'UNI par dizaines m'apportaient leur soutien dans l'hypothèse d'une candidature. Si leur notoriété est inégale, ils sont tous de grande valeur, et je n'ai pas vu qu'une autre campagne avait enregistré, comme la mienne, de si talentueux renforts.

À partir de janvier, lorsque les premières personnalités de poids, au regard de leurs anciennes fonctions dans les organigrammes de LR et du RN, débarquèrent, les mêmes qui critiquaient ma prétendue solitude dénoncèrent les « débauchages » auxquels je me livrais. Marine Le Pen, toujours distinguée et soucieuse de vérité, susurrait que je les payais, tandis que Valérie Pécresse multipliait les chapeaux à plumes pour éviter les départs.

Chacun aurait dû tout simplement noter leur cohérence idéologique. Le RN comme LR sont aujourd'hui divisés en deux camps. Les journalistes distinguent depuis des années le « RN du Sud » et le « RN du Nord » ; j'ai pu découvrir sur le terrain la réalité de cette dichotomie ; ceux qu'on pourrait qualifier de « social-souverainistes » (socialistes en économie, libertaires sur les questions sociétales) tiennent le parti d'une main de fer ; ils persécutent ceux qui sont d'une tendance identitaire, plus conservatrice, qui ont été l'un après l'autre mis au ban du parti. Tous ceux qui se sont réunis à mes côtés, de Jérôme Rivière à Gilbert Collard, en passant par Nicolas Bay, Stéphane Ravier, Damien Rieu, Philippe Vardon, Marc-Étienne Lansade, et, bien sûr, Marion Maréchal, appartiennent à cette seconde mouvance, ostracisée par les proches de Marine Le Pen, ceux qu'on appelle « le clan d'Hénin-Beaumont ». Il n'est pas jusqu'à Jordan Bardella qui ne soit traité « d'identitaire » ou de « zemmouriste » par les amis d'Hénin-Beaumont et par Louis Aliot, mais il est pour l'instant trop utile à Marine Le Pen pour retenir dans ses filets tous ceux parmi ses électeurs, et ils sont légion, qui mettent avant tout le reste le combat contre l'immigration, l'islamisation de la France et la sauvegarde de son identité. Jusqu'à quand ?

Le maire de Cogolin, Marc-Étienne Lansade, me raconta qu'un jour de 2017, ayant lu le programme économique de sa candidate pour la présidentielle, il avait téléphoné à Marine Le Pen pour lui rappeler qu'il n'était pas socialiste. La réponse de la présidente du RN la montra, comme à son habitude, ouverte au débat et au dialogue : « Tu as (*sic*) qu'à aller chez Fillon ! » Marine Le Pen avait déclaré il y a quelques années que sa nièce serait plus à l'aise chez LR qu'au RN. Ce n'était pas stupide. Sauf que le parti fondé par Nicolas Sarkozy est lui aussi coupé en deux, comme on l'a constaté lors du second tour de la primaire présidentielle de 2021 qui vit Valérie Pécresse l'emporter sur Éric Ciotti avec 60 % contre 40 % des suffrages. Les notables centristes et modérés tiennent la barre d'un parti dont la base, mais aussi des élus, en pince pour une ligne plus conservatrice, plus sécuritaire et plus identitaire, qui a toujours été mise sous l'éteignoir, sauf quand elle était utile le temps d'une élection.

Cette césure symétrique au sein de ces partis installés depuis des décennies dans la vie politique française fut révélée et accentuée par ma candidature. Les adeptes de cette sensibilité politique, que tout rapprochait des deux côtés de l'absurde cordon sanitaire qui les séparait, trouvaient enfin un débouché politique où ils ne seraient plus ni divisés ni marginalisés.

Il n'était pas facile pour eux de quitter une famille politique où ils avaient souvent vécu une longue vie de militants, où ils laissaient des amis, des souvenirs, des habitudes. Ceux qui partirent furent d'autant plus courageux et audacieux. Ils ne méritaient pas le procès en traîtres et renégats qu'instruisirent de nombreux journaux.

Je regrette seulement que les élus LR proches de moi, les Ciotti, Retailleau, Bellamy, Morano, Wauquiez et bien d'autres, se soient avérés moins intrépides que leurs homologues du RN (donnant l'impression fausse d'une reconstitution à Reconquête d'un RN *bis*) et qu'ils aient préféré la sauvegarde de leur « famille » à la cohérence de leurs convictions, à l'exception du député Guillaume Peltier et du sénateur Sébastien Meurant. Ce dernier, discret et loyal, vaillant et cohérent, ne se laissa pas intimider par les pressions feutrées dans les couloirs lambrissés du palais du Luxembourg.

Les rendez-vous hebdomadaires du bureau politique de Reconquête devinrent alors de joyeuses réunions où le verbe était haut et chaleureux. Chacun s'asseyait autour de la table en fonction de ses affinités ou de son heure d'arrivée, mais jamais selon ses origines partisanes. LR ou RN, ou ni l'un ni l'autre ; ce bureau politique était l'union des droites en marche.

« Un seul être vous manque et tout est dépeuplé. » C'est ce que nous nous disions tous en attendant Marion Maréchal. L'accueillir à mes côtés, à Toulon, fut un plaisir et elle s'est avérée depuis lors une bonne camarade, joyeuse et rigoureuse à la fois. Malheureusement pour elle, comme pour ma campagne, Marion arriva beaucoup trop tard, après que l'intervention militaire de Poutine avait déjà percuté la présidentielle. Nous ne le savions pas encore, mais plus rien ne servait alors à quelque chose. Personne ne pouvait changer le cours des événements, pas même elle.

Cela faisait pourtant des mois qu'on préparait activement sa venue, mais elle la remettait au lendemain, appréhendant la violence du combat au sein de la famille Le Pen. Profitant de ses atermoiements, sa tante avait, avec une grande habileté et un cynisme de fer, tenté de ruiner d'avance l'effet de sa venue à mes côtés en la « révélant » elle-même publiquement, des semaines plus tôt. Elle avait non seulement « spoilé », comme disent les jeunes, l'événement, mais n'avait pas hésité à tomber dans le mélodrame de mauvais goût en versant des larmes de crocodile sur cette nièce qu'elle avait élevée et qui la trahissait. Ce lien maternel n'avait pas empêché, pendant des années, la tante d'ostraciser la nièce au sein du mouvement qu'elle préside et d'admonester, persécuter, purger, avec une joie maligne, tous ceux qui avaient un lien affectif et politique avec elle.

Marion a refusé de venir sur ce terrain miné de l'émotion et du sentimentalisme qu'affectionne son aînée. Elle a préféré expliquer loyalement les divergences politiques et idéologiques qui l'opposaient à la présidente du RN depuis des années. Elle aurait pu également rappeler qu'elle avait une mère, Yann Le Pen, qui ne l'avait abandonnée ni à un orphelinat ni à sa sœur cadette ; la mère et la fille renoncèrent à ce combat de chiffonnières du mélodrame ; ce choix de l'élégance morale donnait d'avance la victoire médiatique et politique à l'habileté et au cynisme, mais je tiens à dire ici qu'il est tout à leur honneur.

La mise en scène des ralliements est une histoire aussi vieille que l'élection présidentielle. Celui, spectaculaire, du gaulliste Chirac à Giscard pendant la campagne de 1974, alors que Jacques Chaban-Delmas prenait l'eau, est entré dans la légende de la Ve République sous l'appellation de « l'appel des 43 ». Il y en eut d'autres, moins spectaculaires et moins sulfureux, mais tout aussi décisifs, comme les centristes rejoignant le candidat Pompidou en 1969 lors d'une chorégraphie radiophonique réglée au millimètre, les chassés croisés à droite autour des deux candidats Chirac et Balladur en 1995, ou, plus récemment, François Bayrou tombant sous le charme du jeune Emmanuel Macron lors de la présidentielle de 2017. Ces opérations marquent les esprits car, la plupart du temps, elles se font au bénéfice du futur vainqueur ; il est rare que le perdant soit très attirant. Elles donnent une dynamique au candidat qui en bénéficie, car les médias les présentent comme l'annonce du succès futur.

Toute l'année, j'ai découvert dans un mélange de plaisir et parfois d'agacement la vie d'un parti politique, les petites susceptibilités et les petites mesquineries, mais aussi les grands enthousiasmes collectifs et les grandes amitiés. Moi qui avais eu un parcours de journaliste et d'écrivain solitaire, cela me changeait, me ravissait, me déroutait parfois. Mais, ironie de l'histoire, le génie propre de la présidentielle allait me ramener à ma profonde solitude. Car ce n'est pas Chirac qui a permis à Giscard de devenir président de la République ; ni les centristes avec Pompidou, ni Séguin et Madelin avec Chirac, ni Bayrou avec Macron ; les ralliés participent à la dynamique, mais ils ne peuvent pas décider du sort de l'élection. À la fin, le candidat est seul, seul à devoir faire des choix, seul à la télévision, seul nom inscrit sur le bulletin dans l'urne. Seul face au peuple.

Certains, comme Paul-Marie Coûteaux ou Philippe de Villiers, monarchistes de cœur, m'avaient prévenu ; je pris à tort leurs avertissements à la légère. Un candidat à la présidentielle est un apprenti roi : il doit en acquérir la gravité et en subir la solitude.

Paris, le 25 janvier 2022

La démocratie : du pouvoir du peuple à l'État de droit

« N'est pas le général de Gaulle qui veut. » Je lis l'interview accordée par Laurent Fabius au *Parisien* et je n'en reviens pas. En pleine campagne, le président du Conseil constitutionnel est sorti de la réserve qui doit être la sienne. Et de quelle manière ! Laurent Fabius prévient sans ambages : contrairement à ce qu'avait osé le général de Gaulle avec ses référendums, le président élu en 2022 ne fera pas tout ce qu'il voudra, le peuple ne sera pas souverain, le Conseil constitutionnel veillera au grain. Je comprends tout de suite que je suis visé. C'est d'ailleurs ainsi que les journalistes l'ont présentée et c'est pourquoi j'y ai tout de suite répondu : « Ce sera le peuple qui décidera, et pas le président du Conseil constitutionnel. »

Depuis le début de la campagne, et même bien avant, j'avais inlassablement dénoncé le dévoiement de l'État de droit par les juges. C'est un sujet qui me passionne depuis des années ; je le perçois comme le nœud gordien qu'il faudra trancher ; j'y ai même consacré un livre, intitulé *Le Coup d'État des juges*, dès 1997.

L'argumentaire du président du Conseil constitutionnel ici est d'ailleurs la preuve éclatante de ce que j'avançais alors. Selon lui, « l'une des caractéristiques des démocraties avancées comme la nôtre, c'est que la loi, qu'elle soit votée par le Parlement ou le fruit d'un référendum, *ne peut pas faire n'importe quoi* [c'est moi qui souligne] et qu'elle doit être conforme à la Constitution et aux grands principes. C'est le rôle du Conseil constitutionnel mis en place par la Vᵉ République de veiller et de contrôler cette conformité ».

Il faut décortiquer avec soin le propos de Laurent Fabius pour comprendre ce qu'il contient de scandaleux. Le président du Conseil constitutionnel nous dit que le peuple souverain, qui exprimerait sa voix par référendum, pourrait faire « n'importe quoi » ; c'est donc à lui, et aux huit autres juges non élus, de déterminer si, oui ou non, le peuple a fait n'importe quoi. Comprenez bien : 99,99 % des Français pourraient voter pour une réforme que Laurent Fabius continuerait de se réserver le droit de censurer leur volonté. Et il ose utiliser le mot « démocratie » pour défendre une telle aberration.

Nous avions appris que la démocratie vient du grec *dèmos* qui signifie « peuple », et on connaît la célèbre formule du président américain Abraham Lincoln : « La démocratie, c'est le pouvoir du peuple, par le peuple, pour le peuple. » En France, la République a appliqué strictement ce principe fondamental en démocratie : la loi, expression de la « volonté générale », selon la formule de Rousseau, est souveraine. Une souveraineté absolue digne de celle de Louis XIV ! En démocratie, le peuple ne peut donc jamais faire « n'importe quoi », il est autonome, se donne sa propre loi, la décide lui-même ou par le biais de ses représentants, les députés, qui votent la loi en son nom. Il n'existe aucune légitimité plus forte que celle du peuple.

Avec Laurent Fabius, nous sommes dans *1984* d'Orwell : la liberté, c'est l'esclavage ; la guerre, c'est la paix. Il parle même de « démocratie avancée ». Qu'est-ce qu'une démocratie avancée ? Si l'on en croit notre oracle, la démocratie avancée, c'est lorsque la loi n'a pas tous les droits. La démocratie avancée, c'est lorsque la loi, expression de la volonté générale, c'est-à-dire du peuple, n'est plus souveraine. La démocratie est donc avancée lorsqu'elle est limitée. Et limitée par qui ? Par le Conseil constitutionnel, qui doit vérifier la conformité de la loi à la Constitution et aux « grands principes », dit Fabius. Ce qu'il appelle « démocratie avancée » n'est en vérité que tyrannie du droit.

Prenons un exemple : le Conseil constitutionnel a vidé de sa substance le délit d'aide au séjour qui était inscrit dans la loi (toute personne qui facilite l'entrée, la circulation ou le séjour d'un étranger irrégulier en France méritait d'être punie d'un emprisonnement de cinq ans) sous prétexte que ce délit serait contraire au « principe de fraternité ». Pourtant, ce n'est pas le rôle du Conseil constitutionnel qu'avaient créé Michel Debré et le général de Gaulle. Quand ils forgent cette institution en 1958, ils la chargent seulement de s'assurer que le Parlement n'empiète pas sur les prérogatives du gouvernement et que la séparation des pouvoirs est bien respectée. À aucun moment, ni le général de Gaulle ni Michel Debré n'imaginent que ces juges non élus puissent censurer des lois « au nom de grands principes », comme la fraternité : ils ne sont pas là pour faire de la philosophie, encore moins de la politique, mais pour garantir le respect des prérogatives de chaque pouvoir.

Mais, depuis la mort du Général, les juges ont pris leur autonomie et sont devenus les « garants des grands principes ». C'est ce qu'ils appellent « l'État de droit ». Le problème est qu'on peut faire dire tout ce qu'on veut à des grands principes, en tirer toutes les conclusions, selon sa propre sensibilité, ses propres convictions, et finalement profiter du droit pour faire de la politique. L'État de droit n'est pas « l'État du droit ». Au départ, cette notion, forgée par des juristes allemands (le *Rechtsstaat*), signifie uniquement que l'on se trouve dans un État dans lequel les normes juridiques sont hiérarchisées de telle sorte que sa puissance s'en trouve limitée. Le respect de « l'État de droit » est uniquement la soumission de chacun des actes administratifs aux normes qui sont au-dessus de lui dans la hiérarchie juridique. Mais, au fil des années, de la hardiesse des cours juridictionnelles et de la prise en main de celles-ci par les progressistes, l'État de droit s'est politisé, idéologisé : dans la bouche de ses thuriféraires, ce concept est devenu un corpus idéologique qui fait des juges le bras armé des minorités – et des lobbys qui les incarnent médiatiquement.

Le droit n'est pas neutre ; il n'est pas parole divine descendue du mont Sinaï pour être donnée aux hommes. Le droit est le produit d'une époque, d'un territoire, de l'évolution des esprits. Des luttes politiques et idéologiques. Des rapports de force au sein des sociétés. Il n'est qu'à regarder nos principales institutions juridiques et la famille politique de ceux qui les dirigent, pour se défaire d'une vision éthérée du droit. Le Conseil constitutionnel, on l'a vu, est présidé par l'ancien Premier ministre socialiste, Laurent Fabius. C'est aussi le cas du Conseil d'État, dont le vice-président Didier-Roland Tabuteau est l'ancien directeur de cabinet de Bernard Kouchner ou de la Cour des comptes, présidée par Pierre Moscovici, ancien ministre socialiste. Formidable partie de bonneteau : pendant que la candidate du PS, Anne Hidalgo, n'atteignait même pas 2 % des suffrages à l'élection présidentielle, les hiérarques socialistes dirigent la France au nom de « l'État de droit ». À l'instant même où ces politiques engagés endossent la toge des juges, leur opinion est appelée « État de droit ». Et tous les gouvernements se soumettent à l'*imperium* de la jurisprudence du Conseil constitutionnel qui, dans le cadre du « dialogue des juges », prend soin d'accorder ses violons avec les autres « grands juges » : Cour européenne des droits de l'homme, Cour de justice de l'Union européenne, Conseil d'État.

Les gouvernements, les parlements et les peuples sont cernés. Quand un chef d'État se révolte, au nom du droit du peuple qu'il représente, contre cet encerclement juridique, il est traité de tyran et ostracisé, menacé, sanctionné par les institutions européennes : c'est le cas des Hongrois et des Polonais. Je me souviens d'un débat avec Jacques Attali qui s'acheva sous les cris d'orfraie de l'ancien conseiller spécial du président Mitterrand : « Vous voulez supprimer l'État de droit ?! » hurlait-il, comme si j'avais lancé une colonne de parachutistes sur l'Élysée.

Si j'avais été au second tour, j'aurais fait de cette question l'un des sujets majeurs du débat avec le président sortant : sommes-nous toujours une démocratie, c'est-à-dire un régime où le peuple a le dernier mot, ou sommes-nous dirigés par une oligarchie technocratique et juridique ? La question est cruciale pour nos institutions, pour notre souveraineté économique et pour la protection de nos entreprises. Elle est brûlante pour tout ce qui a trait aux droits des étrangers. Pour les juges, les droits de l'homme supplantent désormais les droits des citoyens. Cette orientation mondialiste du droit contemporain interdit toute politique qui voudrait bloquer les flux migratoires et combattre enfin sérieusement le Grand Remplacement à l'œuvre.

Il reste une ultime résistance à cette mainmise du droit sur la démocratie : le référendum. C'est le seul moyen d'instaurer une véritable politique d'immigration qui ne soit pas empêchée par les innombrables « droits » accordés aux étrangers par les jurisprudences successives. Bref, de rendre à l'État, donc au peuple français, la maîtrise de sa politique d'immigration concédée aujourd'hui aux immigrés eux-mêmes. Je le propose depuis vingt-cinq ans et l'ai défendu tout au long de la campagne. Il faut dire qu'en matière d'immigration, ne pas utiliser l'arme du référendum signifie ne toucher à rien. Après la tribune de Laurent Fabius, j'eus une conversation intéressante avec mon équipe. Nous nous étions dit que le programme que nous portions ne pouvait s'imposer que si nous étions, au pouvoir, en mesure de convoquer un référendum. Avoir un groupe à l'Assemblée nationale ne nous servirait à rien, car nos travaux, même s'ils étaient acceptés par les autres députés (ce qui était déjà fort peu probable), seraient de toute façon censurés par le Conseil constitutionnel. Que la seule arme dont notre peuple disposait contre son remplacement, c'était sa propre voix, via le référendum.

Ce 25 janvier, Laurent Fabius n'avait pas parlé au hasard. En fermant cette ultime issue démocratique qu'est le référendum, Laurent Fabius interdisait d'avance à notre pays d'échapper au Grand Remplacement, qui l'étreint chaque année davantage, et pour cela, il changeait subrepticement la nature de nos institutions.

Il disait en quelques mots que l'élection présidentielle ne servait à rien, et que la campagne qui la précédait était vaine. Ils appellent cela « l'État de droit », j'appelle cela un coup d'État.

Paris, le 2 février 2022

Candidat ou prof d'histoire ?

« Est-ce qu'être candidat à l'élection présidentielle, c'est donner des cours d'histoire ? » La question me laisse un moment interdit. La surprise est d'autant plus grande qu'elle vient de Dimitri Pavlenko, un des rares journalistes fins et lettrés de sa génération, que j'ai côtoyé pendant des mois dans « Face à l'info » et dont j'ai pu apprécier à la fois la rigueur et l'honnêteté intellectuelle.

Quelques semaines plus tard, la même interrogation sera reprise, sur le mode polémique d'une *punchline* soigneusement préparée par Yannick Jadot lors d'un débat qui m'oppose à lui : « Vous ne voulez pas être président de la République mais prof d'histoire. » Peu importe les intentions des uns et des autres. Durant cette campagne, on ne cessa de me parler d'histoire pour mieux me reprocher d'en parler sans cesse.

Imagine-t-on Michel Droit reprocher au général de Gaulle de se comporter en professeur d'histoire ? Alain Duhamel ou Jean-Pierre Elkabbach interrompre les digressions historiques sur les deux guerres mondiales de François Mitterrand ? À l'époque, la culture historique et littéraire de l'un et de l'autre est au contraire louée. Elle paraît même l'outil indispensable d'un homme d'État à la française, et nombreux sont ceux, dans la classe politique, à droite comme à gauche, qui n'ont pas à rougir sur ce plan. Il est évident pour tous que la politique et l'histoire ont partie liée, et certains ont compris, comme l'a dit Churchill avec humour, que le récit serait plus flatteur s'ils l'écrivaient eux-mêmes. Lors de la première campagne présidentielle de la Ve République, en décembre 1965, André Malraux opposait de Gaulle, « l'homme de l'histoire », aux politiciens, ses adversaires comme Mitterrand ou Lecanuet.

Le politique, quand il fait de la politique au sens noble, tire les leçons du passé, tente de ne pas en répéter les erreurs et renoue avec la grandeur de notre histoire... Quand le général de Gaulle s'écrie : « Vive le Québec libre ! », provoquant une crise internationale avec nos alliés américains et canadiens, il donne comme seule justification : « Louis XV les avait abandonnés. » Comme s'il était au pouvoir pour rattraper les erreurs de nos rois. Quand le mur de Berlin s'effondre, François Mitterrand presse un chancelier allemand rétif, Helmut Kohl, de reconnaître la ligne Oder-Neisse, cette frontière avec la Pologne imposée aux Allemands après leur défaite : le président français n'avait pas oublié que la question de la frontière germano-polonaise avait été le point de départ de la Seconde Guerre mondiale...

Je n'avais pas compris que nous avions changé d'époque. François Mitterrand nous avait pourtant prévenus : « Après moi, avait-il dit, il n'y aura plus que des comptables et des communicants ». Les technocrates avaient pris leur envol sous de Gaulle et assuré leur hégémonie sous Giscard. Les communicants avaient daté leur règne à partir des années 1980, comme l'avait constaté Régis Debray dans son livre *Loués soient nos seigneurs*. Pendant les premières campagnes présidentielles de la Ve République, on s'envoyait à la figure les hauts faits de l'histoire de France, les soldats de l'an II, les croisades, la Terreur, mais aussi la Commune ou la IVe République. Il faut relire les discours de Malraux, Chaban, Pompidou ou Mitterrand. Puis, on s'étripa sur des chiffres et des courbes : les littéraires comme Mitterrand durent apprendre par cœur le cours du mark en franc pour ne plus apparaître comme les élèves de Giscard ; Chirac et Jospin se disputèrent sur le montant de l'aide au logement ; et Marine Le Pen se ridiculisa en confondant Alstom et SFR.

Ce tropisme anti-historique, ou plutôt anhistorique, s'épanouit sous Giscard qui, des années avant le philosophe américain Francis Fukuyama, avait théorisé « la fin de l'histoire ». Notre pays était en paix avec ses deux ennemis héréditaires, l'Angleterre et l'Allemagne ; le temps du tragique était achevé ; celui du bonheur commençait ; le règne de l'individu et non des peuples, de l'économie et non de l'histoire, de l'hédonisme et non de la gloire, des victimes et non des héros était venu. La politique fut réduite à des querelles de chiffres, de taux horaires du Smic et de courbes du chômage. Les campagnes électorales opposèrent des listes de mesures technocratiques ; les communicants firent de belles images pour la télé et les sociologues remplacèrent les historiens, qui avaient eux-mêmes remplacé il y a longtemps les sorciers et les astrologues, comme maîtres des esprits.

Cet économisme arrangeait le politique Giscard, car l'ancien ministre des Finances était le champion incontesté, au sein de la classe politique française, des graphiques, courbes, et analyses monétaires. Mais ce qu'on oublie, c'est qu'il favorisait aussi l'idéologue Giscard qui rêvait d'accoucher des États-Unis d'Europe. Pour que cette fédération européenne sorte des limbes, les vieilles nations devaient s'effacer. Pour que les États-Unis d'Europe s'imposent, il fallait que les pays qui les composaient devinssent le Texas, la Californie, le Dakota ou le Massachusetts. Cet objectif pouvait à la rigueur être atteint avec des pays comme l'Allemagne ou l'Italie, nations récentes, nées du mouvement des nationalités du XIXe siècle, ou avec de petites nations comme la Belgique ou le Luxembourg, mais la tâche était plus ardue avec des États-nations millénaires comme la France et l'Angleterre. On sait que cette dernière n'a jamais partagé le rêve fédéraliste des élites du continent et qu'elle a fini par sortir de l'Union européenne car elle refusait de passer sous les Fourches Caudines des technocrates et des juges européens. Restait la France.

Renan nous l'a enseigné : une nation n'existe que si elle a conscience d'avoir une histoire partagée. Si elle n'a plus conscience de son histoire, si elle rejette cette histoire comme odieuse et honteuse, ou si elle ne partage pas la même histoire, elle n'est plus une nation. Dénationaliser la France est l'objectif secret des fédéralistes européens, de droite comme de gauche, de Giscard à Macron, d'Attali à Cohn-Bendit. J'ai encore en mémoire un échange dans *Le Figaro* entre l'ancien leader de Mai 68 et l'écrivain Denis Tillinac. En bon gaulliste romantique, Tillinac, mon ami regretté, entonnait l'éloge lyrique d'un peuple français éternel, enraciné dans ses traditions, son art de vivre et son histoire. Ce à quoi Cohn-Bendit rétorqua froidement : « Je ne crois pas au peuple français. Les peuples, ça n'existe pas. »

Pendant cette campagne présidentielle, le journal *L'Express* organisa un débat entre Alain Minc et moi. Au cours de la conversation passionnée et passionnante, je notai que mon interlocuteur n'évoquait que la « société française » – ses aspirations, ses contradictions, ses transformations – quand je convoquais, moi, la figure du « peuple français » – son histoire, son âme, son destin. L'individu roi et le culte de la société travaillent de concert pour désintégrer le peuple et la nation. Ce que les politiciens voyaient comme des leçons d'histoire était en réalité la philosophie qui sous-tendait ma candidature.

Seul le grand intellectuel Marcel Gauchet réussit à l'expliciter dans une interview qu'il accorda, dès l'automne 2021, à la *Revue des Deux Mondes* :

> « Je crois que Zemmour est un symptôme politique de première grandeur, parce qu'il a fait sauter un verrou. Il a imposé un autre agenda... Zemmour a réintroduit un discours politique, c'est-à-dire un discours historique dont tous devront tenir compte. [...] Il a fait entendre quelque chose que nous n'entendions plus. Et c'est là où il a été fort habile. Il s'est placé sur le terrain de la grande histoire, l'avenir de la France, et non pas dans la petite histoire de l'évolution du pouvoir d'achat ou du point d'indice des fonctionnaires. Ce n'est pas un boutiquier, c'est un politique contre des boutiquiers, et c'est pour ça qu'il a rencontré un écho significatif. Cette hauteur de vues est jugée négativement par les médias mais elle est entendue positivement par beaucoup de Français ».

Assumer mon amour de l'histoire fut un choix politique délibéré, comme le refus de l'histoire avait été un choix éminemment politique, pour ceux qui étaient pourtant encore cultivés. Bien sûr, c'est un discours que l'on n'a plus l'habitude d'entendre chez nos politiciens, toujours plus démagogues. Je les connais. Je les ai entendus si longtemps. Ils se disent, entre eux, qu'il ne sert à rien d'approfondir leur discours puisque, de toute façon, les Français ne comprendront pas. Je devrais ajouter : et parce que toute la machine politico-médiatique n'aide personne à comprendre.

Il est aujourd'hui fort ambitieux de vouloir parler de phénomènes historiques qui dépassent les individus. Quand j'évoque des pays, des peuples, des civilisations, les médias font croire que je parle des individus. Quand je décris l'affrontement millénaire entre l'islam et la chrétienté, ils font croire aux Français que j'en veux à leur voisin musulman. Ce n'est pas pour rien qu'à chaque prestation télévisée, les chaînes m'opposaient un interlocuteur issu de l'immigration : ils étaient tous sympathiques et courtois, et étaient censés prouver que mon discours était trop dur, ou absurde, comme si j'avais nié qu'il y eût, parmi eux, « des gens bien ». Une fois, sur LCI, une jeune femme sénégalaise m'affirma à quel point sa venue en France avait changé sa vie, ce dont je ne doutais pas, et me demanda si j'autoriserais d'autres de ses compatriotes à venir aussi améliorer leur sort dans notre beau pays. Je lui opposai un non, poli mais ferme, qui parut peut-être dur à certains téléspectateurs. Sur un autre plateau, on me montrait les images de Mamoudou Gassama, un Malien sans papiers qui avait sauvé un enfant en escaladant un immeuble parisien. Cet exploit devait me pousser à dire qu'il fallait accueillir tous les Maliens du Mali parce qu'ils étaient des sauveurs d'enfants... Ce que je ne fis évidemment pas.

La méthode médiatique est toujours la même : l'individu opposé au peuple ; le sentiment opposé à la raison ; l'immédiat opposé au temps long. Cette irrésistible mécanique médiatique achève (dans les deux sens du terme !) le travail accompli par la disparition de l'histoire à l'école et dans le débat politique, qui vise à transformer la France en un agrégat d'individus victimes et déracinés, à l'opposé d'un peuple avec une conscience, des devoirs et une âme. Ce règne des individus (et de l'empathie qu'ils doivent nécessairement susciter) s'impose à tous, même à ceux qui sont censés y résister.

Je pourrai le constater en regardant un débat, entre les deux tours de la présidentielle, qui oppose Jordan Bardella à Gérald Darmanin. Le ministre de l'Intérieur, sur la défensive, lance à son interlocuteur : « Un Afghan homosexuel qui nous demande l'asile, vous le renvoyez aux talibans ? » Bardella, interloqué, évite de répondre, noie le poisson sous de grandes phrases ronflantes ; Darmanin, fine mouche, insiste, repose la question. Une fois, deux fois, trois fois : « Vous le renvoyez, monsieur Bardella ? » Monsieur Bardella est fait aux pattes ; monsieur Bardella ne répond pas : « Vous ne le renverrez pas, donc, monsieur Bardella. » Le débat est clos.

Darmanin est fier de ne pas renvoyer l'homosexuel afghan et a montré avec éclat que la candidate du Rassemblement national, représentée par son jeune porte-drapeau, ne le renverrait pas non plus. Aucun des deux finalistes de la présidentielle ne renverra donc notre Afghan, parce qu'il est un individu qui souffre, face à un pouvoir islamiste qui applique les lois de la charia concernant les homosexuels. Au passage, le ministre de l'Intérieur nous aura appris qu'il suffit d'être homosexuel, ou de se prétendre tel, afghan, marocain ou saoudien, bref, de venir de l'un des cinquante pays musulmans de la planète, pour demander et obtenir l'asile en France. On est loin de l'idée originelle de l'asile qui concernait les seuls « combattants de la liberté ». On est loin de Victor Hugo à Guernesey ou d'Alexandre Soljenitsyne dans le Vermont. On ne s'étonne plus qu'il y ait, en France, cent quarante mille demandeurs d'asile par an qui demeurent presque tous sur notre territoire, qu'ils aient obtenu le statut ou non : dans les années 1950, ils étaient trois cents, tous dissidents de l'Est communiste ou persécutés des dictatures sud-américaines.

Il y a des centaines de millions d'individus à travers le monde qui sont menacés dans leur pays et qui aspirent à une vie meilleure en France. Nous devrions donc tous les accueillir ? C'est ce que dit ce court échange entre les lieutenants de Marine Le Pen et d'Emmanuel Macron. La raison de ma fermeté, caricaturée en brutalité, est simple : des individus français sans défense paient pour cet individualisme mondial impérieux ; mais chacun détourne la tête.

Je tente de contenir cette désagrégation individualiste par une rhétorique forgée autour de quelques citations que les habitués de mes prestations ou de mes livres connaissent bien :

> « Tout est moral chez les individus et tout est physique dans les masses. Un individu est libre car il est de force à s'opposer à un autre individu. Quand il est dans une masse, il n'est plus libre. » (Benjamin Constant)

> « À partir d'un certain nombre, la quantité devient une qualité. » (Friedrich Engels)

> « Les morts gouvernent les vivants. » (Auguste Comte)

Je dois toutefois me rendre à l'évidence : ces leçons de l'expérience, tirées par de grands esprits, sont désormais ignorées ou niées avec véhémence par mes adversaires. Le ministre de l'Intérieur, Gérald Darmanin, encore lui, est très fier d'une formule qui, croit-il, lui permet d'affirmer sa fermeté sans être confondu avec mes positions : « Avec moi, les immigrés sont jugés pour ce qu'ils font, pas pour ce qu'ils sont. » Nous sommes tous d'accord avec cette assertion. Notre appartenance commune à l'humanité nous est enseignée, depuis que le judaïsme puis le christianisme nous ont définis comme fils et fille d'Adam et Ève. Cet humanisme chrétien est devenu le fondement même de notre consensus dit « républicain ». Mais on voit très vite où le bât blesse : cette formule permet d'ignorer les déséquilibres démographiques, ethniques et culturels entraînés par les flux migratoires massifs que nous subissons depuis cinquante ans. Avec la déclaration de Darmanin, une France majoritairement musulmane n'est plus un souci à partir du moment où la loi n'est pas transgressée. Mais qui fait les lois, en démocratie, si ce n'est la majorité ? Et qui détermine la majorité, si ce n'est la démographie ? Et la loi, Montesquieu nous l'a appris, n'est-elle pas avant tout le produit des mœurs ? Avec son existentialisme de bar-tabac, le ministre de l'Intérieur se retrouve ainsi aux antipodes de la célèbre formule gaullienne : « Nous sommes avant tout un peuple de race blanche, de religion chrétienne et de culture gréco-romaine. » C'est la sempiternelle querelle philosophique entre essentialisme et existentialisme. Un pays seulement ordonné par le premier risque certes d'être étouffé par un entre-soi excessif, voire un racialisme auquel je me refuse par nature ; mais une nation qui, comme aujourd'hui, est régie par un existentialisme absolu, se dissout lentement et court à sa désintégration. La réflexion de Darmanin présuppose que la France ne serait peuplée que d'individus libres, indépendants de leurs origines, de leur religion, de leurs traditions. Or, cela n'existe pas dans la réalité. On le constate tous les jours : dans les quartiers à majorité musulmane, les paysages urbains et les mœurs se transforment et ressemblent davantage à des cités maghrébines, parfois afghanes. Comme si, inéluctablement, à partir d'un certain nombre, la quantité devenait une qualité. Ces individus libres ne le sont plus, puisqu'ils sont dissous dans une masse ; transportés avec eux, sur la terre de France, leurs morts, nés sur la rive sud de la Méditerranée, gouvernent les vivants, nés et élevés sur la rive nord.

Mais, comme l'a finement noté Marcel Gauchet, mon retour à l'histoire séduit une partie des Français qui ont la nostalgie d'avoir appartenu à un grand peuple, avec une grande histoire. Les plus vieux se souviennent des discours du général de Gaulle et des leçons de leur Malet et Isaac ; et, parmi les plus jeunes, certains sentent bien que quelque chose a existé. Cette nostalgie est donc niée, ostracisée, criminalisée, ringardisée, si ce n'est psychiatrisée, fascisée ou racisée.

Le rejet ou le déni de l'histoire reposent en réalité sur une lecture particulière de cette dernière. Le rejet de l'histoire n'est pas la négation de l'histoire de France, mais sa réduction à un cabinet des horreurs, un passé diabolisé, résumé à ses « pages sombres » : esclavage, colonisation, collaboration.

Nos grands hommes sont eux-mêmes ramenés à leur caricature : Colbert n'est plus que le Code noir, Napoléon n'est plus que la restauration de l'esclavage dans les Antilles, l'Algérie française n'est plus que les enfumades de Bugeaud et la gégène de Massu. Le nationalisme français n'est plus qu'un maurrassisme ; et le maurrassisme n'est plus qu'un antisémitisme. La France n'est plus qu'une République et la République n'est plus qu'une liste de « valeurs ».

Glisser un rai de lumière dans ce cabinet des horreurs, c'est être « révisionniste » ; rappeler les mille ans et les quarante rois qui ont fait la France, c'est vouloir renverser la République.

Tout dans mes anciens propos était passé au peigne fin : sur Napoléon, sur la colonisation, sur Vichy. On comprend mieux qu'Emmanuel Macron ait été à la pointe de ce combat, ne perdant jamais une occasion de me désigner comme son adversaire idéologique principal. Je n'avais pas oublié qu'il avait, pendant sa campagne électorale de 2017, déclaré qu'il n'y avait « pas de culture française, mais que des cultures en France » et que la colonisation avait été « un crime contre l'humanité ». Devenu président, il avait récidivé en souhaitant « déconstruire l'histoire de France », ravissant d'aise tous les partisans de la *cancel culture* que son ministre de l'Éducation nationale d'alors faisait mine de combattre.

Même après la campagne, Emmanuel Macron continua de me fixer dans son viseur, montrant par là l'importance matricielle de cette confrontation historique. Lorsqu'il commémora la rafle du Vél d'Hiv, le 17 juillet 2022, il ne manqua pas de me dénoncer à la vindicte médiatique. Aucun des journalistes, visiblement aux anges, ne releva les erreurs factuelles et les anachronismes contenus dans le discours présidentiel. Mais cette guerre de l'histoire, authentique lutte métapolitique, avait débuté avant même que je fusse candidat. On se souvient de la célèbre formule d'Orwell dans son roman *1984* : « Ceux qui tiennent le passé tiennent l'avenir. Ceux qui tiennent le présent tiennent le passé. »

Mon intrusion dans le débat historique venait troubler la mainmise orwellienne des progressistes sur l'Université et, par ricochet, sur les médias et l'opinion. Elle méritait une réponse à double entrée : se moquer de mon goût pour l'histoire ; puis me parler sans cesse d'histoire. D'abord, attester de mes références historiques pour délégitimer mon manque de compétence technocratique ; puis, marquer ma vision historique du sceau infamant du racisme et du fascisme. Dès mes débuts sur « Face à l'Info », j'avais scandalisé les bien-pensants au sujet de la conquête de l'Algérie et du général Bugeaud. Ce fut à l'occasion d'un débat avec l'ancien maire de Sarcelles, François Pupponi, sur la notion d'assimilation. Devenir français, disais-je, c'est prendre parti rétrospectivement pour la France, même si, dans le passé, notre pays d'adoption s'était opposé par les armes à nos ancêtres. Je donnais comme exemple mon cas personnel : la tribu des Zemmour, Berbères vivant entre le Maroc et l'Algérie, avait été combattue, voire massacrée par les troupes du général Bugeaud ; cependant, je me sentais aujourd'hui, en tant que citoyen français, du côté de Bugeaud. Ma réflexion suscita un tollé le lendemain sur les réseaux sociaux ; on m'accusa de défendre les massacres ; on oublia que mes ancêtres étaient parmi les massacrés… ; le CSA s'en mêla ; la chaîne me demanda de « préciser » ma pensée. Des mois plus tard, croisant Arnaud Montebourg dans un café, celui-ci s'en prit rudement à moi pour mes propos « scandaleux » sur le général Bugeaud. Pourtant, mon argumentaire n'avait rien d'original ; il était banal sous la IIIe République, lorsque l'assimilation était prise au sérieux. Il ne peut pas y avoir sur le même sol, au sein de la même nation et du même peuple, différentes histoires qui se font concurrence, rivalisent, s'affrontent.

Peu à peu, cette guerre des histoires se sédimente en une guerre des mémoires, qui peut se transformer un jour ou l'autre en guerre civile. C'est cette rivalité des mémoires et des histoires qu'entretiennent avec un soin maniaque nos élites politiques, médiatiques, et leur bras armé universitaire, les historiens ou plutôt, comme ils aiment à s'appeler, « la communauté des historiens ».

Pendant la campagne électorale, l'Université revint à la charge. Une dizaine d'historiens m'éreintèrent dans un bref pamphlet publié chez Gallimard et intitulé *Zemmour contre l'histoire*. Il s'agissait pour chacun d'entre eux, dans sa spécialité, après avoir décortiqué mes ouvrages historiques, *Mélancolie française* ou *Destin français*, de contrer mes interprétations qu'ils jugeaient scandaleuses. Un de mes amis me conseilla avec ironie de faire contre mauvaise fortune bon cœur : après tout, quel historien dénoncera la vision historique de Marine Le Pen ou de Valérie Pécresse ? Je n'eus le temps de lire la prose de mes contempteurs qu'après la campagne électorale. La faiblesse de leurs « corrections » m'apparut en pleine lumière...

Ces universitaires ne veulent pas voir qu'on ne fait pas le même métier : ils enquêtent, à l'aide d'archives, sur une période donnée ; puis ils rendent public le produit de leurs recherches dans un article, une thèse ou un livre. Les historiens professionnels soumettent leur travail à la plus grande objectivité possible ; ils doivent fuir l'anachronisme comme la peste ; ils s'interdisent toute comparaison avec une situation présente. Ma position est toute autre : je ne me documente pas dans les archives, mais dans les livres d'historiens ; j'utilise l'histoire comme un intellectuel, un politique, un publiciste, comme on disait au XIXe siècle, c'est-à-dire que je m'efforce de tirer des leçons de l'histoire pour le présent et le futur ; j'établis des comparaisons et tente de comprendre les logiques humaines qui se répètent mais au cœur d'événements qui ne sont évidemment pas identiques. On pourrait d'ailleurs me faire remarquer (et mes amis les plus subtils ne s'en privent pas) que notre époque est incomparable à celles qui l'ont précédée par l'ampleur inédite de ce que je décris et annonce, à savoir le Grand Remplacement d'une population par une autre. Mais ce n'est pas ce que me reprochent mes contempteurs historiens.

Dans leur préface collective, ils expliquent que ma culture historique est « limitée et datée ». C'est exact. Limitée, elle l'est, d'évidence. Je ne possède malheureusement pas le savoir encyclopédique de nos maîtres du passé ; mais le reproche est incongru sous la plume d'historiens modernes qui ne jurent que par la spécialisation de leurs recherches (et même une spécialisation fort étroite pour nombre d'entre eux), gage à leurs yeux de leur probité scientifique. Leur remarque portant sur ma culture « datée » était plus instructive encore. J'évoque souvent en effet des historiens défunts et reprends leurs analyses qui sont jugées obsolètes par le « consensus historique » d'aujourd'hui. Cette querelle est révélatrice.

Un jour, Raphaël Enthoven m'a accusé de « citer des auteurs que personne ne connaît ». Avec une vanité touchante, le philosophe confond ce qu'il ne sait pas avec ce que tout le monde, ou plutôt tous les normaliens comme lui, connaît. Il oublie seulement que ses connaissances sont le produit de sa génération et de sa formation. L'historiographie contemporaine s'est édifiée sur les restes d'écrivains du passé, que leurs successeurs jugent par trop imprégnés de préjugés nationalistes, mais aussi de préjugés de genre, comme on dit désormais dans le jargon universitaire.

Cette querelle est essentielle pour cette « communauté d'historiens » qui veut impérativement porter les siens au rang de chercheurs scientifiques et assimiler l'histoire, cette science humaine, aux mathématiques ou à la physique, sciences dites « dures ». Or, dans « science humaine », le mot important n'est pas « science » mais « humaine ». L'histoire qu'on écrit est le produit complexe de méthodes rigoureuses, mises au point depuis le XIXe siècle sur le modèle des sciences, mais surtout des idées, voire de l'idéologie des historiens, et des questions majeures que se pose chaque époque. C'est pourquoi chaque génération d'historiens renouvelle la vision de ses prédécesseurs, sans lui être pour autant supérieure. L'histoire n'est pas la physique ou la chimie, il y a fort rarement une « découverte » qui élimine les travaux passés.

Cette prétention d'une histoire scientifique n'est pas neuve ; elle a permis jadis aux marxistes d'imposer leur vision du monde. On se souvient ainsi des batailles autour de la Révolution française, lorsque l'Université française, dominée par l'historiographie marxiste, imposait sa lecture aux esprits rebelles, avant que François Furet et la décadence du communisme mondial ne renversent le rapport de force. Désormais, reprenant les mêmes méthodes totalitaires, la nouvelle idéologie dominante, composé instable d'islamo-gauchisme et de ce que les Américains appellent l'idéologie *woke*, c'est-à-dire « éveillée » aux questions de race et de genre, veut faire taire toute autre interprétation du passé.

Récapitulons : l'histoire traditionnelle, centrée autour de notre nation, de nos grands hommes, de nos gloires et de nos malheurs, a été d'abord remplacée par l'histoire économique et sociale ; aujourd'hui, elle est marginalisée dans les universités d'Occident par sa tendance woke.

Ces guerres de l'histoire ne concernent pas uniquement les historiens, car elles finissent toujours par influer sur les batailles politiques. Après la mort du général de Gaulle, la vie politique française abandonna le lyrisme de la grandeur, passée et à venir, de la France pour se réduire à des querelles de chiffres, de taux de croissance, d'inflation, de chômage, de pouvoir d'achat et de réduction des inégalités. Mais, depuis quelques années, notre actualité politique est de plus en plus phagocytée par les thèmes des violences faites aux femmes, des discriminations de genre mais aussi de race, de l'éducation sexuelle à l'école, etc. Ce qui relevait naguère de la vie privée (les relations entre hommes et femmes) ou de l'impensé universaliste (les races n'existent pas) fait désormais partie des sujets politiques majeurs. L'histoire lue par l'idéologie *woke* se transforme en politique *woke* ; ce n'est pas un hasard si Emmanuel Macron, à peine réélu, a cru faire un « bon coup » en nommant Pap Ndiaye à la tête de l'Éducation nationale.

Ma passion pour l'histoire et ma volonté d'en faire un thème majeur de ma campagne présidentielle furent dans ce contexte considérées comme une double transgression : il y a belle lurette que les politiques ont laissé l'histoire aux historiens ; et que la plupart des historiens ont remisé dans les placards poussiéreux l'histoire traditionnelle centrée autour de la nation et son destin. Nous nous sommes ainsi rendus incapables d'appréhender les événements qui nous menacent : bouleversements démographiques, désoccidentalisation du monde, revanche des peuples colonisés, guerre de civilisations. Nous devons impérativement nous réapproprier notre histoire pour être en mesure de la poursuivre.

Paris, le 13 février 2022

La dame du « faire »

Je regarde mon écran d'un œil distrait, en dégustant quelques fromages de chèvre bien coulants. En ce dimanche, je n'ai pas prévu de rester jusqu'au bout devant la prestation de Valérie Pécresse, son premier meeting, au Zénith, mais ce que je découvre me fige et me fascine. Cette scène gigantesque qui rend la candidate minuscule ; ses intonations de voix si artificielles qu'elles tournent au grotesque ; ses expressions faciales qui font penser à un mime débutant ; ses gestes désincarnés d'automate ; ses phrases creuses de technocrate mal dégrossie : tout est ampoulé, tout est emphatique, tout est ridicule. Pire : tout est faux, artificiel, factice. Valérie Pécresse est pire qu'une comédienne : c'est une très mauvaise comédienne qui ne met pas dans son jeu une once de sincérité. Très vite, j'éteins mon écran ; le spectacle qu'elle donne a fini par me mettre mal à l'aise. Sur les réseaux sociaux, un mot se répand, tiré du vocabulaire adolescent : « malaisant ».

Valérie Pécresse a toujours été une très bonne élève : elle applique avec un soin maniaque les consignes qui lui sont données. On ne sait jamais quand elle est authentique, quand elle est elle-même. Je le constaterai encore lors de notre débat télévisé du 8 mars, auquel TF1 et LCI nous ont conviés. Ce soir-là, je ne peux jamais terminer une phrase, encore moins achever un raisonnement, sans que la voix haut perchée de mon adversaire ne me coupe en vociférant.

Elle m'interrompt tout le temps. Elle hurle tout le temps. Elle ment tout le temps. Entre deux hurlements, elle m'offre un sourire compatissant, presque maternel, comme si elle voulait se faire pardonner son comportement odieux, comme si elle voulait me signifier, dans le blanc des yeux : « Rien de personnel. Je ne peux pas faire autrement. C'est ça ou la mort. »

Après avoir été la risée de la France entière pour ses prestations d'oratrice, elle s'empare de ce débat comme de l'ultime bouée de sauvetage que lui jette un bateau pour lui éviter la noyade. Elle ne le sait pas encore, mais ce sera ça et la mort. Exaspérés par le niveau de décibel, la cacophonie et l'agressivité, beaucoup de téléspectateurs, surtout les plus âgés, vont se coucher. Les électeurs de Valérie Pécresse s'endorment en songeant que seul Emmanuel Macron est digne de la fonction.

Quelques jours plus tard, avertie de ces mensonges éhontés, Marion Maréchal viendra sur le plateau d'Hanouna avec une photo de la présidente de la région Île-de-France visitant une classe remplie de filles voilées, ce qu'elle avait nié effrontément face à moi.

J'avoue que je n'avais pas imaginé qu'elle oserait une semblable mauvaise foi. J'avais tort. C'est le résultat d'un simple calcul à la portée d'un enfant que font tous les politiciens, comme je l'apprendrais à mes dépens : les millions de téléspectateurs qui écoutent et croient le mensonge seront toujours plus nombreux que les centaines de milliers d'internautes, au plus, qui seront déniaisés par la preuve affichée de son mensonge. Alors, elle préfère mentir devant le plus grand nombre, et peu importe les quelques-uns qui découvriront son méfait.

J'aurais dû me méfier pourtant. Quelques jours avant ce débat, je recevais l'appel d'un journaliste de *Libération*. Il m'apprenait que Valérie Pécresse, qui disait avoir été victime d'une agression sexuelle dans sa jeunesse, prétendait que je m'étais moqué d'elle lorsqu'elle avait conté cette histoire sur le plateau de mon émission *On n'est pas couché*.

Je n'avais aucun souvenir d'une telle scène. Le journaliste se plongea alors dans le visionnage de l'émission en question, mais n'y trouva nulle trace de l'échange relaté par la candidate. Celle-ci rétorqua que la séquence, gênante pour moi, avait dû être coupée au montage. Je m'enquérais auprès d'une amie, qui faisait partie de l'équipe de production de l'émission. Il n'y avait pas eu de coupe au montage, parce qu'il n'y avait pas eu de montage : nous étions ce soir-là diffusés en direct ! Mon accusatrice ne se démonta pas ; sa mémoire jouait à saute-mouton : si ce n'était pendant l'enregistrement, ce fut au maquillage, après qu'elle eut quitté le plateau. Je ris sous cape : quand l'invité politique partait, je demeurais encore des heures à ferrailler avec les autres invités, chanteurs, écrivains, acteurs, etc... Jamais un politique ne m'avait attendu jusqu'à deux heures du matin, l'heure à laquelle je quittais le plateau. Le journaliste de *Libération* avait compris. Il n'insista plus. La machine à bobards de Valérie Pécresse s'était pour une fois enrayée.

Mais le soir du débat, elle marchait à fond. Au fur et à mesure qu'elle alternait mensonges et cris d'interruption, je comprenais qu'elle avait choisi de pourrir le débat plutôt qu'être écrasée à la loyale. Pour prendre une parabole sportive, Pécresse a joué comme une équipe de football en défense renforcée, agressive, voire brutale avec les tibias ou les jambes des attaquants adverses, pariant tout sur un but marqué dans une contre-attaque rondement menée. Les Italiens furent les inventeurs de ce type d'antijeu porté au rang d'art, mais ils n'en ont pas l'exclusivité. Pour les amateurs de rugby, elle s'est comportée comme ces équipes qui, par crainte de voir leur pack d'avants se soumettre à la puissance de leur adversaire, préfèrent « écrouler la mêlée » plutôt que de la voir reculer. Tout repose alors sur les arbitres qui doivent sanctionner ces comportements contraires à la loi et à l'esprit du jeu.

Le rôle d'arbitre, dans ce genre de matchs, est tenu par les journalistes. Gilles Bouleau, qui officiait ce soir-là avec Ruth Elkrief, ouvrit le débat en demandant à Valérie Pécresse : « Qu'est-ce qui vous fait dire qu'Éric Zemmour ne serait pas un bon président de la République ? » Il offrait ainsi un long réquisitoire à Valérie Pécresse. D'emblée, j'étais sur la défensive plutôt que de pouvoir tout de suite porter le fer. Mais je me sentais coincé. Si je faisais un esclandre à la manière de Chirac face à Laurent Fabius lors de leur fameux débat de 1986 (« Cessez d'intervenir incessamment, un peu comme le roquet »), Pécresse aurait aussitôt crié au macho méprisant les femmes. Que n'aurais-je entendu si je lui avais demandé de se calmer, ce que ne manquait pas de se dire, exaspéré, tout téléspectateur devant son écran ! Je commis l'erreur de la couper à mon tour, de couvrir sa voix, rendant le dialogue incompréhensible. J'aurais dû continuer à dénoncer son comportement et prendre à témoin les téléspectateurs et les deux animateurs.

J'ai éprouvé le même regret lors de mon second débat avec Mélenchon, sur C8, chez Cyril Hanouna. J'avais pourtant ouvert ce soir-là mon intervention par un éloge de mon adversaire et, au-delà de lui, du débat politique, cœur battant de la démocratie. Mais je me suis vite rendu compte que le Mélenchon que j'avais en face de moi n'était plus celui que j'avais affronté quelques mois plus tôt sur BFM. Celui-ci prenait respectueusement des notes pour mieux contre-argumenter ; désormais, celui-là n'écoutait plus, ne cherchait plus à répliquer, mais mettait toutes ses forces à m'interrompre, vociférer, hurler, insulter. Je ne compris pas tout de suite le sens de cette transmutation : Mélenchon avait finalement cédé à cette gauche sectaire qui ne songeait qu'à m'abattre, me marginaliser, me priver de toute légitimité. Je rendis coup pour coup, vocifération pour vocifération, insulte pour insulte. Mélange de tempérament et de fierté. Ce fut une erreur. J'aurais dû le laisser tourner seul dans sa roue rageuse. Le débat tourna au match de catch. Nous en sortîmes tous les deux vidés et perdants.

Ce soir-là, nous commettons la même faute, Valérie Pécresse et moi. Pourtant, entre deux interruptions, entre deux mensonges, le débat suit son cours. Les téléspectateurs attentifs peuvent quand même discerner l'essentiel de nos échanges et de nos divergences. Les mots sont dits, les coups portés, les faux-semblants dénoncés et dévoilés. Sur l'Ukraine et l'Europe, Valérie Pécresse se proclamait gaulliste en citant Jean Monnet, son ennemi juré. Sur l'immigration, elle prétendait réduire le flot en ajoutant des quotas, selon les besoins de l'économie, comme ce que proposeront Macron et Darmanin plus tard, c'est-à-dire toujours plus d'immigrés, alors même qu'elle ne supprimait pas les droits de ceux-ci de faire venir leur famille ou de toucher des allocations. Elle se vantait d'être la « dame du faire », mais elle ne savait pas quoi faire. Ses convictions évoluaient avec la société, avait-elle déclaré, façon élégante de dire que ce n'est pas la girouette qui tourne, mais le vent.

Son équipe avait épluché avec un soin maniaque tous mes fonds de tiroir, déclarations, chroniques, éditoriaux, livres, ou SMS rendus public pour trouver la petite phrase qu'elle pourrait me jeter au visage afin de me mettre en difficulté, sans se soucier, bien entendu, du contexte dans lequel la formule repérée, sélectionnée, coupée, calibrée, avait été prononcée ou rédigée. Il ne manquait à la liste que mes propos de cour de récréation, mais cela permettait à la candidate LR de paraître sans cesse à l'offensive et d'avoir une issue de secours lorsqu'elle était acculée.

Toutes les expressions les plus convenues s'épanouissaient dans le discours de Valérie Pécresse, sans même qu'elle s'en rendît compte. Elle parlait le « progressiste » aussi bien que n'importe quelle femme de gauche, mais elle s'affirmait de « droite ». Elle parlait le « technocrate » sur le bout des ongles, mais se croyait une politique.

C'était sans doute le plus révélateur dans notre débat : nous ne parlions pas la même langue. Elle parlait le Macron ; je l'avais surnommée « madame 20 h 02 », car à cette heure-là, le dimanche soir du premier tour, elle appellerait à voter pour le président sortant. Ce qu'elle fit d'ailleurs, même si elle attendit quelques minutes de plus.

Pendant le débat, elle me mit en difficulté en me sommant de dire publiquement pour qui j'avais voté en 2017. Son ton comminatoire me déplut, et je refusai, arguant du secret du vote. J'eus tort de m'arrêter à la forme ; je donnais l'impression de ne pas assumer mes choix qui avaient pourtant été très cohérents avec mes idées : au premier tour, j'avais voté François Fillon, et au second, j'avais mis dans l'urne le bulletin de Marine Le Pen. On connaît la règle du mode de scrutin : au premier tour, on choisit, au second, on élimine. Je ne voulais pas donner ma voix à Emmanuel Macron, héritier de la gauche strauss-kahnienne, libérale-libertaire, immigrationniste et mondialiste. Ce même Macron pour lequel, déjà, Valérie Pécresse avait voté.

Pendant les jours qui suivirent, la candidate plastronnait partout où elle passait, criant victoire à qui voulait l'entendre. Elle était toute faraude d'être vivante puisqu'elle n'était pas morte. Elle se pinçait en hurlant de joie. Les observateurs étaient quasi unanimes : je n'avais pas perdu le débat, mais comme Pécresse n'avait pas perdu non plus, j'avais alors perdu.

Après Mélenchon, il y eut Pécresse, et après Pécresse, il y eut Jadot. Je fus le seul à débattre et à proposer le débat. En revanche, Marine Le Pen et Emmanuel Macron refusèrent obstinément toute confrontation de premier tour, ce qu'ils avaient pourtant accepté en 2017. Emmanuel Macron se planqua derrière son statut de président de la République. Marine Le Pen se planqua… derrière Emmanuel Macron. Surtout ne pas prendre de risque, ne pas s'exposer à la lumière crue des caméras. Surtout ne pas permettre que l'électeur-téléspectateur éclaire sa lanterne par lui-même, par-delà le filtre déformant des médias et des sondages. Surtout, ne pas être contredit, contesté, interrompu, dérouté, déstabilisé, exaspéré. Surtout ne pas être dévoilé.

Paris, le 23 février 2022

La retraite de Russie

Ce soir-là, je me suis endormi sereinement, un sourire au coin des lèvres. Les sondages quotidiens, ces fameux « rollings » qui mettent chacun des candidats et leurs entourages à la torture, me donnent depuis quelques jours une légère avance sur mes deux adversaires. Bien sûr, l'écart est encore faible mais, depuis le début du mois de février, je prends presque un demi-point par jour. Je devance Valérie Pécresse et Marine Le Pen. La « dynamique », selon le terme des sondeurs et des journalistes, est de mon côté. Dans la bataille pour la qualification au second tour face à Emmanuel Macron, les électeurs de droite, après avoir tergiversé pendant deux mois entre nos trois candidatures, penchent désormais vers moi.

Nous sommes le 23 février, et Valérie Pécresse est sur le point de s'effondrer. Après ses désastreuses performances lors de ses meetings, *Libération* a publié une enquête aussi grotesque qu'accablante. Nous apprenons que la victoire de Pécresse lors des primaires de LR aurait été entachée de multiples fraudes : ses amis auraient rameuté des cohortes de nouveaux électeurs de nationalité chinoise ; un adhérent potache aurait même fait inscrire son chien sur les listes électorales de LR, décidément très accueillantes et peu regardantes : ce chien s'appelait Douglas. Et Douglas avait voté Pécresse ! En France, on le sait depuis le temps de la vie de cour sous la monarchie, le ridicule tue.

Le mentor de Valérie Pécresse, Jacques Chirac, lui a sans doute appris que « les emmerdes volent toujours en escadrille ». Toute la journée, les chaînes d'information se font le relais de *Libération* et prédisent un véritable toboggan sondagier pour Valérie Pécresse dans les jours qui vont suivre. On dit que tout cela viendra renforcer ma dynamique. On dit que l'Élysée trouve désormais naturel de me voir face à Emmanuel Macron.

François-Xavier Bellamy m'appelle dans la soirée pour me prévenir qu'il se rendra le lendemain matin sur l'antenne d'Europe 1 annoncer qu'il me donnera son parrainage et qu'il votera pour moi au second tour de la présidentielle face au président sortant. Il est l'illustration des mouvements de fond qui agitent l'électorat de la droite française. Depuis le début de mon aventure présidentielle, mes soutiens étaient équitablement répartis entre électeurs de Fillon et électeurs de Marine Le Pen. Mais cet « équilibre » n'était pas seulement politique ; il s'avérait aussi social et même géographique. À l'unisson des patrons des instituts, Damien Philippot, qui avait passé plus de quinze ans à l'Ifop, m'exposait non sans fierté que mon électorat était composé d'autant de vieux que de jeunes, d'urbains que de ruraux, et même d'autant d'ouvriers et d'employés que de commerçants, indépendants et cadres plus diplômés. Un « équilibre » que seul Emmanuel Macron arrivait à atteindre avec son électorat, comme le soulignait Frédéric Dabi, président de l'Ifop, sur les plateaux TV.

Plus tard, au lendemain de la défaite, une ou deux personnes qui avaient soutenu ma candidature se répandirent dans les médias pour affirmer que j'avais mené une « campagne sans les campagnes », ou encore « sans les classes populaires », reprenant ainsi avec complaisance les éléments de langage du Rassemblement national. Ils avaient tort, en tout cas jusqu'au 23 février au soir.

Mais ce soir-là, justement, alors que je m'endormais serein, je ne me doutais pas que ce dont j'étais si fier – la conjonction sur mon nom de deux électorats qui avaient été séparés depuis quarante ans par le génie tactique de François Mitterrand – deviendrait à mon réveil mon talon d'Achille. Ce soir-là, je ne savais pas non plus que les chars russes se préparaient à l'offensive. Seuls les services secrets américains avaient vu, grâce à leurs satellites, les mouvements de l'armée russe. Tous les autres, renseignements français et européens, président français et chancelier allemand, jusqu'au président ukrainien Volodymyr Zelensky lui-même, ou encore les spécialistes de géopolitique et les grands éditorialistes de la presse internationale, étaient persuadés que Vladimir Poutine ne passerait pas à l'offensive. Des mois après le début de la guerre, Boris Johnson confirmera publiquement cet aveuglement des dirigeants français et allemands. J'avais commis l'imprudence de le dire, deux mois plus tôt. Marine Le Pen le proclama aussi, une semaine avant l'offensive. On me le fera payer au prix fort, et j'ai compris, trop tard, que dans une campagne présidentielle, si la parole est d'argent, le silence est d'or.

La nuit du 23 février, nombreux furent ceux de mon équipe qui ne dormirent pas avant d'en savoir plus sur l'attaque contre l'Ukraine. À mon réveil, je rédigeais un communiqué de presse pour condamner l'invasion. Comprenant l'importance de l'enjeu, je tins aussitôt dans la matinée une conférence de presse sur le sujet. Deux jours plus tard, je prononçais un discours sur ce thème à Chambéry. Refusant d'éluder cette question, je devins la cible des médias et de mes adversaires politiques. On exhiba alors mes anciennes déclarations sur l'intérêt pour la France d'être alliée à la Russie, ou d'autres encore qui reconnaissaient à Poutine d'avoir redonné confiance à une nation désagrégée après l'effondrement de l'URSS.

La mauvaise foi est le propre de toutes les campagnes électorales, mais il faut reconnaître que LR avaient battu dans cette affaire russe tous les records. Qu'avaient donc déclaré dans le passé Jacques Chirac, Nicolas Sarkozy, François Fillon, qui avaient tous prononcé des panégyriques exaltés du président russe et s'étaient même vantés de leur amitié avec lui ? Qu'avait déclaré Éric Ciotti tout au long de la campagne de la primaire ? Que disaient encore François-Xavier Bellamy et tant d'autres soutiens de Valérie Pécresse ? La candidate LR elle-même avait, en ce fameux 23 février, à la veille de la guerre donc, refusé de le condamner sur BFM. La vie politique française a une mémoire de poisson rouge.

Nous pourrions revenir fort loin dans l'histoire pour démontrer, s'il en était besoin, que mes positions d'avant-guerre sur la Russie n'étaient nullement le fruit d'une quelconque fascination, mais s'inscrivaient dans le cadre d'une vieille tradition française. Sans remonter à la rencontre de Tilsit, en 1807, entre Napoléon et le tsar Alexandre, ou à l'alliance franco-russe d'avant la guerre de 1914, la Russie a toujours été considérée par les hommes d'État français comme un partenaire extrêmement utile, en plus d'être un allié de revers nécessaire sur le continent, au temps de l'affrontement avec l'Allemagne. Dès 1944, le général de Gaulle se rapprocha de la Russie (celle de Staline !) pour s'émanciper de la tutelle américaine. Revenu au pouvoir, il renoua avec cette stratégie, dans le cadre de sa politique de « détente » avec l'Est. Tous ses successeurs, de droite comme de gauche, poursuivirent la ligne gaullienne. En 1990, lorsque l'URSS s'effondra, François Mitterrand proposa l'édification d'une « confédération européenne », qui aurait rassemblé tous les pays de l'Est, y compris la Russie, selon la vieille idée française d'arrimer les Russes à l'Europe et à l'Occident. On ne pouvait pas imaginer meilleure mise en œuvre de l'Europe gaullienne « de l'Atlantique à l'Oural ». Ce furent les Américains, les Polonais et les Tchèques de Václav Havel qui torpillèrent cette idée, lui préférant l'agrandissement de l'OTAN qui, alors que le pacte de Varsovie était dissous, n'avait pourtant plus de raison d'être. Jacques Chirac retrouva la même inspiration lorsqu'il rameuta, contre la guerre américaine en Irak, en 2003, l'allemand Schröder et le russe Poutine. Mais Schröder fut battu aux élections par Merkel, qui revint dans le giron atlantique. Sarkozy, Hollande et Macron, chacun à leur manière, tentèrent de suivre la même politique. On se souvient que Sarkozy se rendit en urgence à Moscou pour arrêter la guerre en Géorgie. Avec succès. On se souvient aussi de Macron recevant à Brégançon un Vladimir Poutine qui offrit un bouquet de fleurs à Brigitte. Aujourd'hui encore, plusieurs mois après le début des affrontements en Ukraine, Emmanuel Macron continue à promouvoir le dialogue avec le « maître du Kremlin » et à dire qu'on ne devrait pas « humilier la Russie », suscitant l'ire des Ukrainiens, mais aussi des Polonais et des Baltes. C'est toute la contradiction de la politique macronienne qui est ainsi mise à nu : les intérêts géostratégiques (et économiques) de la France l'incitent à ne pas rompre avec la Russie tandis que son européisme flamboyant la met à la merci de nations européennes qui n'ont pas la même histoire ni la même géographie que nous. Que feront – ou plutôt que pourront faire ? – les successeurs d'Emmanuel Macron, lorsque ce dernier aura accepté que la politique étrangère de l'UE ne soit plus décidée à l'unanimité, mais à la majorité des voix ?

Derrière l'Union européenne et la pression de la Pologne et des Baltes, il y a les États-Unis. L'ambiguïté française, au lieu de nous renforcer, comme au temps du général de Gaulle ou de Mitterrand, désormais nous affaiblit ; et les Russes se construisent un destin hors de l'Europe et hors de l'Occident en se rapprochant des Chinois. C'est la dernière leçon de la guerre en Ukraine : elle soude les Occidentaux mais ne touche pas les autres. Les autres, la Chine, l'Inde, l'Asie, l'Afrique, le monde arabe, l'Iran, l'Amérique du Sud continuent leur vie et poursuivent leurs relations avec la Russie comme si de rien n'était. Un signe patent de plus de la désoccidentalisation du monde où justement la France aurait un nouveau rôle à jouer, rôle dont avait rêvé le général de Gaulle, celui de puissance indépendante faisant le lien entre différents continents.

Les anciens libéraux, relais de l'influence américaine en France, s'en donnaient à cœur joie : le sénateur Claude Malhuret croyait rajeunir et revenir à ses belles heures de militant anti-communiste en conspuant le dictateur russe et ses prétendus agents français. On était revenu au temps de la guerre froide, avec les chantres de la liberté, aux couleurs américaines, sauf qu'il n'y avait plus d'URSS, plus de communisme, que le poutinisme envahissait l'Ukraine, mais qu'on voulait faire croire qu'il allait ensuite attaquer l'Allemagne et la France. Une opposition qui permettait également à l'OTAN de ressusciter de sa « mort cérébrale », selon l'expression d'Emmanuel Macron, pour mieux soumettre à leur protecteur américain des peuples européens qui s'enivraient de leur servitude volontaire.

Mais en février 2022, l'ambiance était si exaltée qu'on ne pouvait pas analyser le conflit sans passer pour un agent de Poutine, ou pire, un traître ou un « collabo ». Il est impossible pourtant de comprendre une guerre, ni même de prétendre vouloir la paix, ou la défense de nos intérêts nationaux, si on ne se met pas dans l'esprit de chacun des belligérants, si on ne réfléchit pas aux compromis acceptables pour chacune des deux parties, afin de faire taire les armes. C'est ce que je tente toujours de faire. Dès le début de ce conflit, j'ai essayé de comprendre non seulement la position de l'Ukraine mais aussi la situation de la Russie.

À l'époque de ma mauvaise prédiction, j'ignorais tout de l'accord conclu le 10 novembre 2021 à Washington entre les États-Unis, représentés par le secrétaire d'État Antony Blinken, et l'Ukraine, représentée par son ministre des Affaires étrangères, Dmytro Kuleba. Cette « Charter on Strategic Partnership » revenait sur l'esprit des accords de Minsk en garantissant un soutien américain à l'Ukraine et en laissant à son entrée dans l'OTAN une porte plus ouverte que jamais. Ignorant l'existence d'un tel accord, je me demandais pourquoi Poutine attaquerait son voisin alors que non seulement les intérêts vitaux de la Russie ne sont pas menacés, mais qu'en plus, il se mettrait ainsi au ban des nations occidentales.

Comme le Quai d'Orsay, et Emmanuel Macron lui-même, je savais que cette théorie dite « de la porte ouverte » était un point de non-retour pour le Kremlin depuis des années. Déjà, en 2008, l'Oncle Sam avait tenté d'incorporer l'Ukraine et la Géorgie dans l'organisation militaire atlantique, ce qu'avaient empêché *in extremis* la France de Sarkozy et l'Allemagne de Merkel.

Un an après le début des hostilités, en février 2023, le président Zelensky confia, dans une interview accordée au *Figaro*, qu'il n'avait jamais eu l'intention d'appliquer les accords de Minsk de 2014, parce qu'ils ne prévoyaient pas le retour de la Crimée sous la souveraineté ukrainienne. Il prétendit même qu'il l'avait dit sans ambages à Vladimir Poutine, lors des rencontres parrainées par les Français et les Allemands. Ces accords de Minsk garantissaient avant tout le respect par le gouvernement ukrainien de l'autonomie linguistique et administrative des régions de l'Est du pays, peuplées de russophones qui se sentent souvent plus proches de Moscou que des Ukrainiens occidentalisés de Kiev et de l'Ouest du pays. Mais la première mesure que prit Zelensky lorsqu'il arriva au pouvoir fut de supprimer la liberté de parler la langue russe dans l'espace public, et l'armée ukrainienne ne cessa depuis lors de bombarder l'Est du pays, la région du Donbass en particulier, au nom de la « lutte contre les séparatistes ». Séparatistes que, de son côté, Vladimir Poutine qualifiait de « minorité nationale russe » qu'il était de son devoir de « protéger ». L'impasse était totale. Il appartenait aux Français et aux Allemands, parrains de ces accords de Minsk, d'imposer le respect de leur mise en œuvre. Angela Merkel et François Hollande détournèrent le regard, alors même que les institutions européennes ont l'habitude de défendre avec vigueur les minorités, qu'elles soient nationales ou sexuelles. Leurs successeurs, Olaf Scholz et Emmanuel Macron, semblèrent découvrir cette situation explosive quelques jours seulement avant le début des hostilités. Ils portent tous une responsabilité dans la suite tragique que prit ce conflit. C'est ce que je ne manquais pas de dire dès que cette guerre percuta la campagne électorale française.

Dans les semaines qui suivirent l'intervention russe, Maurice Gourdault-Montagne, l'ancien conseiller diplomatique du président Chirac, révéla qu'il avait proposé, au début des années 2000, l'instauration d'un régime de neutralité pour l'Ukraine ; Condoleezza Rice, la secrétaire d'État de Georges Bush Jr., l'avait sévèrement sermonné. Hubert Védrine et Dominique de Villepin rappelèrent également, en cette fin février brûlante, qu'à l'époque, les deux grands maîtres de la diplomatie américaine de l'après-guerre, le républicain Kissinger et le démocrate Bzrezinski (d'origine polonaise pourtant, et craignant donc l'hégémonie russe depuis des siècles...), avaient préconisé qu'on fît de l'Ukraine un pays neutre qui s'engagerait à ne jamais entrer dans l'OTAN.

Mais les Américains n'ont jamais renoncé à leur objectif, qui s'inscrit dans une stratégie tracée il y a plus d'un siècle, et mise en œuvre avec une persévérance et une constance qui suscitent l'admiration. Nous sommes en janvier 1917. Le président Woodrow Wilson, un démocrate, vient d'être réélu. Il a promis de ne pas engager son pays dans la guerre qui ravage l'Europe depuis trois ans, mais s'apprête à faire le contraire. Dans son discours, il annonce que les États-Unis seront le nouvel « empire d'Occident » du XXe siècle, qui succédera aux grandes puissances européennes, Angleterre, France, Allemagne, en train de se détruire mutuellement. Il promet que l'Amérique va se doter de la marine de guerre la plus puissante du monde, alors que la Navy britannique domine encore les océans. À cette époque, la pensée stratégique américaine est influencée par les travaux des fondateurs de la géopolitique, l'Américain Alfred Mahan, et surtout le Britannique John Mackinder, avec sa formule célèbre : « Qui tient l'Europe orientale tient le heartland, qui tient le heartland domine l'île mondiale, qui domine l'île mondiale domine le monde. » Toute la politique étrangère de l'Amérique au XXe siècle est contenue dans ce discours de Wilson : réduire les glorieux empires européens, dépouillés de leurs colonies, à l'état de petites nations que l'Amérique protégera pour mieux les dominer. Dès lors, les États-Unis feront tout pour affaiblir les grandes puissances européennes, leur adversaire désigné dans les deux guerres mondiales (l'Allemagne) mais aussi, et j'allais dire surtout, leurs alliés (la France et même la Grande-Bretagne). Dans les années 1950, avec la création de l'OTAN et des autres organismes économiques (FMI, GATT, Banque mondiale, qui étaient déjà dans les dossiers de l'administration Wilson en 1918), la première partie du programme de Wilson est réalisée. En 1991, la deuxième partie est accomplie à l'occasion de la chute de l'Union soviétique : les anciens satellites de l'Europe centrale se précipitent sous la protection américaine, alors même que le président Bush (père) avait promis à Gorbatchev qu'il n'en serait rien. Avec la Géorgie et l'Ukraine, on arrive à la troisième partie du programme : le cœur de l'Eurasie, les frontières de la Russie.

C'est dans ce vaste paysage géopolitique que les Russes ont observé et analysé le soutien occidental à la révolution ukrainienne de 2014 contre le gouvernement prorusse, l'élargissement de l'OTAN à l'est, et l'extension des frontières de l'Union européenne, de plus en plus proches des leurs. L'accord du 10 novembre 2021 a achevé de nourrir l'angoisse existentielle des Russes et leur sentiment d'encerclement qui fut à l'origine de tant de guerres dans le monde.

De l'autre côté, l'Ukraine et l'OTAN sont convaincues que la Russie n'a jamais renoncé à ses volontés hégémoniques sur l'Europe, et jugent la nostalgie pour l'URSS – encore puissante à travers le pays – comme le désir de la restaurer. L'annexion de la Crimée par Poutine et son soutien aux séparatistes du Donbass ont donné à l'Occident la conviction qu'il fallait armer l'Ukraine, ce qui a encore renforcé l'inquiétude russe.

La Russie de 2022 vivait encore dans le mythe d'une « grande Russie » à laquelle l'Ukraine appartiendrait : elle se souvenait que Kiev fut le berceau de sa civilisation et que, pour Soljenitsyne, Russes et Ukrainiens formaient une même nation, un même peuple. C'est pourquoi Poutine refuse de parler d'une guerre d'invasion pour ce qu'il voit comme une tentative de préserver le modèle russe de l'influence occidentale. Mais il a sous-estimé le sentiment national (et occidental) de son voisin, et donc sa vigueur au combat. Ce n'est pas la première fois dans l'histoire qu'une intervention armée renforce le sentiment national d'un peuple (les Allemands avec Napoléon, les Algériens avec les Français ou les Palestiniens avec les Israéliens).

C'est là l'immense défaite de Poutine et des Russes : ils ont cru à une guerre rapide, qu'ils gagneraient aisément, comme ils s'étaient emparés de la Crimée. Ils se sont lourdement trompés et l'histoire nous livrera plus tard les causes de cette erreur manifeste d'appréciation : intoxication par les faux rapports et les prédictions tronquées ? Perte du sens des réalités ? La réaction occidentale a été bien plus forte et coordonnée qu'ils ne l'imaginaient, même au risque de voir le prix de l'énergie quadrupler ; et les Ukrainiens, avec Zelensky à leur tête, se sont battus farouchement pour ne pas vivre sous la botte russe, quitte à entrer dans le giron américain. Ils regardent en effet avec envie leur voisin polonais depuis son entrée dans l'OTAN, qui garantit sa sécurité et son insertion dans l'Union européenne, tout en lui assurant son développement économique. Les Russes n'ont pas l'équivalent à offrir ; ils n'ont pas appris de leurs erreurs passées : on sut que l'Empire soviétique allait s'effondrer quand on vit les jeunes de toute l'Europe de l'Est, y compris les jeunes Russes, acheter au marché noir des blue-jeans, regarder des films hollywoodiens et écouter les disques des Rolling Stones. Les Russes, qu'ils soient communistes ou pas, n'ont jamais réussi à se départir, surtout avec leurs voisins, de leur autoritarisme rogue et de leur sentiment de supériorité. À l'inverse, c'est le génie de l'Empire américain et de son fameux « soft power » : il est aimable et les peuples l'aiment. C'est même, plus largement, la force du modèle occidental.

Derrière cet arrière-plan historique et géopolitique, on décèle aussi des considérations économiques : cette guerre d'Ukraine ravive le conflit entre les deux grands producteurs de gaz, les Américains et les Russes. Ces derniers avaient comme meilleur client l'Allemagne, grâce aux réseaux sous-marins de Nord Stream 1 et 2. Les Américains ont longtemps pesté contre cette « dépendance » allemande au gaz russe. Eux aussi avaient un gaz à vendre, mais il était le produit de ces gisements de schiste, honnis par les écologistes, particulièrement puissants en Allemagne, et il était plus cher, parce qu'il devait être liquéfié avant sa consommation. Poutine s'était sans doute imaginé que les Allemands n'accepteraient jamais de se passer du gaz russe, le sang qui coulait dans les veines de leur industrie. Il s'est encore trompé. Les Allemands, la mort dans l'âme, ont renoncé à leurs chers (dans les deux sens du terme) tuyaux de Nord Stream, et se sont résolus à acheter ce gaz de schiste qu'ils vomissaient. La guerre en Ukraine, tragédie pour les Ukrainiens, catastrophe géostratégique pour les Européens, est aussi une aubaine économique pour les producteurs de gaz naturel liquéfié (GNL) américains (et pour le Qatar).

Cette guerre d'Ukraine est donc décisive pour l'Occident comme pour la Russie. Il y a désormais deux scénarios qui se présentent : soit Poutine gagne la guerre, et il a le choix entre contraindre l'Ukraine à la neutralité ou carrément annexer un pays qui ne le souhaite aucunement ; soit il perd le conflit qu'il a déclenché, et l'Ukraine en sort renforcée comme nation libre et souveraine, tandis que la puissance régionale de la Russie, brisée, n'a plus d'autre choix que de supporter la présence des États-Unis à ses portes. Cela signifierait aussi, probablement, la fin de l'ère Poutine. Alors jusqu'où ce dernier sera-t-il prêt à aller pour empêcher ce deuxième scénario ? Jusqu'à la guerre atomique ? Jusqu'aux armes chimiques ? Jusqu'à la guerre mondiale ? À Dieu ne plaise que nous trouvions une porte de sortie honorable pour chacun des deux belligérants avant cette issue chaotique.

Pour résumer, l'Ukraine craint depuis des décennies l'invasion de son pays par la Russie et avait besoin d'une protection – l'OTAN – pour rendre coûteuses les velléités de son voisin (si l'Ukraine appartient à l'OTAN, une invasion par la Russie signifierait potentiellement une guerre mondiale). La Russie de Poutine avait, elle, besoin de la garantie que l'Ukraine ne rentrerait pas dans l'OTAN, car elle ne voulait pas prendre le risque d'avoir les États-Unis à ses portes. Pour préserver cette situation, elle se lança dans cette guerre. J'ai condamné l'invasion le jour même, non seulement pour le peuple ukrainien, par attachement au principe de souveraineté nationale, mais aussi en tant qu'Européen et en tant que Français, au regard des conséquences dramatiques que cela a sur notre puissance et désormais sur notre économie. J'ai dit, dès le premier jour, quelle me semblait être la seule sortie possible à cette guerre : une Ukraine libre, mais en dehors de l'OTAN, avec une Russie qui respecte sa souveraineté et son intégrité. Henry Kissinger le précisait dès 2014 : « Si l'Ukraine doit survivre et prospérer, elle ne doit pas être l'avant-poste de l'une des parties contre l'autre. Elle doit être un pont entre elles. »

Le paradoxe est que ma position n'est pas fondamentalement différente de la politique d'Emmanuel Macron. Mais, je l'ai dit, il était difficile, voire impossible, de développer une telle vision historique et géopolitique dans le climat d'hystérie qui régnait en mars 2022. C'était la dernière ligne droite de la campagne, les temps de parole étaient strictement décomptés ; on était sommé de répondre à des questions simplistes : Poutine était-il un dictateur ? L'Ukraine devait-elle rentrer dans l'Union européenne ? La Russie était-elle notre ennemie, l'Ukraine, notre alliée ?

Ce manichéisme m'exaspérait et je perdais sur tous les tableaux. Le dernier carré des « poutinolâtres » estimait que j'avais trahi leur cause, pour avoir condamné l'intervention militaire et tenté de comprendre les points de vue des deux parties (et le comble, certains d'entre eux étaient persuadés que je baissais dans les sondages pour ça !), tandis que la meute médiatique à mes trousses dénonçait sans se lasser mon inclination pour le tyran comparé à Hitler.

Des deux côtés, on a ainsi dit et répété depuis que mes positions sur la Russie m'avaient coûté ma place au second tour. Je ne le crois pas. Si cette affaire russo-ukrainienne a bien fait basculer la face de cette élection présidentielle, ce n'est pas, comme on l'a beaucoup dit, en raison des opinions des candidats, mais bien plutôt de la sociologie de leur électorat.

Les images de guerre, les peurs agitées d'apocalypse nucléaire, d'attaque de la France par les chars russes, affolèrent les Français les plus âgés, les plus bourgeois aussi, les plus branchés sur les chaînes d'info, qui vivaient « en direct », comme s'ils étaient à Kiev, les moindres péripéties de cette offensive militaire. Ils étaient pris entre frayeur et fascination et coururent se réfugier sous la protection du président sortant. Ce réflexe légitimiste, traditionnel en France – et dans les autres pays d'ailleurs – qualifié « d'effet drapeau », permit à Emmanuel Macron de voir bondir sa cote de popularité et les intentions de vote à son égard.

Un militant de Reconquête me conta la scène suivante : il distribuait des tracts sur un marché des Yvelines quelques semaines avant le premier tour. Un vieil homme, fort bien mis, s'approcha de lui et pointa un doigt courroucé vers lui pour lui dire très sérieusement : « Vous faites campagne pour Zemmour ? Je l'aimais beaucoup, mais vous voulez que les chars russes arrivent à Paris ? »

Pendant ce temps-là, les deux autres candidats, qui étaient accusés au même titre que moi (voire plus) par mes contempteurs de positions « poutiniennes », à savoir Jean-Luc Mélenchon et Marine Le Pen, n'en souffrirent aucunement. Splendeurs et misères de la sociologie électorale : les soutiens populaires de Marine Le Pen ne lui reprochèrent aucunement son prêt russe et sa photographie avec le président Poutine. Ils s'intéressèrent plutôt aux conséquences de cette guerre sur leur pouvoir d'achat ; quant à la gauche de Mélenchon, anti-américaine, elle ne souhaita pas se ranger derrière les partisans français de l'OTAN.

Le cas de Valérie Pécresse prouve encore, s'il en était besoin, que ce ne sont pas les opinions sur ce conflit qui ont eu un effet sur les sondages. Pécresse fut la bonne élève de cette crise : pro-OTAN, pro-américaine, « young leader », prête à qualifier soudainement Poutine de dictateur, de tyran, de Hitler, de tout ce qu'il fallait... C'était sa sociologie électorale qui la condamnait à dégringoler, et non ses positions. Les bourgeois et les retraités qui votaient pour elle préférèrent se ranger derrière Macron et, tout comme moi, elle perdit cinq points en une semaine, quand Macron en prit dix.

Pour moi, ce serait la double peine : les électeurs qui venaient des métropoles, bourgeois et plutôt âgés, me quittaient pour Emmanuel Macron, me faisant passer de la seconde à la troisième place. Dès lors, lorsque les anciens électeurs du Rassemblement national, qui avaient décidé de voter pour moi, découvrirent l'accès soudain de faiblesse de mes sondages, qui passèrent de 16 à 11 %, et la vigueur nouvelle de ceux de Jean-Luc Mélenchon, ils retournèrent dans leur vieille maison lepéniste. Ce sera le fameux « vote utile » qui emporta tous mes espoirs.

Je compris à ce moment pourquoi la publication des sondages avait naguère été interdite dans les deux semaines précédant l'élection. Ce « vote utile » est un fleuve qui soudain sort de son lit et emporte tout sur son passage. Rien ne l'arrête, rien ne l'apaise, rien ne l'endigue. On n'est plus dans l'ordre du rationnel, mais du passionnel. C'est aussi cela la politique.

Lorsque l'institut Opinion Way demanda après le premier tour du 10 avril aux électeurs de Marine Le Pen pour quelle raison ils avaient voté pour elle, 34 % d'entre eux répondirent qu'ils avaient obéi au réflexe du vote utile. C'est-à-dire 8 points sur les 23 % qu'atteignit Marine Le Pen. Un calcul simple nous montre que sans ces 8 points Marine Le Pen et moi aurions été tous deux à 15 %... Le score que Marine Le Pen recueillait dans les sondages le 23 février, quand j'étais moi-même crédité de 16,5 %. Ce soir du 23 février où je m'étais endormi sereinement, un sourire au coin des lèvres. J'avais gagné d'innommables batailles, mais j'avais perdu la guerre : l'Ukraine avait été ma campagne de Russie.

La guerre en Ukraine avait effacé l'élection présidentielle française, qui est pourtant la clé de voûte de notre démocratie et de notre destin national. En 1995, lors de la campagne présidentielle, il y avait déjà une guerre qui se déroulait en Europe, plus précisément sur le sol de ce qui était alors la Yougoslavie ; et pourtant, les médias avaient continué de privilégier l'affrontement électoral entre Jacques Chirac et Édouard Balladur. Il en fut tout autrement lors de la présidentielle de 2022. Je n'ignore pas que le bruit de bottes sur le sol de notre continent concerne et alarme légitimement tous les Européens, que les Français étaient avides d'en voir et d'en savoir toujours davantage sur cette guerre, que les audiences guident les comportements des programmateurs des chaînes de télévision. Mais ce conflit entre Russes et Ukrainiens s'avéra aussi une aubaine idéologique pour les commentateurs : elle montrait l'existence d'un affrontement au sein d'une même civilisation, entre frères slaves et orthodoxes ; elle tordait le cou à la thèse de Samuel Huntington sur le « choc des civilisations », bien que le grand penseur américain ait justement évoqué dans son livre un possible conflit entre Russes, dépositaires de la civilisation orthodoxe, et une partie du corps ukrainien tenté depuis un siècle – et son rapprochement avec l'Empire des Habsbourg – de rejoindre la famille occidentale.

Cette guerre de civilisations, dont j'avais fait mon substrat intellectuel afin d'éclairer les Français sur la conquête par l'islam d'une terre chrétienne comme la leur, était occultée par une autre guerre, un autre affrontement, une autre lutte inexpiable, qui avait l'heur de plaire bien davantage à nos intellectuels bien-pensants : une guerre qui opposait les démocraties libérales et les régimes tyranniques.

Les médias m'avaient reproché d'invoquer le « passé mythifié » d'une France des années 1960, mais eux-mêmes revenaient à la même période avec leur nostalgie manifeste du manichéisme de la guerre froide. Ils m'avaient accusé d'agiter les peurs du Grand Remplacement et de la menace identitaire pour servir mon discours politique, mais ils n'hésitèrent pas à faire tonner le canon d'une crainte plus grande encore, en tout cas qui paraissait plus imminente, celle de l'ogre russe et de l'apocalypse nucléaire. Leur peur fit plus peur que la mienne. De cette guerre des peurs, Macron sortit vainqueur et je sortis vaincu.

Paris, mars 2022

Le fantôme de la campagne

La guerre pousse les Français à se ranger en masse derrière le chef de l'État, chef de guerre, père de la nation. Les Français, c'est bien connu, sont un peuple monarchique, même s'il leur arrive de guillotiner leur roi. On avait déjà connu pareil réflexe, et pareille embellie sondagière, en faveur de François Mitterrand, lors de la première guerre du Golfe, en 1991. Mais cette fois, la guerre a lieu en pleine campagne présidentielle. Enfin, campagne, c'est vite dit : le président sortant ne bat guère les estrades, trop occupé – fait savoir l'Élysée – à téléphoner à Poutine ou à Zelensky, et à poser en sweat à capuche, pas rasé, le regard absent, préoccupé par le sort du monde. On le voit de moins en moins, mais on vote de plus en plus pour lui.

Trois mois plus tôt, il daignait encore passer à la télévision. Alors que ses adversaires sillonnent la France à la rencontre des électeurs, mais n'ont que quelques minutes sur les grandes chaînes, lui a le droit à deux heures d'une émission sur mesure que TF1 lui a préparée pour qu'il puisse se justifier sur tout ce que les Français n'ont pas apprécié pendant son quinquennat. Mais il ne faut pas y voir malice : ce n'est pas le candidat qui parle, c'est le président qui explique. Le ton des journalistes est obséquieux. Celui de Macron tourne à la confidence. Il livre ses états d'âme. L'émission prend vite la forme d'une psychanalyse.

Soudain, Emmanuel Macron se dit « blessé ». Meurtri, peiné. Il adopte la pose victimaire, surjoue son émoi devant les journalistes qui se pâment. Mais qui est le méchant qui lui a fait tant de peine ? C'est Éric Zemmour ! Dans mon discours de Villepinte, j'ai dit de lui qu'il avait tous les traits d'un « éternel adolescent » qui incarne le vide : « Trouvez-moi un seul Français dans le pays qui puisse expliquer la pensée d'Emmanuel Macron, avais-je demandé. Un seul ! Il n'y en a aucun, pas même lui. Personne ne sait qui il est, parce qu'il n'est personne. » Je n'ai pourtant pas l'impression d'avoir été excessif : tous ceux qui l'ont rencontré me l'ont décrit sous les traits d'un éternel jeune homme, sympathique mais immature, séducteur et séduisant mais inconstant et inconsistant. En deux mots, un éternel adolescent, c'est-à-dire pas encore mûr, pas encore vraiment adulte. Alain Duhamel a pu dire sur un plateau de télévision que c'était la charge la plus lourde qu'il avait entendue sur un président de la République. Je m'étonne que, pour une fois, Alain ait eu la mémoire si courte.

Je ne connais pas personnellement Emmanuel Macron ; il ne fait pas partie du « cheptel » de politiques que j'ai fréquentés assidûment lorsque j'étais journaliste. Quand il est entré telle une tornade dans l'arène, mon activité professionnelle avait déjà muté. Nous avons eu une unique conversation téléphonique, après mon agression par un jeune banlieusard vindicatif. J'ai apprécié l'attention qu'il a eue de prendre de mes nouvelles et surtout la conversation qui s'est engagée spontanément et longuement autour de la question de l'immigration. J'espérais reprendre ce débat devant les Français entre les deux tours de la présidentielle. Lorsque le président sortant finira par annoncer officiellement sa candidature, en février, avec sa « lettre aux Français », il n'échappera à aucun commentateur que je suis la cible de son unique formule politique un brin pugnace au milieu d'un océan de platitudes technocratiques ou lénifiantes : « Je m'intéresse plus à la France de nos enfants qu'à celle de mon enfance. »

Je comprends d'emblée ce que veut faire Emmanuel Macron : ressusciter l'antique querelle des Anciens et des

Modernes, m'enfermer dans les oripeaux défraîchis des ringards, des réactionnaires, et se parer des plumes du paon moderniste. Il me semble qu'il commet une faute stratégique, ou plutôt, ce qui est paradoxal pour un prétendu moderne, un anachronisme. Nous ne sommes plus dans les années 1960 ou 1970. Sa posture moderniste, mélange de scientisme technocratique à la Saint-Simon et de « cool » libertaire, fut celle de Valéry Giscard d'Estaing et lui permit de gagner la présidentielle de 1974. Mais déjà, en 1981, François Mitterrand lui faisait mordre la poussière avec sa célèbre affiche de petit village, et son clocher d'église au charme de toujours.

Depuis lors, la modernité a montré son pire visage : mondialisation et son cortège de délocalisations et de chômage ; immigration et son halo de violence, qu'elle soit symbolique (voiles dans la rue, kebabs, boutiques halal) ou réelle (vols, viols, crimes) ; technologies nouvelles et son corollaire, le développement d'une société de contrôle ; #MeToo et ses dénonciations et lynchages médiatiques ; les militants *woke* et leur haine hystérique de « l'homme blanc hétérosexuel de plus de cinquante ans », sans oublier la médiocrité de la création contemporaine dans tous les arts, même et surtout les plus populaires, littérature, cinéma, musique de variété.

À lire les enquêtes d'opinion, une majorité de Français éprouvent la nostalgie de la période des années 1960-1980, y compris les plus jeunes qui ne l'ont pas vécue, ce que beaucoup regrettent amèrement. Je suis convaincu que dans un tel état de désagrégation, même un programme conservateur ne suffit plus : que conserver quand tout a été déconstruit et détruit ? Il ne faut pas conserver mais restaurer : l'école, l'industrie, les finances publiques, l'État, la nation. Cette présidentielle n'est pas selon moi dominée par l'affrontement entre les Anciens et les Modernes mais par celui entre Destruction et Restauration. Macron réélu ne tardera pas à le démontrer, avec la suppression des corps préfectoraux et diplomatiques, la disparition du classement de sortie de l'ENA, école qui a été elle-même transformée en un INSP incolore et sans saveur.

Macron, reconduit à l'Élysée, s'empressera de détruire les pans les plus solides de l'architecture napoléonienne de l'État, renforcée par Michel Debré et par le général de Gaulle en 1945, comme l'adolescent que j'ai décrit, qui n'a rien de plus urgent à faire que de briser ce qu'on lui a légué. Il avait agi de même avec le nucléaire, fermant Fessenheim, vendant Alstom Energie aux Américains, annonçant la fermeture de douze réacteurs nucléaires avant de se rendre compte, mais un peu tard, de ses monumentales bévues, et de corriger, rattraper, en tout cas essayer, en catastrophe toutes ses bêtises.

Je cite souvent la phrase de Marcel Proust « l'adolescence est le seul temps où l'on ait appris quelque chose ». On peut, bien sûr, continuer d'apprendre tout au long de son existence, mais on est marqué à vie, de manière indélébile, par l'ambiance, l'air du temps qu'on a respiré et humé pendant son adolescence. Une des premières choses que je cherche à savoir lorsque je veux comprendre un personnage historique, ou un contemporain, est l'époque dans laquelle il a vécu à l'âge de quinze ans. Ainsi, il me semble que l'opposition entre le général de Gaulle et François Mitterrand vient en profondeur de leurs adolescences déjà antagonistes : avant-Première Guerre mondiale pour le Général, période fiévreuse, nationaliste, belliqueuse, d'une France fière de son passé et de son présent, la France de la tour Eiffel, des voitures Renault et du cinéma des frères Lumière, pressée de prendre sa revanche sur l'armée prussienne qui avait été la seule, depuis des siècles, à avoir vaincu l'armée française dans un tête-à-tête guerrier, sans l'aide des coalitions européennes. Années 1930, pour le jeune François Mitterrand, période de doute, de remise en cause, de crise économique, sociale, politique, d'une France qui ne s'est jamais remise de la boucherie de 1914, d'une France craintive qui n'ose plus sortir sans sa « nounou anglaise », d'une France pacifiste et timorée, dont les élites rêvent déjà d'Europe et de droit international pour sortir du face-à-face avec l'Allemagne qui les terrifie.

Emmanuel Macron a eu quinze ans en 1993. Un an après l'adoption du traité de Maastricht. L'adolescence d'Emmanuel préfigure la présidence de Macron : sa chimère de souveraineté européenne, son fantasme d'une immigration chance pour la France, son horreur des frontières et son goût pour la mondialisation, son libéralisme économique mais aussi culturel et « sociétal ». Tout est là dans ces années 1990. À cette époque, la mode politique en Europe est aux grandes coalitions à l'allemande, cette alliance de la droite et de la gauche, des chrétiens-démocrates et des sociaux-démocrates. Puisque le communisme est tombé et que le libéralisme a gagné la bataille idéologique, les anciennes oppositions sont désuètes. C'est le temps où on estime qu'il n'y a qu'une seule politique possible, où Alain Minc glorifie l'hégémonie juste du « cercle de la raison ». Où Philippe Séguin, lui, peste contre ce qu'il appelle « la pensée unique » avec son habituel sens de la formule : « Gauche et droite sont des détaillants qui se fournissent au même grossiste, l'Europe. »

C'est le paradoxe Macron : le plus jeune président de l'histoire de la République (il a battu de peu le record de Louis-Napoléon Bonaparte, élu en 1848 à quarante ans !) est le candidat chéri des séniors, le chouchou de nos chers retraités, le champion des boomers. Il est leur élixir de jeunesse éternelle ; il est surtout le produit achevé de leurs rêves et combats de jeunesse contre la famille, le père, la patrie, l'État, la religion, le peuple français même. Il accomplit le programme de déconstruction et de destruction qui a marqué au fer rouge leur génération. Politiquement, il a réussi ce que Valéry Giscard d'Estaing avait conçu, et ce que Michel Rocard avait tenté de réaliser, l'alliance entre le centre droit et le centre gauche, rassemblés autour de l'Europe, du marché, du progressisme culturel.

Il faut se souvenir que Jean-Pierre Chevènement avait surnommé son adversaire au PS « Rocard d'Estaing ». Cinquante ans plus tard, le communisme et le gaullisme ne sont plus que des survivances, et le centre droit et le centre gauche, artificiellement séparés, pouvaient se réunir derrière un seul homme : Emmanuel Macron. *Alias* Rocard d'Estaing.

Je n'ai aucune détestation personnelle pour l'homme. Je n'ai nul besoin de haïr pour combattre. Je n'ignore pas que beaucoup éprouvent une haine incommensurable pour la personne d'Emmanuel Macron. On l'a vu lors de l'épisode des gilets jaunes, lorsqu'un hélicoptère a été préparé par son service de sécurité pour l'extirper de l'Élysée en cas de danger… Pourtant, Macron est beaucoup plus et beaucoup moins que sa personne. Il est simplement le produit d'une configuration historique, démographique, sociologique, politique : si ça n'avait pas été lui, ç'aurait été un autre. Ce n'est pas seulement la personne d'Emmanuel Macron qu'il faut vaincre, mais son idéologie, ce système dont il est le porte-drapeau, le porte-parole et l'exécutant.

On a vu qu'il suffisait à Emmanuel Macron de se laisser porter pour être réélu. Ce qu'il a fait. Il a été le fantôme de la présidentielle. Avant lui, deux autres présidents sortants avaient cherché à éviter le combat, comme un boxeur qui esquive les coups de son adversaire : de Gaulle en 1965 et Mitterrand en 1988. Le Général a payé très cher sa stratégie d'évitement, puisqu'il a été mis en ballottage, alors qu'il espérait être réélu au premier tour. En revanche, François Mitterrand est sorti victorieux de la campagne de 1988 où il n'était rentré que fin mars.

La réélection d'Emmanuel Macron s'explique, elle, par deux facteurs : des événements exogènes sont venus conforter son assise au premier tour et il s'est retrouvé face à l'adversaire idéale pour gagner au second. Après tout, la chance est une vertu : « Trouvez-moi un général qui a de la chance », disait souvent Napoléon. La chance de Macron est d'avoir profité politiquement du Covid, puis de la guerre en Ukraine. Ces deux événements majeurs ont bouleversé la campagne, ou plutôt l'ont gelée : il n'a été possible de mener campagne que dans les brèves périodes de dégel. Chaque fois que les eaux étaient reprises dans les glaces, le président redevenait président, et son adversaire préféré, Marine Le Pen – l'assurance-vie qu'il était sûr de battre, depuis ce débat de 2017 qui l'avait vu prendre un définitif ascendant psychologique (on l'a bien constaté lors du débat de 2022) – redevenait l'opposition à Sa Majesté : déférente, soumise, vaincue d'avance. Et résignée à l'être.

On a eu le choix entre une adversaire de droite qui pouvait espérer le vaincre, mais pour conduire la même politique, et des adversaires qui présentaient une « autre politique » mais qui n'avaient aucune chance de gagner à partir du moment où ils ne pouvaient s'allier. J'ai tenté de rompre ce maléfice en présentant une politique alternative, fondée sur une union des droites qui rassemblait les générations et les classes sociales. C'était la seule option ; il me semble qu'il n'y en avait pas d'autres. C'est pourquoi elle devait être éliminée. Pour qu'Emmanuel Macron n'ait pas besoin de faire campagne.

Paris, le 17 mars 2022

Préjugés de genre

C'était pour une minute. Une photo, *clic clac* Kodak, et on retournait dans nos loges des studios de la Plaine Saint-Denis. Promis juré, rien qu'une minute. On nous avait tous convaincus avec le même argument fallacieux. Une minute, pas plus. On nous avait sortis de nos écuries respectives, comme des chevaux de course qu'un lad tire par le licol, à la pesée. Tous dans une petite pièce, debout, les mains derrière le dos, cherchant la pose la moins ridicule, se dandinant, contemplant successivement souliers et plafond. Mais le photographe n'était toujours pas là…

Nous étions quatre ce soir-là, dans les studios de France 2, à attendre sagement notre tour : Valérie Pécresse, Anne Hidalgo, Yannick Jadot et moi-même. Le hasard du service public m'avait posé à côté du candidat écologiste. Comme dans les écoles de notre enfance, garçons d'un côté et filles de l'autre. Les deux candidates conversaient avec la complicité de deux vieilles copines parisiennes qui se retrouvent ; elles échangeaient des anecdotes de leur campagne respective ; Anne Hidalgo prenait soin de fixer devant elle un point imaginaire, afin de ne pas croiser mon regard, tandis que Valérie Pécresse était penchée sans retenue vers son amie Anne.

Yannick Jadot et moi sommes restés silencieux comme si, en prélude du duel qui devait nous opposer plus tard à l'antenne, nous ne voulions pas sympathiser, ainsi que deux boxeurs, avant un combat, se défient du regard, surjouant la détestation. Et puis, je ne sais plus qui a fait le premier pas, ou qui a prononcé le premier mot, mais une conversation badine s'est engagée entre nous, pour évoquer la folie de cette campagne, les centaines de kilomètres parcourus, les gens rencontrés partout en France. Enfin, le photographe arriva !

Il nous contraignit à nous rapprocher, ce que nous fîmes deux à deux, Anne Hidalgo parvenant à faire quelques pas dans ma direction, sans lever la tête. Long à arriver, notre photographe fut encore plus long à s'exécuter. Il nous voulait côte à côte et souriants. Mais chacun avait son bon moment… pas en même temps que son voisin.

Nous repartîmes enfin, chacun vers sa loge-écurie, accompagné de son lad, le tirant de son licol imaginaire. Pécresse pestait dans le cou d'Hidalgo, qui approuvait (« On nous prend vraiment pour des marionnettes ; les médias sont nos vrais patrons »), tandis que Jadot et moi, nous les suivions avec un sourire complice et moqueur. Les préjugés de genre, comme on aimait à dire à l'antenne du service public, s'étaient imposés à nous.

Paris, depuis le 19 mars 2022

Boule au ventre

C'est une nouvelle venue dont je me serais bien passé. Elle déboule chaque matin, dès mon réveil, se loge dans mon estomac et n'en bouge plus. Rien ne parvient à la chasser, ni mes longueurs matutinales à la piscine, ni mon petit déjeuner, ni une émission sur une chaîne d'info ou une radio périphérique.

C'est un petit quelque chose qui me pèse, une tension nerveuse qui s'épanouit à mes dépens, une pointe d'angoisse qui me fouaille et me tenaille. C'est ce qu'on appelle communément une « boule au ventre ». Je la garde pour moi, je n'en parle à personne.

Elle est venue se loger au creux de mon estomac au matin du 24 février. Je n'ai pas compris tout de suite le rapport. Puis j'ai saisi. Cette boule d'angoisse est un boulet perdu de la guerre en Ukraine qui a atterri dans mon corps. Mon estomac a compris avant mon cerveau que cet affrontement allait détourner les esprits de mes compatriotes du récit existentiel que j'ai eu tant de mal à imposer à des médias rétifs, puis vindicatifs, et à une opinion craintive.

La guerre à l'est va nous distraire de la guerre au sud. *Distraire* est le premier verbe qui m'est venu à l'esprit. Un jour, alors que nous sommes au salon de l'Agriculture, j'utilise ce verbe pour prévenir que cette guerre, si importante soit-elle pour l'Europe, ne doit pas écraser le débat public au point de nous *distraire* du sujet qui nous menace à un horizon très court. Devant l'émoi des journalistes, je dois préciser : *distraire* est utilisé au sens de *détourner*. Miracle : les journalistes ont compris ; je ne subirai pas pour une fois une nouvelle polémique forgée de toutes pièces.

Au fil des jours, cette boule durcit, s'alourdit, grandit. À mon détriment. Elle grossit au fur et à mesure que mes courbes de sondages quotidiens baissent.

Je fais mine de l'ignorer ; je m'agite, je m'efforce de ramener le débat à mon thème de prédilection. En vain. J'emploie à dessein le mot de *remigration*, soufflé par l'ami Guillaume qui pressent, et il aura raison, que les Français approuveront l'objectif (66 % seront pour d'après l'Ifop) ; je me rends en compagnie de Jean-Marc Morandini sur la « colline du crack », au milieu des drogués haïtiens, des trafiquants sénégalais, des seringues et des bouteilles d'eau qu'on me jette sur la tête. Je veux choquer à dessein pour faire prendre conscience à l'opinion ce qui attend notre pays dans dix ou vingt ans : pas les chars russes sur la place de la Concorde, mais une désagrégation à la libanaise mise en œuvre par des factions islamiques et des bandes de trafiquants.

Ma tentative de changer de focale est vaine. L'opinion, fascinée par les images de guerre diffusées sans interruption par les chaînes d'info, détourne le regard. Demain, c'est demain. Aujourd'hui, c'est aujourd'hui. Et aujourd'hui, c'est la guerre, c'est la crainte que Poutine envoie une bombe atomique sur la tour Eiffel, c'est Macron qui tente de sauver la paix.

À mes côtés, certains restent optimistes. Guillaume, Julien, Jonathan, Samuel, et les plus jeunes, toujours le sourire, toujours au travail. Philippe de Villiers, lui, est encore plus mal que moi. Il craint de revivre les derniers jours de sa propre campagne présidentielle, lorsque le vote utile a rendu vains tous ses efforts. Comme nous tous, il a quelques instants d'espoir. Il y aura les salles toujours aussi pleines. Il y aura François Bayrou et les éditorialistes qui commenceront à parler d'un « vote caché » en ma faveur. Il y aura une société venue d'outre-Atlantique, ayant prédit la victoire de Trump en 2016, qui nous signalera que leurs résultats sont à l'exact opposé de ce que disent nos sondeurs. Il y aura, bien sûr, le Trocadéro et cent mille Français pleins d'espoir à mes côtés. Il y aura, événement bien plus triste, le père de Jérémie Cohen qui me contactera et nous rappellera à tous la justesse de notre combat et la nécessité de le continuer coûte que coûte.

Mais, chaque matin, ma boule est de retour, fidèle au poste. Cette boule, je l'ai apprivoisée. Une affection réciproque est née. On fera un bout de chemin ensemble, jusqu'au soir du 10 avril. Alors, elle me fera ses adieux, élégante et désolée. Elle aura fait son devoir, elle m'aura prévenu, elle m'aura averti. La boule au ventre avait raison.

Paris, le dimanche 10 avril 2022

19 h 59

C'est aujourd'hui. Plus de quatre cents jours de travail, pour ne pas dire vingt ans, trouvent leur aboutissement ce soir. Je ne me souviens plus de l'heure exacte à laquelle je l'ai appris. Je ne me souviens plus qui a eu la voix ou le visage du résultat. Je ne me souviens plus de ce à quoi j'ai d'abord songé.

J'ai rédigé le texte de mon discours très rapidement : tout me semblait entendu, tout me semblait évident, presque écrit d'avance. Les remerciements pour tous ceux qui avaient cru en moi. La déception, pour eux, pour moi, pour la France. L'appel à voter pour Marine Le Pen sans rien demander en retour.

Il est vingt heures. Les résultats dissipent nos ultimes espoirs. Que jugera la postérité ? Notre combat se réduit-il à un chiffre : 7 % ? En quelques secondes, l'histoire nous claque la porte au nez. La gorge serrée, le dos figé, les épaules douloureuses. La défaite est d'abord physique. Et, pire encore, la détresse autour de ma détresse.

Je me souviens des regards éperdus de mes enfants. Des gestes de consolation qui ne consolent pas. De Philippe de Villiers assis, courbé devant l'écran. On dirait qu'il a mille ans, lui qui en a toujours vingt.

Je me souviens de la fatigue de la campagne qui s'impose d'un coup à tous, comme au bout d'une longue insomnie qui vous rattrape à l'aube.

Je me souviens de mes soutiens réunis à la Mutualité, qui ont crié « Non ! » lorsque j'ai dit : « Bien sûr, j'ai commis des erreurs. »

Je me souviens de vous, deux millions et demi de Français qui m'ont choisi. Deux millions et demi de Français qui ne voulaient pas mourir.

Paris, le 11 avril 2022

« *Post coïtum* animal triste »

C'était au printemps 2007. J'étais journaliste et j'allais rencontrer Jean-Marie Le Pen pour évoquer la présidentielle passée. On analysait les hauts faits de la campagne, on comparait les stratégies et les tactiques, ses erreurs et les bons coups de ses adversaires. Il me confiait que seule la présidentielle l'intéressait dans la vie politique, que tout le reste l'ennuyait. Et pour me décrire au plus juste son état psychologique une fois l'élection passée, il me répétait cette formule : « *post coïtum* animal triste ».

Il me décrivait ainsi ce sentiment que l'on éprouve après l'orgasme sexuel, entre bonheur et tristesse, plaisir et désespoir, sentiment de puissance et d'extrême faiblesse tout à la fois, l'impression d'avoir tout donné et tout perdu, état psychologique que l'on qualifie aussi d'une autre expression, très parlante également, de « petite mort ».

Je ne voyais pas trop alors le rapport et j'insistais pour en savoir plus. Jean-Marie Le Pen n'avait pas d'autre image cependant pour me définir ce qu'il ressentait après ses campagnes présidentielles, la satisfaction du devoir accompli et la souffrance après le plaisir, le vide ressenti après le plein, cette longue période où on se sent étranger à tout le reste, où il manque l'adrénaline des grandes émissions, des grands meetings, cette communion avec la foule, cette ferveur collective, cette passion amoureuse entre le candidat et son public.

Un jour, François Hollande évoquera, lui, « la dépression d'après l'accouchement ». Je m'amusais de cette comparaison féminine chez le leader socialiste, quand le patron du Front national affectionnait une parabole virile. Deux générations, deux tempéraments, deux époques. Mais un même sentiment de vacuité, de vague à l'âme, d'aquoibonisme, de désabusement, de peine et de tristesse tout simplement.

Au lendemain du premier tour, j'errais dans les rues de Paris sans but. Je me rendis au QG de campagne, rue Jean-Goujon, mais n'y restai pas. La ruche bourdonnante était devenue silencieuse. Les cris d'hier étaient devenus murmures, les éclats de rire, sourires tristes. Mon bureau me semblait trop grand, trop sombre. Je n'avais plus de notes à apprendre, de discours à reprendre, ni d'émission à préparer. Pas de rendez-vous ni d'interview à relire.

Chaque matin, j'effectuais mes longueurs rituelles à la piscine, mais sans rythme, comme si mon corps était dévitalisé, les batteries déchargées. Je ne regardais plus les chaînes d'info et je n'attendais plus avec l'anxiété du lycéen à qui le prof rend sa copie le sondage quotidien de dix-huit heures. C'était à la fois une délivrance et un manque. C'était la première fois, depuis ma première campagne de 1969 (j'avais onze ans, et ma famille se déchirait entre Pompidou et Poher), que je m'intéressais d'aussi loin à un second tour de présidentielle. Les journées me semblaient vides, alors que je ne supportais plus mes emplois du temps surchargés.

Je prends des verres à des terrasses de café ensoleillées ; je ne connaissais plus ce plaisir depuis des mois. Je revois mes amis que je n'avais pas croisés depuis un an. « Tu comprends, on ne voulait pas te déranger. On s'est dit que tu étais quelque peu occupé... » Je les observe du coin de l'œil et me demande, goguenard, combien de temps ils vont tenir avant de me dire : « J'imagine que tu étais très bien entouré, mais à mon sens, tu aurais dû... » ou : « Je sais que ce n'est pas facile, mais tu n'aurais pas dû... »

Je retrouve le plaisir perdu de lire un véritable livre à la place de fiches ; d'écouter l'accent de Mick Jagger dans « Sympathy for the Devil » et non plus celui de Jean-Michel Aphatie ; de me préoccuper de l'état de santé de Rafael

Nadal et pas seulement de l'état de vétusté de la centrale nucléaire de Fessenheim.

Je suis soulagé et vidé.
Libéré et désœuvré.
Détendu et désenchanté.
Post coïtum animal triste.

Paris, le 15 avril 2022

Mea culpa

Ami lecteur, nous arrivons bientôt à la fin de ce récit et je sais que tu n'es pas encore tout à fait rassasié. Je sais que tu n'as pas eu tout ce que tu attendais. Je sais ce que tu veux. Que tu aies voté pour moi ou pas, tu n'es nullement insensible à la petite musique entêtante jouée sur les médias depuis le 10 avril, ritournelle reprise sur tous les tons, sur tous les registres, sur toutes les chaînes. Cela ne m'a pas échappé.

Même après que je fus battu dans les urnes, je me suis aperçu que ma défaite électorale ne suffisait pas à mes contempteurs médiatiques. Ils entamèrent alors leur quête d'explications, d'erreurs, de fautes, qu'ils me sommaient d'avouer. Je me défendais vaille que vaille, rappelant qu'à la veille de l'intervention russe en Ukraine, le 24 février, les sondages me portaient au second tour devant mes rivales de RN et de LR, et ce, malgré les « erreurs » passées. Oubliés le Bataclan, le doigt d'honneur, les enfants handicapés : j'étais revenu au second tour, malgré tous les efforts entrepris pour vous dissuader de voter pour moi. Il ne s'agissait nullement de dire que je n'avais pas commis d'erreurs, mais d'expliquer que ce n'était pas à ces erreurs que je devais ma défaite.

Cela n'a pas emporté l'adhésion. Mais plus important : je me demande si cela a convaincu tous les Français qui ont cru en moi et qui m'ont fait l'honneur de voter pour moi. Je me demande aussi si ces erreurs, ces fautes, ont éloigné de ma candidature de braves citoyens qui partageaient mon diagnostic. Si certains se sont détournés de moi parce qu'ils n'acceptaient pas certains de mes propos ou attitudes.

Quel candidat n'a pas fait d'erreurs ? Macron lui-même, alors qu'il a gagné l'élection, en a commis. Il semble que les miennes sont particulières, ou plus regardées que celle des autres, d'abord parce que j'ai perdu (et malheur au vaincu !) mais en plus parce que je suis le seul candidat à être monté si haut et descendu si bas. Si j'étais passé de 0 % à 7 %, nul doute que chacun y aurait vu une entrée tonitruante et digne de respect dans la vie politique. Mais passer de 19 % à 7 %… C'est bien que je devais y être pour quelque chose.

Que me reproche-t-on ? D'avoir mené une campagne pleine de bruit et de fureur, de clash et de provoc, comme on dit, d'avoir agi délibérément pour faire parler de moi, pour « faire le buzz ». Cette accusation est erronée. Je n'ai jamais théorisé cette communication, au contraire d'un Jean-Luc Mélenchon, et j'ai déjà montré comment les médias ont sans cesse grossi des événements anodins pour altérer le regard qu'on portait sur ma campagne.

Je sens, ami lecteur, que tu t'impatientes. Je rentre donc dans le vif du sujet. Remontons dans le temps pour faire la liste de mes erreurs et de mes maladresses.

Il y eut d'abord la visite au salon Milipol qui réunissait les industries de défense et où, alors qu'on me présentait un fusil français, j'eus la mauvaise idée de faire comme si je l'essayais, alors que les journalistes se trouvaient près de moi. Même si ces journalistes ont exagéré leur frayeur, je reconnais bien volontiers que cette blague de garnement n'avait pas sa place dans une campagne présidentielle. Une de mes tantes, que je n'avais plus vue depuis une éternité, m'a écrit après cette séquence qui a fait grand bruit : « C'est dingue, j'ai revu le petit Éric qui faisait des bêtises à dix ans ! Tu avais le même regard ! » Oui, ma tante, tu as raison, c'était bien moi. Dieu merci, il m'arrive encore d'avoir dix ans. Je le précise donc pour ceux qui en douteraient : je n'ai pas de pulsion meurtrière quand je croise un journaliste et je ne compte pas menacer la liberté de la presse. Mais je m'en veux d'avoir cédé à cette partie enfantine, et mutine, qui persiste dans ma personnalité, car j'ai gâché le travail remarquable de mes équipes qui m'avaient préparé, pendant des jours et des jours, un parcours passionnant à travers les stands qui rassemblaient le *nec plus ultra* de l'industrie militaire française.

Est-ce que je regrette aussi de m'être rendu sur les lieux du Bataclan pour la commémoration du massacre perpétré par des djihadistes, le 13 novembre 2015 ? Ce n'est pas la même question. Ma venue au Bataclan n'était nullement de l'ordre d'une blague, même de mauvais goût. Ce n'était pas non plus une « provocation ». Je voulais alerter, dénoncer, accuser, mobiliser. Comme Anne Hidalgo ou le Premier ministre, qui s'étaient rendus sur les lieux quelques heures auparavant. Comme Jean-Luc Mélenchon qui se rendra sur les lieux des assassinats des Kurdes en décembre dernier.

J'ai accusé François Hollande d'avoir laissé certains de ces apprentis djihadistes passer la frontière française, au milieu des réfugiés venus en masse de Syrie. Il n'ignorait nullement ce risque, comme nous l'apprenions la veille de ma venue au Bataclan ; il l'a pris, parce qu'il n'osait pas, en « homme de gauche », s'opposer à cette déferlante migratoire. Je l'ai dit haut et fort. On me l'a beaucoup reproché. Ai-je eu tort ? Je ne crois pas. Où est la « récupération » dont on m'a accusé ?

C'est l'occasion pour moi de te faire un aveu, ami lecteur : je ne comprends pas ce concept de « récupération ». Ou plutôt je le comprends trop bien. Quand on se lamente et qu'on allume des bougies, c'est la manifestation d'une légitime émotion. En revanche, quand on dénonce les responsabilités, qu'on accuse nos ennemis, qu'on tente de savoir comment nous pourrions éviter de prochaines tragédies, c'est de la récupération. Quand on dit « vous n'aurez pas ma haine », c'est de la digne émotion ; quand on analyse l'origine et les causes réelles de ces massacres pour mieux les conjurer, c'est de la récupération.

Pourtant, ami lecteur, je vais te confier quelque chose : si c'était à refaire, je ne me serais pas rendu à la salle de spectacles ce soir-là, car j'ai donné un prétexte inutile aux médias pour dénoncer ma prétendue brutalité. Je me console en me souvenant que ma présence et mes mots là-bas m'ont valu de nombreux remerciements de familles de victimes, ainsi que l'amitié de Patrick Jardin, père de Nathalie, assassinée par les djihadistes du Bataclan. Mais je pense avec le recul que ce 13 novembre fut un tournant dans ma campagne : après m'avoir porté sur une rampe de lancement présidentielle, les médias ont, à partir de ce soir-là, pointé tous leurs canons sur moi.

Il est vrai qu'ils auraient trouvé autre chose. Mon doigt d'honneur marseillais par exemple, à l'issue de cette folle journée sur la Canebière, tétanisé par un mistral glacial et des hordes de sauvages antifas déchaînés que je t'ai contée. Avec mon équipe, en ce début de campagne, nous avons péché par amateurisme en allant dans ces grandes villes désormais hostiles à cause de la présence des milices d'extrême gauche. Ce geste, je le regrette.

Je regrette aussi mes propos sur les enfants handicapés. Mais pas pour les mêmes raisons. J'ai décrit le contexte de cette affaire. Je n'y reviens pas en détail, mais maintenant que je connais la suite de l'histoire, je ne le dirais pas de cette manière devant des journalistes prêts à couper la moindre phrase et à la sortir de son contexte pour créer la polémique. Naïveté coupable. Ingénuité de débutant. Les médias ne réclament la « transparence » que pour mieux confondre leurs ennemis : s'ils ne l'obtiennent pas, ils dénoncent l'opacité ; s'ils l'obtiennent, ils en tirent profit.

Et puis, il y a, enfin et surtout, les réfugiés ukrainiens. C'est d'un tout autre registre que les « affaires » dont j'ai parlé, que les « fautes » que j'ai confessées. C'est sans doute l'erreur qui m'a coûté le plus cher et qui a permis à mes adversaires, médias et candidats rivaux, de sculpter ma statue d'inhumanité qu'ils avaient esquissée depuis des mois.

J'ai dit que je refusais d'accueillir les réfugiés ukrainiens, alors que tout en moi brûlait d'accueillir ces Européens chrétiens de même civilisation. J'ai toujours assumé cette différence que les antiracistes appellent « discrimination ». C'est justement pour parer leurs critiques que j'ai préféré mettre en garde contre les effets d'un tel accueil : si l'on acceptait les réfugiés ukrainiens parce qu'ils venaient d'un pays en guerre, pourquoi ne recevrait-on pas les Syriens, les Afghans, les Maliens, et demain toutes les victimes des conflits dans le monde, sinon du réchauffement climatique ? D'ailleurs, je note que les associations de défense des migrants reprennent aujourd'hui cet argument, dénonçant ce qu'elles appellent le « deux poids deux mesures », quand ce n'est pas « le racisme », des autorités françaises.

Ma tentative de cohérence au long cours fut incomprise, même par certains de mes électeurs d'alors. Pour ce qui est de mes équipes, il n'y eut guère de contestation, parce que ce fut une décision mûrement concertée, trois jours durant. Je réunis même le comité politique de mon parti en urgence pour sonder les uns et les autres. Jérôme Rivière, ancien président du groupe RN au Parlement européen, insistait particulièrement pour que je ne cède pas à la pression médiatique et que je donne l'idée d'aider la Pologne à les accueillir. Je le suivis et tous les autres approuvèrent la fermeté du député européen. Quand je décidai, à Toulon, de nuancer ma position, le même Jérôme critiqua vivement cette décision. Mais je crois, avec le recul, que je ne pouvais pas faire autre chose que de m'expliquer sur cette ligne de conduite qui avait été incomprise.

J'avais peut-être la cohérence intellectuelle pour moi, mais le sentiment contre moi. C'est sans doute mon plus grand tort que de croire que la bataille politique est encore – l'a-t-elle d'ailleurs jamais été ? – affrontement d'arguments éclairés par la raison.

Je pourrais reconnaître encore des erreurs tactiques (Annonce de candidature trop tardive ? Chaînes d'info privilégiées au détriment de la presse locale ? Ne pas avoir su convaincre Marion de me rejoindre plus tôt ?), mais j'ai fini par comprendre qu'on exigeait beaucoup plus de moi. Je crois qu'il n'y a en réalité qu'une seule erreur que les médias attendent que je reconnaisse, et c'est précisément celle sur laquelle je ne veux pas céder parce que je pense qu'ils ont tort et que l'histoire leur donnera tort : que je regrette d'avoir donné la priorité de ma campagne à l'identité de la France. Ils veulent me faire dire que je me suis trompé de sujet.

C'est l'enjeu réel de cette quête des origines. Derrière une apparence de rationalité, on est en plein irrationnel, il y a non pas analyse des erreurs, mais recherche du péché originel. Ces gens qui se croient détachés de tout « préjugé » sont en vérité des prêtres de cette religion « diversitaire », selon l'heureuse expression de Mathieu Bock-Côté, qui traquent et confessent la faute suprême. Je ne dois donc pas seulement reconnaître mes erreurs, mais abjurer ma foi. On ne m'accuse pas de m'être trompé, mais d'être hérétique. Cet aspect religieux donne aux procès médiatiques qui me sont faits une saveur d'inquisition qui met nos querelles hors du champ de la raison.

On croit que ce sont ma personne, mes manières, mes propos, mes « provocations » qui ont entraîné ma condamnation par les médias. Je ne le crois pas. Ce qui fut diabolisé, ce n'était pas moi, mais ma motivation, mon combat ; pas l'homme, avec ses innombrables défauts, mais la défense de l'identité de la France contre le Grand Remplacement. Christophe Guilluy a noté un jour avec une grande pertinence que « si le dalaï-lama défendait le mode de vie des gens ordinaires, il serait à son tour diabolisé ». Il ne croyait pas si bien dire : le dalaï-lama a lui aussi subi l'ire médiatique pour avoir défendu les identités ethniques et culturelles de chacun des peuples de la planète. Il sait, lui, chef des Tibétains submergés par les Chinois, que l'immigration de masse est l'arme absolue pour détruire un peuple, un « génocide par substitution », comme disait le poète communiste Aimé Césaire à la tribune de l'Assemblée nationale, en 1975, en parlant des Antillais noirs « génocidés » par l'immigration des Blancs.

Pour l'avenir, la question que nous devons donc nous poser n'est pas celle des erreurs tactiques que nous avons commises mais plutôt celle-ci : comment font-ils, en face, pour détourner l'attention du danger le plus grave que court notre pays ? Je connais la réponse qu'on m'opposera : face à un tel tsunami médiatique, il faut courir aux abris. Ne pas l'affronter sabre au clair, parler d'autre chose, de pouvoir d'achat, de retraites, d'hôpital, etc. L'important est de gagner. C'est la réponse de Marine Le Pen et de tous ceux qui m'ont reproché de ne pas avoir parlé du pouvoir d'achat. Ce fut la réponse de Jacques Chirac en 1995 qui, pour l'emporter, fit campagne autour de la « fracture sociale » et mangea des pommes. Contrairement à Marine Le Pen, cela permit à Jacques Chirac de gagner. Mais qu'a fait ce dernier de sa victoire ? Rien. Je le redis une nouvelle fois : à quoi sert de gagner pour gagner ? C'est la limite du cynisme de ceux que Blaise Pascal appelait les « demi-habiles » : les conditions idéologiques de leur victoire déterminent leur capacité d'action au pouvoir. Le pouvoir pour le pouvoir ne m'intéresse pas. Je ne suis pas Emmanuel Macron, je ne suis pas un politicien. C'est le destin de la France qui m'intéresse, pas ma carrière.

D'ailleurs, après la séquence électorale du printemps 2022, de quoi a parlé la nouvelle Assemblée nationale ? Du pouvoir d'achat, encore du pouvoir d'achat, toujours du pouvoir d'achat. Un mot d'immigration ? Pas un seul. C'est la force de l'hégémonie culturelle de la gauche : quand elle gagne les élections, elle peut mettre en œuvre ses idées ; quand elle les perd, elle interdit à son vainqueur de déployer les siennes.

Pour affronter un tel magistère, il faut lutter à armes inégales. Cette position d'infériorité oblige à un surcroît d'intelligence, d'audace, de risque. Risque qui pousse davantage à la faute que la confortable défense de positions établies. Si on ne veut plus se battre, si on refuse de défendre ses idées et ses convictions, si on se soumet d'avance à l'idéologie dominante, il vaut mieux renoncer à la lutte politique et se retirer pour cultiver son jardin. Quant à moi, je ne suis pas un « planqué ». Biaiser, mentir, cacher mes convictions, non seulement je ne sais pas à quoi cela sert, mais je ne sais pas le faire.

« Le jeu appelle la faute. S'il n'y avait pas de fautes, il n'y aurait jamais de buts », disait Michel Platini. Souviens-toi, cher lecteur, quand tu auras tendance à désespérer, que les fautes n'empêchent ni de marquer des buts ni de gagner des matchs.

Partout en France,
tout au long de la campagne

Flash-back en coulisses

Les chiffres et les lettres. La réalité et le mythe. Le résultat final, et ces décevants 7 %, est-il la mesure de toute mon aventure électorale ? « Jamais de la vie, s'exclame Philippe de Villiers, on se souviendra d'une incroyable histoire électorale, qui s'inscrit déjà dans la grande histoire ». Villiers s'y connaît mieux que personne en beaux récits et en légendes vraies. Sans doute l'ami Philippe veut-il aussi me rassurer. Quoi qu'il en soit, la campagne ne s'évanouit pas au soir du premier tour. Au contraire, des images réapparaissent dans la confusion, morceaux de souvenirs concassés, photographies prises sur le vif, flash-back se succédant dans le désordre de ma mémoire. Des « je me souviens » sans ordre, mais non sans saveur.

Chaque matin, sept heures : piscine. Aucun rendez-vous, aucun petit déjeuner, même le plus important, ne fait le poids face à cet impératif. Pendant une heure, je nage ; mon corps se ressource dans l'eau, tandis que mon esprit vagabonde. Le dimanche, tennis. Courir, frapper, se défouler. Rester concentré sur la petite balle jaune et ne penser qu'à ses rebonds capricieux. Évacuer et chasser les pensées qui distraient de cette seule obsession. En tout cas, essayer. L'effort, le sport, le jeu, comme un appel impérieux de la vie. Sans cela, je crois que je n'aurais pas tenu la distance électorale.

Le corps qui lâche, le corps qui ne répond plus. Quand le seul souhait, le seul espoir est de dormir. Je suis en Côte d'Ivoire, quelques jours avant Noël 2021. Je rends visite à nos soldats qui soutiennent les opérations militaires françaises dans toute l'Afrique, en particulier au Mali. Le mois de décembre a été chargé : déclaration de candidature, meeting de Villepinte, voyage en Arménie. La chaleur est écrasante, la moiteur suffocante, l'air irrespirable. Nous sommes debout avec les soldats depuis l'aube. Eux ne se plaignent jamais, se taisent quand ils n'en peuvent plus, serrent les dents quand ils voudraient renoncer. Alors, on fait comme eux, on le fait pour eux, on le fait avec eux. On entend une voix tonner : « Garde à vous ! » On se redresse.

Je grossis. Je vous dis que je grossis. Vous ne voyez pas que je grossis ? En tout cas, j'en suis convaincu. Je ne cesse de le faire remarquer, de m'en plaindre : « Ma chemise, vous voyez bien quand même, elle me serre ! » Mon équipe ne voit rien ou se moque. Je n'en démords pas. J'ai grossi.

Je n'y fais même plus attention. Je ne les vois même plus. Depuis des mois, les paparazzis se planquent en bas de chez moi. Et quand ils ne sont pas là, les passants me photographient avec leurs smartphones et se font un devoir de partager leurs images sur les réseaux sociaux. J'ai appris que je n'avais plus le droit de sortir mal coiffé !

Ma campagne n'est pas seulement rythmée par les grandes émissions et les grands meetings, mais aussi par les menaces de mort et les rumeurs malfaisantes : sur l'argent, sur mon passé lointain, sur mes propos de table, sur les lapsus qui n'en sont pas, sur mes intentions cachées, imaginaires, sur mon inconscient, sur tout et le contraire de tout. L'impression d'être ausculté, écartelé, décortiqué comme une crevette sur un plateau de fruits de mer. Mon téléphone est surveillé, mon ordinateur espionné. Je suis devenu une chose publique. Chaque pas que je fais peut devenir un faux pas, et chaque faux pas, un scandale national. Je ne me plains pas. C'est le jeu.

J'aime les automobilistes, j'aime les belles automobiles, j'aime les constructeurs automobiles, j'aime la course automobile, mais je déteste être assis dans une auto pendant des heures, sans pouvoir lire, sans pouvoir marcher. En voiture, je m'ennuie, je m'impatiente ; un chat dans une cage. Les policiers qui me protègent ont compris comment me convaincre de prendre la voiture quand même : quand je leur demande si c'est loin, ils me répondent : « Trente minutes. » Mais trente minutes plus tard, je leur repose la question, et ils me répondent de nouveau : « Trente minutes. » C'est devenu un rituel comique entre nous. Si je dois faire Paris-Vladivostok en voiture, je sais d'avance que le trajet sera de trente minutes, pas une de plus.

Dans le train ou dans l'avion, je profite de chaque moment pour lire de véritables livres, essais ou romans, loin des fiches que l'on me prépare. Mais il y a toujours un membre de l'équipe qui me dérange pour me dire à voix basse : « On va bientôt arriver, il faut que tu lises la fiche sur le déplacement. » Et tous de s'esclaffer d'avance ; ils savent que je vais répondre sèchement : « Non ! Je finis mon chapitre d'abord. »

Je vais rencontrer Viktor Orban. Je suis dans l'avion pour Budapest avec Sarah. La veille, la presse people nous a immortalisés en une. Nous prenons enfin le temps de lire ces torchons. Nous ne pouvons pas nous empêcher de rire devant le tissu d'âneries, de mensonges et d'inventions farfelues qu'elle aligne ! « Je me presse de rire de tout de peur d'être obligé d'en pleurer »...

Sartène, près d'Ajaccio. Olivier Battistini, notre représentant en Corse, est un érudit, passionné de philosophie, universitaire respecté. Il nous invite chez lui. Entre trois cafés et dix biscuits corses, il nous fait découvrir sa bibliothèque, emplie de volumes passionnants. Puis soudain, il m'offre un livre, puis un autre, et encore un autre, et aussi celui-ci, et celui-là ! Je me retrouve les bras chargés d'ouvrages jusqu'au menton, que je m'empresse de confier aux policiers ou aux membres de mon équipe qui m'accompagnent. Sa femme lui murmure : « Olivier, tu vas vider ta bibliothèque ! » Mais il en rajoute encore ! Je le supplie d'arrêter, mais il s'écrie, hilare : « Ne me fais pas l'affront de refuser ! » On ne fait pas d'affront à un Corse !

Normandie, une heure du matin, dans une maison de campagne. Nous venons de terminer le tournage de mon clip de déclaration de candidature. Pendant des heures, chaque mot, chaque intonation, chaque note de musique, chaque angle, chaque éclairage a été soigné, étudié, soupesé. Ce texte me hante depuis plusieurs jours. J'y ai mis tout mon cœur, toutes mes tripes, toute mon âme. Je suis éreinté. L'équipe autour de moi est aussi épuisée. Nous avons l'impression d'avoir communié avec beaucoup de Français, qui pensent comme nous, sentent comme nous, dans une sorte de rituel religieux. L'impressionnante réception de cette vidéo par le public nous le confirmera.

Marché de Cannes. Le soleil et le ciel bleu. Une foule énorme, dense, bruyante. Un enthousiasme débordant. Des sourires partout, sincères et spontanés. L'air est chaud, les regards et les cœurs aussi. La joie est générale. Je passe d'étal en étal. Je m'assieds à toutes les terrasses de café. Je trinque avec tous les passants. Mes agents de sécurité sont dépassés, rien n'est sous contrôle ! Il n'y a pourtant aucune inquiétude, aucune panique. Je croule sous un déluge de compliments, d'encouragements, de félicitations. C'est la foule française dans ce qu'elle a d'aimable et de désordonné, d'imprévisible et de drôle. La foule française que j'aime. Seulement se laisser porter. Un souvenir enchanteur. Un des plus beaux moments de la campagne.

Calais. Une pluie fine et un vent en rafale. Les antifas nous filent comme des hyènes. Le journaliste qui leur a fourni notre programme a tout fait pour que notre venue ici soit ratée. Elle l'est.

Saulieu. Un policier m'offre ses médailles, reçues pour sa bravoure. Il me dit que je les mérite plus que lui. Il a les larmes aux yeux. Je suis stupéfait. Je refuse son cadeau, lui dis que ces décorations sont les siennes, que le héros, c'est lui, pas moi. Il insiste. Je ne peux plus repousser son offrande sans l'insulter. Je l'accepte. Il sourit. Je l'embrasse fraternellement. Aujourd'hui encore, son offrande trône sur mon bureau. S'il me lit, je veux lui dire : « cher monsieur, j'ai la certitude que vous m'avez offert quelque chose de trop grand pour moi. Mais chaque fois que je me mets au travail, vos médailles me regardent et m'obligent à vous ressembler. Merci. »

Paris. Un restaurant corse. Un dîner avec Éric Naulleau et André Bercoff. Une guitare, du vin, des voix talentueuses et chaleureuses. Pas un seul indiscret à l'horizon. Nous entonnons des chants traditionnels. Nous rions. Nous disons des choses sans conséquence. À aucun instant on ne parle politique. Un moment hors du temps. Un des rares souvenirs en dehors de la campagne électorale que j'ai conservés de cette année.

Sologne. Je marche à côté de ce berger et de son troupeau. Et je découvre que j'aime ça. Nous discutons de sa condition d'éleveur, de ses difficultés, de ses espoirs déçus. Je ne cherche pas à jouer un rôle d'emprunt, je sais que je ne suis qu'un parigot, mais j'avoue que la présence de ces dizaines d'animaux paisibles et beaux qui nous accompagnent me ravit. M'apaise. Je ne saurais l'expliquer, je ne cherche nullement à théoriser, mais je suis parfaitement heureux ici. Loin derrière nous, un autre troupeau, de journalistes celui-là, s'affaire. Tout les effraie ! Les bêtes, la boue, les trous dans le chemin, les branches. Avec le berger solognot, nous les observons de loin et nous sourions.

Visite de la centrale de Fessenheim. Tout est propre, tout est net, tout est pimpant. Paradoxes du nucléaire français :

cette centrale est la plus vieille de France, mais c'est aussi la plus moderne ; elle vient d'être rénovée, comme refaite à neuf. Et c'est ce bijou qui a été fermé ! Cette merveille technologique qu'on a débranchée poste après poste, comme si on la vidait de son sang. La folle passion anti-nucléaire des écologistes et la faiblesse politicienne de Hollande et Macron ont accompli leur œuvre destructrice. Peut-on aimer une centrale nucléaire et éprouver du chagrin pour elle ? Évidemment. Je la contemple longuement. On dirait une cathédrale de l'excellence technologique française et de l'indépendance de notre pays. Je crois entendre la voix du général de Gaulle tonner, furibonde : « Ah, les salauds ! »

Il décroche. Sa voix emplit aussitôt le téléphone. Il me lance, d'une voix de stentor : « *HELLO, ÉRIC !* » C'est Donald Trump. La conversation roule entre nous, sans précautions oratoires. Trump est direct, simple, amical. À la fois chaleureux et ironique, humble et présomptueux, paternaliste et fraternel. J'aime, je l'avoue, sa façon d'être tout simplement américain.

Tournage des émissions de la campagne officielle, sous la haute supervision de France Télévisions. Tout est quadrillé, cadenassé, verrouillé dans le moindre détail. Nous n'avons pas le droit d'utiliser nos caméras ni nos ordinateurs. Ils veulent nous transformer en un produit télévisé conforme à tous les autres en lice, même les plus vieillots. Il faut se plier aux volontés maniaques et injustifiables de leurs équipes ; la mienne, la plus créative de toutes, supporte mal de se retrouver dans un rôle d'exécutant servile. Nous avons l'impression d'être en Albanie en 1980. L'enfer bureaucratique dans toute sa splendeur. Privatisons l'audiovisuel public !

Évelyne Reybert, la mère de Julien Vinson, raconte dans une vidéo l'assassinat de son fils par un réfugié au cri de « *Allah Akbar !* » À la fin de son témoignage, elle s'exclame d'une voix vibrante : « Éric, si vous m'entendez, s'il vous plaît, soyez élu. S'il vous plaît. » J'ai la gorge nouée.

On m'a accusé d'être du « camp des riches ». J'en reste pantois. Je viens de la banlieue la plus modeste, mes parents sont arrivés d'Algérie « une main devant, une main derrière », comme disait drôlement mon grand-père. Quand on m'attaque, j'ai souvent l'impression troublante qu'on parle de quelqu'un d'autre. Ils veulent détruire un Zemmour qui n'existe que dans leurs esprits, dans leurs fantasmes. Cela a un avantage : ils tirent souvent à côté de la cible. Et un inconvénient : je suis sans cesse contraint de me définir pour me défendre, de présenter mon vrai *curriculum vitae*, de rompre avec la pudeur qui est la mienne depuis l'adolescence.

Je reçois chaque jour deux mille appels, mails et SMS. Deux mille ! Aucun ne dit la même chose. Celui-ci vous intime de calmer le jeu : vous allez trop loin. Tel autre vous ordonne de faire scandale : vous êtes trop prudent. Un troisième vous conseille de n'écouter ni l'un ni l'autre : lui seul détient la vérité. Et ainsi de suite, à l'infini. Sans oublier ceux qui ont eu votre numéro de téléphone par des voies mystérieuses, mais qui l'utilisent quand même. Tous ont quelque chose de primordial, de vital, à vous révéler. Tous sont impérieux, comminatoires. Vous devez les écouter sur-le-champ, votre campagne en dépend, ils vous harcèlent. Comment les écouter suffisamment ? Combien de temps consacrer à chacun ? On pourrait y passer une vie entière. Savent-ils seulement qu'ils sont deux mille chaque jour ?

Staline, grand paranoïaque, disait qu'un espion ne doit jamais faire confiance à personne – c'est à lui évidemment qu'il pensait. Un candidat, c'est le contraire : il doit faire confiance à beaucoup de gens, pour mille choses, son agenda, ses rendez-vous, ses meetings, ses réponses aux courriers, ses affiches. Il faut s'habituer à déléguer, à ne pas tout maîtriser, à ne pas tout contrôler. Une ascèse de chaque instant.

Paris, le 20 avril 2022

Une primaire malgré nous

L'élection présidentielle de 2022 n'était pas supposée tourner autour de notre affrontement. Cette campagne n'aurait pas dû se transformer en une primaire ouverte entre Marine Le Pen et moi, où tous les coups furent permis. Même s'il est difficile de le croire aujourd'hui, je n'ai jamais voulu de ce duel dont j'estime qu'il nous a tous deux tirés vers le bas.

En septembre 2021, j'ai commencé ma précampagne en visant l'électorat des Républicains. Je ne compte pas le nombre de références au RPR que je fis alors, ni le nombre de mes interventions portant sur les trahisons de la droite de gouvernement, dans toutes mes salles, à Nice, à Toulon, devant le Mouvement conservateur, ou à Versailles. J'avais même envisagé de me présenter à la primaire de ce parti. D'ailleurs, Marine Le Pen elle-même ne s'y était pas trompée, elle qui au début de la campagne disait avec force sur tous les plateaux TV : « Éric Zemmour n'est pas mon concurrent, il est le concurrent de LR. » Elle avait alors raison sur mes intentions.

Je croyais à l'époque que son électorat lui était d'une telle fidélité qu'il ne s'intéresserait à ma candidature que bien des mois plus tard. J'imaginais qu'une partie de ceux qui avaient voté pour elle par le passé viendraient renforcer ma future base électorale de droite une fois que je serais déjà bien placé dans les sondages, à 10 % environ, mais je ne prétendais ni siphonner ses voix ni même la faire passer sous le seuil des 15 %. Elle avait sa spécificité, j'avais la mienne, et j'aurais eu besoin de ses voix au second tour comme elle a eu besoin des miennes.

Le mois d'octobre nous a montré que je l'avais surestimée : elle perdit en trois semaines plus de quinze points d'intentions de vote, soit des millions d'électeurs qui choisirent ma candidature, pas encore déclarée pourtant. C'est alors que les commentateurs la décrivirent sous les traits d'un « colosse aux pieds d'argile », et qu'ils prirent, avec Marine elle-même, le résultat – sa chute vertigineuse dans les sondages que je n'avais pas même envisagée – pour ma volonté qui aurait été de remplacer le Rassemblement national.

Ce n'était pas et ne sera jamais mon objectif. Pendant cette campagne, mon ambition était beaucoup plus vaste. Je ne me suis pas engagé dans cette aventure présidentielle pour prendre sa place ; je n'ai pas fondé Reconquête pour le substituer au Rassemblement national, dont chacun perçoit la force mais aussi les limites, mais pour parler à toute la droite, celle à qui le RN ne parle pas, grâce à un autre discours, un autre style, une autre approche. Avec sa stratégie d'union de la gauche, François Mitterrand ne voulait pas « remplacer » le PCF. Il voulait séduire une partie des communistes pour renforcer son Parti socialiste, et renverser le rapport de force en sa faveur au sein de la gauche. En 1974 comme en 1978, le PCF était encore trop puissant pour que Mitterrand atteigne son objectif. En 1981, il obtint 24 % et ramena Marchais à 15 %. C'est alors que les portes de l'Élysée s'ouvrirent à lui. Jamais la gauche n'aurait pu gagner tant que le PCF était en position dominante. De même, la droite ne fait que perdre quand le RN est hégémonique.

J'ai voulu tirer les leçons de l'histoire de la gauche pour la droite. Renverser le rapport de force au sein de la droite pour la faire gagner et, avec elle, nos idées de défense de l'identité nationale. Non pas remplacer le RN, mais unir une partie de ses électeurs à ceux auxquels il n'avait jamais réussi à parler pour que, ensemble, nous gagnions enfin.

Au départ, pourtant, le FN aussi était dans une logique d'union des droites. Il souhaitait s'allier au RPR et à l'UDF.

C'est d'ailleurs comme ça que tout a commencé, lors de la municipale de Dreux en 1983 et des régionales de 1986. À l'époque, Jacques Chirac était favorable à cette alliance, tout comme Raymond Aron et Simone Veil qui y voyaient le tenant droitier de l'union de la gauche. Mais sa fameuse phrase sur les chambres à gaz (« point de détail de l'histoire »), prononcée en 1987, fait de Jean-Marie Le Pen un paria à droite et lui impose de chercher d'autres soutiens : c'est à cette époque qu'on commence à parler de « gaucho-lepénisme », car les classes populaires, associées à la gauche depuis un siècle, se mettent à la quitter à cause de sa politique immigrationniste et antiraciste véhiculée par SOS Racisme. Il est paradoxal que Marine Le Pen, alors même qu'elle veut se défaire de l'image diabolisée de son père, continue d'adopter sa stratégie du paria.

Quoi qu'il en soit, Marine Le Pen parle aujourd'hui à un électorat populaire auquel j'accède plus laborieusement ; j'ai l'oreille d'un électorat plus bourgeois, y compris dans les métropoles, plus âgé, qui ne se reconnaît ni dans le discours ni dans la sociologie du RN malgré tous les efforts de dédiabolisation entrepris depuis dix ans. Il faut l'admettre : sociologiquement, Marine et moi sommes plus complémentaires qu'adversaires. Mais les médias voulurent tout de même absolument imposer ce qu'ils appelaient « la primaire de l'extrême droite ». Avec une telle présentation, ils se trompaient sur toute la ligne, et sur notre affrontement, et sur elle, et sur moi, car il n'y avait nulle extrême droite : Marine Le Pen rêvait d'être reconnue comme une femme de gauche, et je brûlais d'être distingué pour ce que j'étais, l'héritier du RPR tendance Pasqua-Séguin.

Un autre facteur, plus prosaïque, explique notre duel forcé. Toutes les chaînes TV et toutes les rédactions avaient choisi dès le départ un même journaliste pour nous suivre, Marine et moi. La même bande devait donc partager son temps entre les deux candidats. Si les médias m'avaient rangé dans la case de droite et avaient demandé à un même journaliste de traiter les candidatures de Valérie Pécresse et la mienne, il y a fort à parier que la couverture de cette élection aurait été bien différente. Mais ceux qui alternaient entre Marine et moi ne pouvaient s'empêcher de nous comparer, de nous opposer, de nous pousser à l'affrontement… Ils ont gagné à force de nous imposer le match par petites phrases interposées : « Marine Le Pen a dit ça », me glissaient-ils en rapprochant leurs perches ; et quand j'avais réagi, ils pointaient leurs micros sous le menton de Marine Le Pen : « Éric Zemmour a dit ça, que répondez-vous ? »

Marine Le Pen et moi avons été irrésistiblement attirés dans un combat qui est devenu nôtre, que nous avons mené avec toute la férocité dont nous étions capables l'un et l'autre. Nous avons tous deux, à notre manière, un tempérament combatif. J'imagine que, pour elle comme pour moi, il a été très difficile d'écouter notre entourage qui nous suppliait de rendre les armes, de ne plus nous attaquer l'un l'autre, de nous ignorer. J'avais l'impression que c'était elle qui m'attaquait sans cesse et que je ne faisais que lui répondre. Elle a dû avoir le même sentiment. Par ailleurs, je considère le combat politique comme l'arène de la vérité, le lieu où les désaccords doivent être rendus publics pour permettre aux électeurs de faire un choix éclairé. Je n'aime pas l'hypocrisie, je n'aime pas la langue de bois, je n'aime pas les discussions d'arrière-boutique qui cachent aux Français, par tactique, la nature profonde des différends politiques.

Je sais qu'ignorer l'adversaire est le penchant de nombreux militants, mais ce n'est un service à rendre ni à la démocratie ni à l'intérêt de la vie politique. J'ai connu un débat public passionnant où chaque homme politique attaquait l'autre sans prendre de gants et sans que l'autre ne pleurniche. Malraux contre Mitterrand, Mitterrand contre Giscard, Giscard contre Chirac, Chirac contre Balladur, etc. Il n'y a rien de sale, de vulgaire ou de brutal à exposer publiquement les critiques que l'on fait des autres : si l'on ne pense pas incarner la meilleure option et si l'on n'est pas prêt à le dire, il ne faut pas se présenter aux élections.

Cela semblera incroyable à tous ceux qui ont suivi cette campagne. Et pourtant… Longtemps j'ai trouvé Marine Le Pen sympathique. Son sourire engageant, ses manières rustiques de garçon manqué qui contrastaient avec sa douce blondeur ; son coup de fourchette vigoureux et son goût jamais démenti pour les apéros copieusement célébrés ; sa voix rauque de fumeuse qui entonnait sans se faire prier les chansons de Dalida… Tout dessinait pour moi le portrait de la « bonne copine », enjouée et chaleureuse.

Les catholiques rigoristes au sein du Front national l'avaient affublée du surnom de « night-clubeuse », en souvenir de sa jeunesse, elle qui fréquentait davantage les boîtes de nuit que les bibliothèques ; mais en France, on prend toujours parti contre les bigots et pour celle que l'on poursuit de sa vindicte moralisatrice.

J'avais découvert Marine Le Pen à la fin du siècle dernier, alors que la bataille faisait rage entre les partisans de son père et les amis de Bruno Mégret. Elle avait été chargée par le leader du FN des questions juridiques du parti, qui devinrent éminemment politiques, lorsque les deux camps se disputèrent âprement la flamme bleu-blanc-rouge, que les électeurs du mouvement avaient l'habitude de repérer avant de voter. En donnant raison à Le Pen, la justice condamna à mort la dissidence Mégret.

Nous avons de très proches amis communs, et nos relations furent toujours cordiales mais elles n'allèrent pas beaucoup plus loin. Nous n'avions aucun point commun, nos univers étaient étrangers l'un à l'autre. Lorsque j'étais journaliste, je pouvais avoir avec son père de longues conversations sur l'histoire de France, de Gaulle, la guerre d'Algérie, ou encore la gloire de l'Empereur et les fautes de nos rois. Avec lui, la discussion roulait sur les grandes batailles que nous refaisions ou sur les livres que nous avions aimés tous deux. Avec Marine, nous étions comme deux ensembles mathématiques sans intersection. On m'a beaucoup reproché d'avoir répondu à un journaliste qui me demandait ce qui nous distinguait : « Elle préfère les chats, je préfère les livres », surtout quand, m'a-t-on dit avec un cynisme qui se veut réalisme électoral, il y a en France beaucoup plus d'amoureux des chats que de lecteurs. Je n'aime pas ces petits calculs et j'ai la faiblesse de croire que le peuple français demeure, en dépit de tout, de la tyrannie des écrans et de l'effondrement de l'école, un peuple éminemment littéraire qui aime et admire les écrivains et ceux qui les lisent.

Il est vrai qu'avant cette campagne, nos relations s'étaient déjà refroidies : après son échec à la présidentielle de 2017, et son débat calamiteux d'entre-deux tours, j'avais écrit dans le *Figaro Magazine* un article pour dénoncer son manque d'assiduité au travail qui nous pénalisait tous, nous qui ne voulions pas de Macron. Elle avait pris la place de François Fillon au second tour, mais pour nous condamner à la défaite. Je lui en voulais d'autant plus qu'elle avait, elle, la chance de bénéficier d'une véritable rente électorale en étant suivie par un électorat important et fidèle. Je ne comprenais pas cette désinvolture et ce laisser-aller, alors qu'elle avait non seulement une si grande responsabilité, mais aussi tant d'efforts à faire pour combler ses lacunes littéraires, historiques ou encore économiques. Elle ne voulait pas y voir l'explication principale de ses échecs, préférant croire qu'elle perdait pour la seule raison qu'elle était diabolisée. Je contestais donc également dès 2017 sa stratégie de « dédiabolisation » qui consistait, en fait, à reprendre les mots de la gauche pour mieux se faire accepter par le « système » qu'elle prétendait dénoncer, faisant ainsi reculer nos idées sans pour autant nous assurer la victoire électorale. Je ne le savais pas encore, mais ce « papier » fut sans doute pour moi l'un des détonateurs de ma candidature.

Je me suis présenté avec la certitude qu'elle ne pourrait pas gagner. Comme je le craignais, elle a passé le premier tour pour perdre le second, et j'aurais pu rédiger le même réquisitoire après la présidentielle de 2022. En vérité, Marine Le Pen a refait la même campagne. En plus aboutie, en plus accomplie. Proust disait qu'un écrivain écrit sans cesse le même livre. J'ai découvert qu'un politicien aussi fait sans cesse la même campagne. À l'époque, j'avais accusé Florian Philippot d'être son mauvais génie ; mais même sans lui, avec son beau-frère Philippe Olivier, ancien « félon » mégrétiste revenu au bercail, elle a refait la même campagne. Avec le même objectif : se faire adopter par le « système ».

Marine Le Pen a tant subi la marginalisation, la caricature, la vie de paria, le rejet dès l'enfance, autant de choses que je n'ai pas connues, que pour se faire adouber, elle est prête à tout. À tous les reniements, toutes les apostasies. Il y a une dizaine d'années, invitée d'une émission de télévision, elle avait subi sans ciller un portrait acide de Nicolas Bedos, dans lequel l'acteur la décrivait en adolescente rebelle avide de s'émanciper de la tutelle paternelle et de se faire enfin accepter un jour par la bonne société bien-pensante pour ne plus être la fille honnie du diable. Je ne sais pas si Nicolas Bedos savait lui-même à quel point il visait juste. Elle veut aujourd'hui couvrir cette revanche sur sa jeunesse des pans glorieux d'une stratégie politique fondée sur un cynisme machiavélien.

Cela explique aussi que Marine Le Pen ait mis tant d'énergie à reproduire contre moi ce qu'elle avait elle-même subi toute sa vie. Elle s'est opposée à moi comme le système s'était opposé à elle. Elle m'a dénoncé à la vindicte médiatique comme elle a été jetée en pâture depuis son adolescence. Elle a utilisé les méthodes de ses adversaires pour tenter de m'ostraciser. Elle a repris les mots de Caroline De Haas et des féministes les plus hargneuses pour démontrer ma prétendue misogynie et forcer ses équipes à m'attaquer avec la même virulence. Elle a même inventé, comme je l'ai déjà évoqué, la présence de nazis dans mon entourage, comme jadis les journaux de gauche exhumaient de véritables collabos autour de son paternel.

Pour se distinguer à toute force, elle a opposé, avec le soin des fervents du « pas d'amalgame », l'islam à l'islamisme, sans savoir – puisqu'elle n'a jamais ouvert un Coran et s'en vante ! – que ce qu'elle critique dans l'islamisme – inégalité des femmes, persécutions des homosexuels, haine des juifs et des chrétiens, idéologie politique adossée à une foi religieuse – est tout entier contenu dans les textes sacrés de l'islam. Elle a fait des selfies avec des femmes voilées, s'est appesantie sur la « souffrance » des jeunes Franco-Marocains et a déclaré que « l'immigration zéro n'était qu'un slogan ».

Cette campagne fut sa grande revanche sur sa jeunesse et sur son père.

À l'automne 2021, j'imposais, au grand dam des médias et de la gauche, l'expression de Grand Remplacement. Ne pouvant plus nier la réalité de l'invasion migratoire, la gauche tenta une diversion sémantique en dénonçant dans le Grand Remplacement une théorie complotiste. Marine Le Pen, qui parlait elle-même de « remplacement d'une population par une autre » quelques années plus tôt, s'empressa de reprendre à son compte cette accusation infondée. Mais malgré tous ses efforts, elle ne parvint pas à endiguer le succès que je rencontrais avec l'utilisation décomplexée de ce terme où les Français retrouvaient massivement ce sentiment de dépossession qui les hantait depuis des années. Un sondage montrait que 67 % de nos concitoyens craignent le Grand Remplacement. La primaire LR tournait autour de ce seul thème, faisant la gloire inattendue d'un Éric Ciotti et privant d'espace le grand favori, Xavier Bertrand. Comme je l'ai déjà fait remarquer, même Jean-Luc Mélenchon acceptait le combat sur ce terrain-là, entonnant une ode à la « créolisation », concept fumeux du poète Édouard Glissant qui promet une chimérique coexistence des cultures.

La gauche, les médias et l'Élysée se désespéraient donc de voir la question identitaire s'imposer comme le sujet central de la présidentielle, son « courant profond », comme disait Philippe de Villiers. Une peur panique se répandait parmi les bien-pensants. C'était une révolution d'une portée inouïe. Seul Sarkozy en 2007, avec l'aide de Patrick Buisson, avait osé crever cet abcès de l'identité nationale, mais les journalistes avaient tous expliqué que la victoire sarkozyste avait été due à son fameux slogan « travailler plus pour gagner plus ».

En cet automne 2021, la gauche était perdue, vaincue, abattue. Heureusement pour elle, Marine Le Pen vint. Ne parvenant pas à me concurrencer sur la question identitaire, en dépit de références esquissées à l'automne au conflit de civilisations, et voyant avec inquiétude ses courbes de sondage fléchir au rythme où la mienne progressait, elle choisit de mettre le curseur de sa campagne sur le pouvoir d'achat. Comme un joueur chanceux mise ses derniers jetons sur un numéro dédaigné, et qui a le bonheur de voir la roulette s'immobiliser dessus, le retour de l'inflation, et la hausse du prix de l'énergie causée par la guerre en Ukraine, allaient remettre cette question au cœur des préoccupations quotidiennes des Français. Martelé sans relâche par les médias, le « pouvoir d'achat » devint la « préoccupation principale » des sondés.

Ce choix de Marine Le Pen est tout sauf une stratégie anecdotique et sans conséquence. L'hégémonie des questions économiques et sociales sur le débat politique implique une vision matérialiste de l'homme et du monde ; ce qui le définit est d'abord sa consommation, son épargne, son revenu, ses impôts. Ce qui prime, c'est l'ici et le maintenant, et surtout pas le passé et l'avenir. Les citoyens sont uniquement des consommateurs et des producteurs, et non des héritiers d'une histoire, d'une tradition. Depuis un siècle, la gauche socialiste a toujours réussi à imposer sa thématique sociale sauf quand, en période de guerre, le destin de la France est revenu au premier plan.

Marine Le Pen a parlé de social comme la gauche entendait qu'on en parlât. Elle a dit allocations, blocage des prix, suppression de TVA sur le prix de l'essence. Elle a dit retraite à soixante ans et rétablissement de l'impôt sur la fortune. Surtout, elle a permis à la gauche de refaire de la question sociale, du fameux pouvoir d'achat, le « courant profond » de la présidentielle. La gauche n'en attendait pas tant. Elle qui, tous candidats et partis confondus, ne parvenait pas à se faire entendre, lorsque la question identitaire et sécuritaire dominait les débats, a repris des couleurs. Marine Le Pen a sauvé la gauche. Le plus habile, Jean-Luc Mélenchon, tira les marrons du feu. Aspirant tous les suffrages de ses concurrents, il menaça même d'accéder au second tour, ce qui affola les électeurs de droite croyant encore à la fable d'une Marine Le Pen de droite et permit à cette dernière de bénéficier du fameux « vote utile » à mes dépens.

L'entre-deux tours allait encore accentuer la victoire idéologique de la gauche, quand les deux finalistes couraient après les électeurs de Mélenchon, leur faisant des risettes et des mamours. J'ai appelé à voter pour Marine Le Pen dès le 10 avril, malgré la déception et malgré les coups que nous avions pu nous porter. Elle a reçu le soutien de mes deux millions et demi d'électeurs, dont la majorité n'avait jamais voulu voter pour elle auparavant. Elle m'en a remercié en m'insultant et en courant après l'électorat de Jean-Luc Mélenchon qui la regardait avec dégoût.

Marine Le Pen exigeait que le thème d'ouverture du débat télévisé fût celui du pouvoir d'achat. J'ai raconté comment nous avions négocié âprement le premier sujet de ma rencontre d'octobre avec Mélenchon sur BFM : ce choix est éminemment politique. Marine Le Pen a attendu la dernière partie de soirée, vers vingt-trois heures, lorsque la plupart des téléspectateurs étaient partis se coucher, pour aborder les questions de l'immigration et du voile islamique. C'est elle qui, d'un air gêné, pria les journalistes d'écourter la conversation à ce sujet : « On ne va pas parler du voile pendant dix minutes ! » Elle ne leur fit pas la même requête en début de soirée, alors que l'échange à propos des questions économiques tournait pourtant à la leçon assénée par le professeur Macron.

Pendant le débat, j'observais sur mon écran les physionomies, les expressions, les regards. Jamais les visages des deux protagonistes n'avaient aussi bien résumé un débat présidentiel. Celui de Macron, mobile jusqu'à l'agitation, et tout son corps avec, le regard tour à tour scrutateur, ironique, interrogateur, moqueur, lassé, désespéré, accablé, les deux mains tenant sa mâchoire, de peur qu'elle ne se décroche d'ennui. Celui de Marine Le Pen, tendu jusqu'à la paralysie, le regard tour à tour soucieux, inquiet, affolé, terrorisé, suppliant, les « euh, euh… » scandant une récitation laborieuse.

Chacun des deux protagonistes regardait les journalistes, Macron pour se faire comprendre, Marine pour s'échapper. Les « Ah bon, madame Le Pen ? » succédaient aux « Aïe, aïe, aïe, madame Le Pen », et je songeais à ce numéro du grand acteur qu'est Philippe Caubère lorsqu'il joue successivement le professeur et l'élève pendant un oral du baccalauréat en Mai 68, le prof jouant au chat et à la souris avec un élève qui n'avait rien appris ou en tout cas rien retenu. Pourtant, Marine Le Pen n'était pas obligée d'aller – tenter d'aller – sur le terrain technocratique de son adversaire. Les plus anciens se souviennent du débat de 1995 qui avait vu de même Lionel Jospin et Jacques Chirac, tels deux combattants de sumo technocratique, s'immobiliser l'un l'autre dans un affrontement stérile et ennuyeux. Mais c'était de part et d'autre volontaire, chacun refusant la joute politique – Chirac parce qu'il avait cause gagnée et ne voulait pas braquer ses récents soutiens balladuriens ; Jospin parce qu'il savait sa victoire impossible et voulait seulement assurer sa domination sur son camp en vue des échéances futures. Rien de tel entre Macron et Le Pen.

Marine Le Pen a choisi délibérément d'aller sur le terrain technocratique où elle était plus faible que son adversaire (Jospin et Chirac étaient tous deux énarques) parce qu'elle refusait d'investir le terrain politique, où elle aurait pu pourtant attaquer le sortant sur son bilan, selon un classique du genre mis en œuvre avec maestria par Mitterrand face à Giscard, mais aussi – on l'oublie trop – par un Hollande déchaîné face à un Sarkozy médusé. Pendant toute la campagne, Marine se compara avantageusement au Mitterrand de 1981 : troisième candidature, débat de 1974 raté, revanche contre un Giscard auquel Macron ressemble à tant d'égards. La comparaison s'avéra usurpée : Mitterrand fut bien meilleur que sept ans auparavant, et surtout, il fut élu. C'est Macron lui-même qui planta les trop rares banderilles d'un débat ennuyeux, comme s'il voulait sortir de la léthargie dans laquelle son adversaire l'emportait. Marine Le Pen avait refusé le combat politique, de peur d'être écrasée une nouvelle fois. Elle l'avait dit, elle ne voulait plus du « bruit et de la fureur ». Mais alors, pourquoi ne pas déposer les armes qu'elle ne voulait plus utiliser et se retirer ?

Après une aussi décevante prestation, la candidate et son équipe ne trouvèrent qu'une seule parade : dénoncer l'arrogance du président. Marine Le Pen use souvent de cet argument de l'arrogance. Macron est arrogant, je suis arrogant, Mélenchon est arrogant. Cette posture victimaire est très efficace à une époque où l'on glorifie la victime au détriment du fort, où chacun se plaint, chouine, pleurniche sur son sort. Elle use de cet artifice de communication émotionnelle avec beaucoup d'habileté et de cynisme. Quand elle réunit ses partisans pour une réunion à Reims, Marine Le Pen achève son discours sans relief politique par un récit de son enfance qu'elle a déjà conté au mot près dans un livre paru il y a dix ans.

La « dédiabolisation » est le véritable fil rouge de la carrière politique de Marine Le Pen. Son père lui répétait souvent : « Je préfère être battu sur mes idées qu'élu sur celles de mes adversaires. » Mais *quid*, alors, d'être battu avec les idées des autres ?

Comme l'a montré l'affaire Fournas, ce député RN qui a crié en novembre dernier : « Qu'ils retournent en Afrique » à un de ses collègues de la Nupes qui évoquait le sort des migrants sur le bateau Ocean Viking, la « dédiabolisation » s'apparente au mythe de Sisyphe : sans cesse, la lourde pierre qu'on pousse vers le sommet en redescend, à la moindre altercation, au moindre « dérapage ». La diabolisation est aux mains de nos adversaires, et ils en font un usage souverain. Ils ont la machine médiatique à leur service : ils la mettent en branle d'un seul geste de la main, et le bombardement massif commence dès qu'ils le décident. Nos ennemis bien-pensants ne seront jamais rassasiés, car non seulement ils reprochent à Marine son nom, qu'elle ne pourra jamais effacer, mais ils nous font aussi grief, à nous qu'ils appellent l'« extrême droite », du cœur nucléaire de nos convictions, dont notre regard sur l'immigration est l'élément central. Tous ceux qui ne considèrent pas que « l'immigration est une chance pour la France » seront diabolisés et ostracisés. Pour obtenir son diplôme de dédiabolisation, il faudra que Marine Le Pen abandonne tout : l'interdiction du voile islamique, la fin du regroupement familial, la préférence nationale, etc. Mais peut-être y est-elle déjà prête…

De mon côté, je ne rends pas les armes et je mène le combat afin d'élargir cette fameuse fenêtre d'Overton, celle qui prépare, par les combats sémantiques d'aujourd'hui, les victoires culturelles de demain et les consécrations politiques d'après-demain. Cette fenêtre que la gauche sait ouvrir à deux battants comme personne, que ce soit pour la peine de mort, le droit à l'avortement, le mariage homosexuel, le multiculturalisme ou la théorie du genre, tous concepts honnis trente ans avant qu'ils n'entrent en majesté dans la loi, voire dans le « bloc de constitutionnalité ». Cette fenêtre d'Overton que Marine Le Pen s'est jusqu'ici obstinée à fermer, en tirant soigneusement rideaux et volets, au fur et à mesure que je m'efforçais de l'ouvrir. Elle ne s'est pas contentée de perdre avec nos idées. Elle a également entrepris de les combattre, donc de les faire reculer, de les diaboliser elle-même, de prétendre que ce que je propose n'est « pas républicain ». Cette bataille pour nos idées que Marine Le Pen s'acharne à perdre tandis que je mets toute mon énergie à la gagner.

Elle ne se soucie pas des idées ; à ses yeux, tous ceux qui aiment leur maniement ne sont que des idéologues. Elle habille des oripeaux du pragmatisme son mépris des concepts et de la culture. La gauche la laisse faire, la laisse venir, trop heureuse de ce renfort de choix. Elle vante même son habileté et chante ses louanges. Marine Le Pen ne s'aperçoit pas qu'elle paie cher des alliés infidèles et éphémères (ils se retournèrent contre elle dès que je ne fus plus là) et légitime ainsi le combat de nos adversaires communs.

Je préfère lutter pour prouver que nos idées ne sont pas diaboliques plutôt qu'abandonner nos idées pour prouver que je ne suis pas le diable. Depuis vingt ans, elle tente de se rendre acceptable en donnant des gages à la gauche. Depuis vingt ans, je mène le combat des idées en donnant des armes à la droite. Depuis vingt ans, elle promet de conquérir le pouvoir en vain. Depuis vingt ans, j'assume d'être contesté, traîné devant la justice, menacé de mort, pour amener, petit à petit, les Français à mes idées. Ce sont deux visions différentes du combat politique.

Mais prenons de la hauteur : le temps a passé. Chacun joue désormais sa partition. Chacun dans son couloir. Nous avons deux stratégies différentes. Ce n'est peut-être pas un mal pour l'intérêt du pays. Prions pour la France que l'une des deux réussisse.

Paris, avril 2022

Le retour inéluctable de la droite et la gauche

On prend les mêmes et on recommence. Le second tour de 2022 a consacré la même affiche que celui de 2017. Le duel annoncé depuis cinq ans a donc eu lieu. J'ai échoué, en dépit de mes efforts, à empêcher ce match joué d'avance et perdu d'avance. Jean-Luc Mélenchon fait mieux que la fois précédente, mais il ne parvient pas non plus à changer la donne finale. Oublions un instant ma légitime déception personnelle pour faire une analyse politique, à froid, de la signification de ce duel qui est avant tout un duo, où l'une est la garantie du succès de l'autre, où l'autre fait la courte échelle à l'une.

Au-delà de leurs différences et de leurs oppositions, Marine Le Pen et Emmanuel Macron ont un point commun : ils rejettent tous deux le clivage droite-gauche. Bien qu'adversaires, ils dépassent cette opposition désuète à leurs yeux, s'affirment et de droite et de gauche ou, c'est selon, ni de droite ni de gauche. Marine Le Pen oppose ses chers patriotes aux horribles mondialistes, tandis qu'Emmanuel Macron aime à mettre en scène le conflit indépassable entre les partisans de l'ouverture et ceux de la fermeture, les amoureux de l'Europe et les infâmes nationalistes.

Les hérauts de ce nouveau paradigme sont d'autant plus enclins à la satisfaction que les deux candidats qui les suivent, au soir du premier tour, Jean-Luc Mélenchon et moi-même, avons, nous, fait campagne à gauche et à droite de l'échiquier. Certains commentateurs médiatiques n'ont pas hésité non plus à nous distinguer selon ce même schéma, faisant de Marine Le Pen et d'Emmanuel Macron les chantres d'un monde nouveau qui se caractérise par sa « dépolitisation », tandis que Mélenchon et moi serions les traces surannées d'un univers « politisé » en voie de disparition. Mort aux vaincus.

Emmanuel Macron a montré son aisance à passer d'une posture à l'autre, « de gauche » face à Marine Le Pen au second tour de la présidentielle, « de droite » face à la Nupes lors des législatives. De son côté, Marine Le Pen est convaincue qu'elle ne peut pas se dire de droite sous prétexte que d'anciens communistes votent pour elle...

On sent confusément que le vieux clivage droite-gauche perce de nouveau sous le duel des populistes et des mondialistes, mis en scène par Macron et Le Pen, mais qu'il a du mal à s'imposer. Pourquoi ? Qu'est-ce qui déterminera l'avenir de notre paysage politique ? La réponse à cette question est cardinale.

J'ai déjà rappelé les conditions historiques de la naissance, lors de la Révolution française, de ce clivage droite-gauche. Il faut ajouter que cette opposition est universelle, qu'elle ne se limite pas à la France, qu'elle divisait déjà, dès le XVIIIe siècle, la classe politique anglaise entre *whigs* et *tories*, ou son homologue américaine entre républicains et démocrates. Mais l'universalité du clivage droite-gauche ne signifie pas qu'il soit en tout temps et en tous pays le même. Limitons-nous à sa version française. Cette fracture fondamentale a toujours survécu, mais elle a sans cesse muté. Des idées, des valeurs sont passées de droite à gauche et de gauche à droite : la nation était née à gauche, avant de passer à droite ; l'individu aussi ; l'écologie, elle, est née à droite, avant d'être récupérée par la gauche.

Par ailleurs, le clivage droite-gauche a toujours tourné autour d'un axe, qui lui aussi évolue au fil du temps.

Comme on l'a vu avec le veto royal, la question structurante a longtemps été institutionnelle : monarchie ou république, pouvoir personnel ou régime d'assemblée, la France s'est déchirée là-dessus pendant un siècle. Puis, la question sociale s'est peu à peu substituée comme axe majeur du conflit. Les conflits mondiaux ont imposé le thème de la guerre et de la paix, mais sans jamais supplanter la question sociale. Le temps a passé et l'eau a coulé sous les ponts idéologiques. On ne se querelle plus autour du régime républicain. Il y a une droite sociale et une gauche libérale. Avec la chute du communisme, le libéralisme est revenu sur ses terres d'origine, au centre gauche.

Le référendum sur le traité de Maastricht, en 1992, a rebattu les cartes : chaque camp, celui du oui comme celui du non, a rameuté des gens de droite et de gauche. Je me souviens des meetings communs entre Valéry Giscard d'Estaing, Pierre Bérégovoy ou Élisabeth Guigou, où chacun des protagonistes était mal à l'aise de fouler la même estrade. Les gens du non n'ont jamais osé aller jusque-là. Pourtant, ils partageaient de nombreuses analyses et valeurs. Ils s'appelaient Philippe Séguin, Philippe de Villiers, Charles Pasqua, Jean-Pierre Chevènement, sans parler de Jean-Marie Le Pen, ostracisé par tous les autres. Ils ont essayé, eux aussi, de rapprocher ceux que Jean-Pierre Chevènement appelait « les républicains des deux rives », mais cette opération a buté sur le sectarisme de la gauche franc-maçonne et laïcarde.

Finalement, c'est le camp du oui à Maastricht qui a réussi à se rassembler derrière l'un d'entre eux : Emmanuel Macron. Mais la droite et la gauche macroniennes n'ont pas fusionné ; les deux camps se regardent en chiens de faïence et s'affrontent à bas bruit au sein des cabinets ministériels ou du groupe Renaissance à l'Assemblée nationale.

J'ai moi-même abondamment relayé cette thèse de la fin du clivage droite-gauche dans les années 1990 et 2000, alors que j'étais un journaliste proche du camp du non à Maastricht. Je faisais mienne l'opposition entre souverainistes et européistes, entre patriotes et mondialistes, entre gens de « quelque part » et gens de « nulle part ».

Je citais à l'appui de mes démonstrations Christopher Lasch, Christophe Guilluy et Jean-Claude Michéa.

Seulement, l'histoire politique de la France ne s'est pas arrêtée dans les années 1990. Les souverainistes ont, les uns après les autres, renoncé à leur credo : Philippe Séguin a prononcé son fameux discours d'Aix-la-Chapelle en 1997 dans lequel il disait accepter l'euro ; Jean-Pierre Chevènement finit sa longue carrière politique en conseiller apprécié et fêté du président Macron.

Marine Le Pen a réussi à rassembler derrière elle le gros des électeurs issus des classes populaires, ouvriers, employés, chômeurs qui composaient, jadis, les bataillons de la gauche. Mais cela ne signifie nullement qu'ils sont toujours de gauche. En opérant leur transhumance du Parti communiste vers le Front national, ils ont mué : ils sont passés de gauche à droite.

La gauche et la droite n'ont pas, je le répète, des positions immuables. Je cite souvent Milan Kundera, pour qui la gauche n'est pas une idéologie, ni même une idée, mais une marche. Une perpétuelle marche en avant. Tous ceux qui, à un moment ou à un autre, ne marchent plus, ne sont pas de gauche. Ne sont *plus* de gauche. On le voit depuis quelques années avec tous ces intellectuels de gauche ostracisés et catalogués à droite, voire à l'extrême droite, car ils n'ont pas suivi le courant multiculturaliste qui domine leur ancien bord politique depuis les années 1980 : Alain Finkielkraut, Pascal Bruckner, Jacques Julliard, Michel Onfray ou Régis Debray. Et tant d'autres. Un livre, au début des années 2000, dressait la liste des traîtres, que l'auteur appelait « les nouveaux réactionnaires », comme celle des guillotinés de la Terreur. La gauche les a laissés sur le chemin sans un regard. Ils ont table ouverte dans les colonnes du *Figaro*, qui leur fait fête.

La gauche passe son temps à redessiner ses contours, à redéfinir ses critères d'appartenance, à ostraciser ceux dont elle ne veut plus. À l'occasion de cette présidentielle, la gauche s'est rassemblée et redéfinie derrière la candidature de Jean-Luc Mélenchon. Au grand dam de ses rivaux générationnels, comme François Hollande, Jean-Luc Mélenchon est parvenu à arraisonner toute cette famille politique derrière le panache rouge vif de La France insoumise. La sociologie électorale de ce rassemblement livre sa vérité idéologique. Ce nouveau peuple de gauche, authentiquement « islamo-gauchiste », a choisi délibérément son homme, celui qui avait défilé dans les rues de Paris contre l'islamophobie et m'avait affronté à la télévision.

Ses rivaux, au sein de son camp, n'ont pas compris ce qui leur arrivait. Il n'y a pas eu de rencontres entre Hidalgo et le peuple, ni entre Jadot et le peuple, tout simplement parce que, à l'instar de La France insoumise d'ailleurs, les Verts et la candidate socialiste se moquent du peuple français et de la nation : ils sont déjà projetés dans l'Europe, le monde, la planète ; mais, au contraire de Mélenchon et de ses acolytes, ils sont encore trop laïcs, trop républicains, trop modérés aussi, pour aimanter le nouvel électorat islamo-gauchiste. Ils perdent sur les deux tableaux. Seul le candidat communiste, Fabien Roussel, a tenté, en incarnant la gauche de jadis, centrée autour du travail et du mode de vie à la française, de renouer avec les anciens électeurs populaires du PCF au temps de sa gloire, mais ceux-ci sont partis depuis trop longtemps au RN pour se sentir encore de gauche ; Roussel n'a séduit qu'une petite tribu de bobos urbains qui l'abandonneront vite lorsque le temps du « vote utile » sera, à gauche aussi, venu. Le paradoxe est que Mélenchon a opéré ce que le cercle de réflexion du parti socialiste Terra Nova conseillait, il y a plus de dix ans, pour pallier l'éloignement de la classe ouvrière, déjà en route vers le Front national.

Au soir du premier tour, trois grands blocs, de taille à peu près équivalente, étaient donc constitués : un bloc nationaliste, un bloc centriste et européiste, un bloc islamo-gauchiste. Le bloc centriste a su s'unir autour d'Emmanuel Macron. Le dernier a su s'unir autour de Jean-Luc Mélenchon et sa Nupes. Seul le premier est demeuré divisé, avec, d'un côté, le « bloc populaire » qui vote RN et, de l'autre, des classes moyennes ou retraitées patriotes qui ont opté pour Pécresse ou pour moi. C'est d'ailleurs parce qu'une partie de cet électorat a voté pour les candidats RN lors du second tour des législatives, par crainte de la Nupes, que le RN a récolté à sa plus grande surprise un groupe inédit de quatre-vingt-neuf députés. Je n'en attends nulle gratitude. Mais quatre-vingt-neuf députés ne font pas deux cent quatre-vingt-neuf, c'est-à-dire une majorité. De même, l'ensemble mélenchoniste est lui aussi minoritaire. Pour l'instant. Mais les lois de la démographie – migrations de masse, surnatalité des familles africaines et maghrébines, explosion du nombre d'étudiants, féminisation de la population diplômée – jouent en sa faveur.

Le verrou est pour l'instant posé par la partie la plus âgée du pays – les fameux boomers, surtout s'ils sont possédants – qui assure la domination du bloc macronien et centriste. Pour l'instant. Car les lois de la démographie, toujours elles, vont peu à peu miner l'hégémonie de cette majorité.

C'est dans ce chaudron démographique et idéologique que le clivage droite-gauche est en train de renaître de ses cendres. Comme toujours, c'est la gauche qui le ressuscite. Mais ce n'est plus autour de la République ou de la lutte des classes qu'elle délimite son territoire, mais autour de l'islam et de l'idéologie woke. Ce sont ses deux marqueurs actuels. La droite comme toujours réagit à la gauche. Tous ceux qui refusent le totalitarisme woke, incarné par exemple par Sandrine Rousseau, qui considère que le privé est politique, sont de droite. Tous ceux qui refusent que la civilisation française, de tradition chrétienne ou judéo-chrétienne, soit submergée par la civilisation islamique, sont de droite. Quelles que soient par ailleurs leurs positions sur les questions européennes ou économiques, car la gauche ne délimite plus la frontière qui nous sépare d'elle sur des questions socio-économiques.

Le clivage qui déterminera l'avenir de notre pays est désormais identitaire et civilisationnel. S'il est bien la ligne de fracture d'aujourd'hui, il n'a pas encore été traduit en un fait politique assez fort : c'est en cela que j'ai échoué. La gauche a su s'unir pour préparer les victoires futures. La droite doit elle aussi rameuter ses forces éparses pour défendre la civilisation française contre laquelle l'assaut a déjà commencé.

C'est l'affrontement entre Mélenchon et moi qui préfigure le combat de l'avenir, quand les générations nées du baby-boom d'après-guerre auront disparu.

Il faut rappeler des réalités démographiques qui sont occultées dans le débat politique : la génération des boomers est la génération la plus nombreuse de l'histoire de France. Elle fut cette jeunesse qui, en 1968, fit trembler notre cher Général et tous les dirigeants occidentaux (ceux des pays communistes eux-mêmes). Devenus vieux, ce sont ceux qui votent le moins pour le Rassemblement national ou l'extrême gauche. Ils ont trouvé en Macron un sémillant représentant de leurs idéaux d'antan, un nouveau Giscard. Ces boomers font encore la pluie et le beau temps électoral, forts de leurs 14 millions de votants, quand les jeunes, déjà moins nombreux, s'égarent souvent sur les chemins de traverse de l'abstention. Aujourd'hui, aucun candidat ne peut gagner sans les retraités.

J'étais particulièrement conscient de l'enjeu vital que constituaient ces fameux « boomers » dans l'élection. Et si je ne l'avais pas été, mon ami Patrick Buisson me le rappelait lors de chacune de nos conversations. Je pense que cette génération sait mieux que personne ce dont je parle : la disparition de la France qu'ils ont connue. Eux savent qu'elle a déjà en partie disparu. Ils peuvent sauver ce qui peut l'être pour le léguer à leurs enfants, et surtout à leurs petits-enfants.

Mais cette génération, qui a repoussé les limites de l'espérance de vie, finira, elle aussi, par mourir. Elle aura disparu à l'horizon de 2050. Alors, apparaîtront, comme deux volcans encore dissimulés par le brouillard, ces deux « peuples » qui grandissent aujourd'hui en fourbissant leurs armes et qui, selon la célèbre phrase de l'ancien ministre de l'Intérieur Gérard Collomb, sont aujourd'hui côte à côte mais se retrouveront bientôt face à face. D'un côté, un peuple islamo-gauchiste ; de l'autre, un peuple qui réunit les jeunes Français de souche et tous ceux qui, issus des diverses vagues migratoires, depuis les premières en 1860 (les Belges !), ont voulu s'assimiler au peuple français, s'enraciner dans la terre de France, faire leurs les mœurs et l'histoire millénaire du peuple français.

Nos politiques et nos commentateurs médiatiques (et la plupart de nos grands patrons, artistes, etc.) croient qu'ils échapperont à cet affrontement programmé. Ils oublient ce qui s'est passé à l'étranger, au Liban, au Kosovo ou ailleurs. Surtout, ils ne savent plus que cette France des « deux peuples » a déjà existé, il y a à peine plus d'un siècle, lorsque les deux « jeunesses », l'une catholique, l'autre républicaine, grandissaient à l'ombre de leurs écoles respectives. Seule la Grande Guerre de 1914 empêcha la guerre civile froide de se transformer en guerre civile chaude. Déjà à l'époque, les théoriciens du camp laïc et républicain s'inquiétaient de la démographie galopante de leurs adversaires catholiques et monarchistes.

Mais cette histoire a été engloutie dans les mémoires par celle, tragique, du XXe siècle, avec les deux guerres mondiales, la montée des totalitarismes, l'extermination des juifs. Sur ces ruines, la génération née après a forgé un récit pacifiste et hédoniste.

En votant en masse pour Emmanuel Macron, les baby-boomers ont crié : « Encore une minute, monsieur le bourreau. » En faisant ce choix du conservatisme, ils ont murmuré : « Laissez-nous mourir en paix. » Autrement dit : « Après nous, le déluge. »

C'est dans ce cadre que je milite pour l'union des droites, qui n'est ni un Graal ni un totem. Je ne me suis nullement engagé en politique pour atteindre cet objectif. À mes yeux, l'union des droites n'est qu'un moyen pour faire gagner nos idées et sauver la France de l'engloutissement qui la guette. Je ne suis pas le seul à souhaiter que cette alliance se concrétise. Si j'en crois un sondage Cluster d'octobre 2022, paru dans *Le Point*, si 95 % des électeurs de Reconquête sont favorables à l'union des droites, 68 % des électeurs du RN le sont aussi.

Le résultat partagé au sein des électeurs de LR (45 % pour, 55 % contre) montre bien que ce parti n'a plus d'identité, qu'il est coupé en deux moitiés à peu près égales dont les stratégies sont incompatibles : alliance sur sa droite ou vers le centre macronien ; et, comme tout parti divisé, il est devenu une proie.

On voit la même évolution dans le reste de l'Occident, en Italie comme en Suède, après la Hongrie et la Pologne, aux États-Unis et jusqu'en Israël : la droite se rassemble autour d'un discours identitaire, civilisationnel, judéo-chrétien, antiwoke. La célèbre formule de Giorgia Meloni : « Je suis Giorgia, je suis une femme, je suis une mère, je suis une Italienne, je suis une chrétienne, et vous ne me le retirerez pas ! » résume parfaitement la ligne identitaire qui lui a permis de gagner aux dernières élections d'octobre 2022.

Ces régimes parlementaires ont des modes de scrutin différents des nôtres ; mais il ne faut pas croire que notre système électoral ne pousse pas lui aussi à l'union. François Mitterrand connaissait fort bien les arcanes de la IVe République (qui ressemble tant au régime actuel de l'Italie) et ses différences majeures avec la Ve d'inspiration gaullienne. Néanmoins, il n'a pas mis dix ans pour rien à forger l'union de la gauche, en dépit des chausse-trappes glissées sur son chemin par le Parti communiste, jusqu'à sa victoire finale en 1981. De même, le RPR et l'UDF se sont alliés dans les années 1980 pour reprendre le pouvoir. Lors des récentes législatives, la Nupes a permis à tous les partis de gauche laminés par la présidentielle d'obtenir un nombre important d'élus.

Il ne m'a pas échappé que ni le RN ni LR ne désiraient cette union des droites. Pour des raisons tactiques, de boutique, mais aussi pour des raisons de fond : regardez comme LR et le RN se bouchent le nez devant l'italienne Meloni. LR exhume « le cordon sanitaire avec l'extrême droite », tandis que le RN la juge trop identitaire, trop libérale et trop conservatrice. Ils se condamnent à l'impuissance électorale et au reniement idéologique. LR n'a pas gagné une présidentielle depuis 2007 et le RN accumule des « victoires triomphales » qui sont autant de défaites à répétition.

Un clivage peut en cacher un autre. Derrière l'opposition entre populistes et mondialistes, entre « bloc populaire » et « bloc élitaire », le vieux clivage droite-gauche pointe à nouveau son nez. Il attend son moment ; il attend que se dissipent les leurres qu'on érige pour dissimuler son grand retour. Une fois encore, notre histoire sur le temps long nous aide à comprendre ce qui va nous arriver.

On pourrait ainsi affirmer que toute notre histoire du XIXe siècle s'apparente à un véritable leurre. Tout au long de ce siècle, de batailles parlementaires en révolutions, de grands discours sur la liberté en barricades, les Français s'étripent autour de leurs institutions. Entre les royalistes et les républicains, sans compter les bonapartistes, la lutte est inexpiable. L'Église est embarquée dans cette galère ; elle est associée au trône, donc aux réactionnaires, ennemis des « progressistes » alors même que c'est elle qui élabore les premiers éléments décisifs d'une réponse sociale à la désagrégation et à la misère provoquées par l'ébranlement inouï de la révolution industrielle. Pendant ce temps-là, la France, tout occupée à ses querelles métaphysiques, ne voit pas qu'en Europe, la montée en puissance – économique, industrielle, universitaire, scientifique, et militaire – de l'Allemagne va provoquer trois guerres et, surtout, révéler à la face du monde le déclin de la puissance française.

Après la défaite face à la Prusse et la chute de Napoléon III, la République sort des limbes. À la Chambre des députés, il y a des élus républicains modérés (on disait « opportunistes »), des républicains radicaux, des monarchistes, des orléanistes, des bonapartistes. Mais aucun socialiste. Les républicains se croient alors assez puissants pour proclamer par la bouche de leur grand leader Gambetta : « Il n'y a pas de question sociale. »

Qui a eu raison aux yeux de l'histoire ? Le patron des républicains qui avaient le pouvoir ou les socialistes qui n'avaient pas un député ? En cette fin de XIXe siècle, la question sociale était niée par les dirigeants républicains de l'époque, alors qu'elle allait devenir l'épicentre de la vie politique pour plus d'un siècle.

Nous sommes aujourd'hui, selon moi, dans une situation comparable. Nous avons des dirigeants et une classe politique, y compris au RN, qui affirment qu'il n'y a pas de question identitaire, pas de question civilisationnelle. L'essentiel est pour eux le social. Et pourtant, c'est cette question identitaire et civilisationnelle qui va structurer la vie politique du XXIe siècle comme la question sociale a structuré celle du XXe siècle.

Dans le dernier rapport de l'Insee en 2021, nous apprenons qu'il y a 30 % (29,6 % précisément) d'immigrés non-européens chez les enfants de moins de 4 ans, contre seulement 3 % (3,1 % précisément) parmi les plus de quatre-vingts ans. Un enfant sur trois. Oui, un enfant sur trois. Dans vingt ans, ces enfants voteront. Alors, la population musulmane – ou d'origine et de culture musulmane – sera dominante en France. La France sera devenue un autre pays, avec un autre peuple et une autre civilisation. Que dirons-nous à nos enfants qui nous interrogeront sur leur histoire, sur leur pays, sur leurs ancêtres, et sur nos préoccupations politiques d'alors ? Nous leur dirons que le prix du litre d'essence avait dépassé 1,80 euro et que nous n'avions pas le temps de parler de leur avenir.

Que dirons-nous à nos enfants et, surtout, que nous diront-ils ?

Cogolin, mai et juin 2022

Au plus près des Français

Le soleil brille, le ciel est d'un bleu sans nuages, le sable chaud ; les courageux prennent leur premier bain de mer. Nous sommes au début du mois de mai et les vacances semblent avoir débuté sur la plage de Cogolin.

Les apparences sont trompeuses. Je ne suis pas venu dans le Sud pour me reposer, mais pour mener une nouvelle campagne, à la fois très différente de la présidentielle et en même temps sa conclusion logique. J'ai choisi la 4e circonscription du Var, une région magnifique qui ne se réduit ni à Saint-Tropez ni au chapelet de cités élégantes qui longent la côte méditerranéenne. Il y a, derrière la bande côtière, un arrière-pays sublime, mais plus âpre, plus pauvre, au bâti plus abîmé, à la population plus bigarrée. Cette circonscription de carte postale est le condensé d'une France plongée dans la mondialisation depuis plusieurs décennies, avec ses riches ostentatoires venus du monde entier, son économie reposant largement sur les services, ses salariés qui ont du mal à se loger, ses artisans qui ne trouvent plus d'employés à embaucher, ses déserts médicaux, ses feux de forêt, ses bandes de voyous, ses femmes voilées et ses burkinis.

On m'a légitimement demandé pourquoi je me retrouvais à Cogolin quelques semaines après l'élection présidentielle. La question s'est posée à moi : devais-je être candidat aux législatives ? La réponse n'était pas évidente. La politique n'est pas mon métier. La « tentation de Venise » (c'est-à-dire l'envie d'abandonner la politique, selon la fameuse expression d'Alain Juppé) m'a effleuré l'esprit. Quitter la politique pour revenir à l'écriture, abandonner le combat électoral pour retourner à la réflexion intellectuelle...

Même parmi ceux qui m'encouragent à demeurer en politique, certains, tel Gilbert Collard, me déconseillent de me présenter aux législatives : il faut me protéger, m'épargner le risque d'une nouvelle défaite, disent-ils, bienveillants. D'autres, au contraire, me signalent que l'abattement gagnerait alors les troupes de nos candidats aux législatives, qui auraient l'impression d'être envoyés au feu seuls, si les chefs du parti, et moi le premier, n'y allaient pas eux aussi. Cet argument touche l'admirateur de Napoléon que je suis depuis ma plus tendre enfance : dans la Grande Armée, les maréchaux sont à la pointe du combat et l'Empereur lui-même est au milieu de ses hommes, risquant à tout moment de prendre une balle ou un boulet de canon.

Une fois ma décision prise, le choix de la circonscription n'est pas tâche aisée. Je n'ai pas d'ancrage territorial, puisque je n'ai pas de carrière politique derrière moi. J'évalue sur une carte de France les bureaux où j'ai obtenu les meilleurs scores à la présidentielle, comme l'avaient fait avant moi Jean-Luc Mélenchon, pour choisir Marseille, ou Marine Le Pen, pour se présenter à Hénin-Beaumont. Malgré mes bons scores dans certains arrondissements de l'Ouest parisien, je préfère éviter la capitale : quitte à me présenter, autant faire une vraie campagne, loin de mes bases. Deux maires, solidement implantés, Jacques Bompard et Marc-Étienne Lansade, me pressent de venir chez eux, qui dans le Vaucluse, qui dans le Var. Chacun de mes deux amis est fort convaincant. Je finis par trancher pour le Var où le sortant est une députée macronienne : arracher une circonscription à l'adversaire me paraît un combat plus noble qu'une lutte fratricide à droite.

Je débarque un soir à Cogolin. Marc-Étienne Lansade m'accueille chaleureusement ; nous logeons chez lui. Avec Sarah et notre hôte, nous mettons au point notre stratégie : une campagne de terrain, car nous devons aller à la rencontre des Varois qui me connaissent sans me connaître. Marc-Étienne accepte d'être mon suppléant ; nous reconstituons à nous deux l'ancienne association député-maire, qui avait fait les beaux jours de la République, avant qu'une conception extrémiste et stupide du non-cumul des mandats ne la détruisît, pour le plus grand malheur des citoyens, qui n'ont plus de relais à Paris, et des débats parlementaires, bien souvent réduits à des joutes sans consistance entre politiciens hors sol.

Dès le lendemain matin, nous sommes à pied d'œuvre. La circonscription est vaste. Nous allons inlassablement avaler les kilomètres par milliers. Les jours se suivent et ne se ressemblent pas. Chaque matin, nous visitons un marché. Chacun a son style, son charme, ses couleurs, son ambiance, le chic élégant de la place des Lices à Saint-Tropez, le typique traditionnel à Grimaud, l'alimentaire à Vidauban. Je déguste les vins au Lavandou et tâte les belles étoffes à La Croix-Valmer. À Lorgues, le marché s'étire dans toute la ville, dont on n'arrive jamais à voir le bout. Je compare les fraises des producteurs locaux, je hume les légumes, je goûte les abricots. Je multiplie les selfies avec les jeunes et les moins jeunes, les marchands et les clients, les hommes et les femmes. Parfois, je retrouve un commerçant que j'ai croisé dans une autre ville. On plaisante, on prend de nos nouvelles, on se donne rendez-vous au prochain marché.

Je hèle les uns et moque les autres, je taquine et je ris : je me sens bien dans cette ambiance provençale. Les gens sont chaleureux, gouailleurs, affectueux, chambreurs, rarement méchants mais toujours exigeants ; ils ne sont pas prétentieux et n'ont pas encore chassé le « bon sens » de leurs parents ; ils n'ont pas été contaminés par les délires woke et le totalitarisme dénonciateur : les femmes sont des femmes, souvent magnifiques, les hommes sont des « Gloire de mon père ». Un parfum entêtant de Pagnol continue de flotter dans l'atmosphère.

Les pieds-noirs sont nombreux dans le Var. Ils viennent en masse vers moi, me tendent les bras, évoquent « le pays perdu » ; ils sont d'Oran ou de Constantine ; leur allure, leurs regards, leur voix, leurs intonations, leurs tournures de phrases me rappellent un vieil oncle ou ma grand-mère : j'ai dix ans et je suis rentré à la maison.

Parfois, ils ont connu ma mère enfant à Sétif, ou ils ont joué au rami avec mon père autour d'une anisette, dans un café, rue Myrha, à la Goutte-d'Or, dans le 18e arrondissement de Paris. Leurs descriptions sont si précises que parfois l'émotion me submerge... Je cite souvent la phrase d'Auguste Comte : « Les morts gouvernent les vivants ». Je le constate une fois encore avec mes nouveaux amis pieds-noirs. Cela fait des années qu'ils ont compris ce qui se passe dans notre pays. Ils sont, à l'instar des chrétiens venus d'Orient ou du Liban, comme tous ceux qui ont dû fuir des contrées qui appartenaient à la civilisation arabo-musulmane : ils devinent l'avenir parce qu'ils ont la tête enfouie dans le passé ; leur passé est notre avenir. Comme moi, comme mon père et mon grand-père avant moi, ils ont vu le basculement de la ville de Toulon, les femmes voilées au Luc, les sorties bruyantes des mosquées à La Croix-Valmer, les agressions et les trafics à La Garde-Freinet.

Les comportements des uns et des autres, des jeunes en bande, des mères de famille, des vieux, l'agressivité, la violence qui gagne chaque jour davantage de terrain, et la séparation, inéluctable : « L'huile et le vinaigre ». Ils connaissent tous la célèbre formule du général de Gaulle même quand ils ne lui ont pas pardonné l'indépendance de l'Algérie. Ah ! l'Algérie ! Ils ne pensaient pas y retourner un jour sans prendre l'avion ou le bateau.

Un soir, lors d'une réunion publique, un homme chenu s'est levé, et a dit simplement : « J'ai déjà dû quitter une fois mon pays. Je ne pensais pas que je devrais le quitter une seconde fois. » Un murmure d'approbation a parcouru les rangs des spectateurs.

Ils n'ont que faire des chiffres trafiqués par les démographes ou des leçons de morale sur le « vivre-ensemble » des journalistes ou des politiques. Devant un phénomène historique de cette envergure, ils n'ont pas besoin de chiffres pour voir ce qu'ils voient, même s'ils ont bien saisi qu'on ferait tout pour les empêcher de dire ce qu'ils voyaient.

Pendant une trentaine d'années, cette 4e circonscription fut le fief du RPR Jean-Michel Couve, qui était aussi le maire de Saint-Tropez. Je n'ai pas de mal à comprendre pareille longévité : le cœur de ses habitants bat au rythme gaulliste, même chez ceux qui combattaient le Général. Cela s'explique aisément. Nos anciens professeurs de sciences politiques leur ont tout simplement parlé du bonapartisme : autoritaire, patriote, social, assimilationniste. Mais la grande transhumance du RPR chiraquien vers le centre, concrétisée il y a vingt ans par la création de l'UMP, devenue LR sous la férule sarkozyste, les a séparés : les uns se sont exilés au RN, les autres ont été aspirés, du fait de leur sociologie, par la macronie, les derniers sont restés dans la vieille maison.

Je peux d'ailleurs constater qu'à gauche, une évolution comparable a eu lieu. La « communauté musulmane » varoise a rejoint les enseignants de leurs enfants à LFI, tandis que beaucoup d'anciens électeurs communistes sont désormais fidèles au candidat du RN. Oui, fidélité est le mot cardinal : ils votaient déjà pour « Jean-Marie », répondent-ils, sans hésiter, lorsqu'on leur demande pourquoi ils choisissent le bulletin sur lequel ils retrouvent la flamme tricolore chère à leur cœur.

Mais j'ai trop peu l'occasion de leur poser la question ; je rencontre moins souvent cet électorat : il fréquente plutôt les supermarchés que les marchés, et on ne peut pas distribuer des tracts, encore moins échanger, dans les centres Leclerc, Carrefour, Auchan ou Lidl ; il ne vient guère aux réunions publiques. Sa religion est faite une fois pour toutes et ne changera pas. Parfois, je me demande si certains connaissent le nom du candidat RN. Je peux les comprendre : ils font un vote politique, d'étiquette, sans se soucier de la personnalité du candidat, comme les communistes naguère ou les premiers républicains. L'individu n'existe pas, le parti seul compte.

Un soir, à Lorgues, alors que nous tenions un café-débat, je me rendis compte que deux groupes s'étaient formés sans aucune consigne de notre part : à ma gauche, des électeurs de Marine Le Pen, à ma droite, d'anciens soutiens de François Fillon. Je songeais aux garçons et aux filles qui, dans les classes primaires, s'agrègent spontanément selon leur sexe, alors que la maîtresse les invite à la mixité.

Tout les distinguait : leur accent, leurs professions, leurs préoccupations. J'étais dans un livre de Bourdieu sur la reproduction sociale et culturelle. Deux femmes attirèrent mon attention : elles avaient toutes deux la cinquantaine et écrasaient de leur rayonnement leurs voisins respectifs. Du côté des anciens marinistes, la femme était blonde, un visage rond, des yeux bleus d'une grande beauté, et avait fermé son café plus tôt que de coutume pour assister à notre réunion ; la filloniste arborait un collier de perles sur une tenue stricte ; cette agrégée de lettres classiques était effarée par l'effondrement du niveau scolaire et approuvait mon plan pour l'école, qu'elle connaissait dans les moindres détails.

J'étais heureux d'avoir réuni sous mes yeux, dans le même café, ces deux électorats, ces deux sociologies : c'était la preuve que nous pouvions atteindre notre objectif stratégique, agréger les classes populaires à une bourgeoisie patriote autour d'un discours identitaire et civilisationnel. La conversation volait d'un coin à l'autre ; la patronne du café pestait contre les taxes, avec l'approbation du mari de l'agrégée de lettres, tandis que les diatribes de cette dernière contre le wokisme à l'école suscitaient l'enthousiasme des anciens électeurs du RN. Tous, quelle que soit leur famille politique, avaient des enfants, et n'avaient nulle envie de voir revenir leur fils de l'école, leur demandant s'il n'était pas une fille. Tous, quelle que soit leur famille politique, ne supportaient plus d'être dépossédés de leur pays, de voir les rues de leur ville envahies de kebabs et de femmes voilées. Tous, quelle que soit leur famille politique, craignaient que leur mère se fît arracher son sac ou son collier, leur fille violer, leur fils tuer pour un regard de travers.

On connaît la fin du match : la bataille se resserra entre les deux candidats d'« Ensemble » (LREM et affiliés), du RN et Reconquête. Comme pour la présidentielle, le mariniste et la macroniste s'étaient affrontés cinq ans plus tôt et ne souhaitaient rien d'autre que de rejouer le match retour. Comme pour la présidentielle, je tenais le rôle du trouble-fête dans ce duel-duo attendu. Et, comme pour la présidentielle, je ne parvins pas me qualifier pour le second tour.

J'obtins 23 % des suffrages, alors que le candidat RN me dépassait d'une courte tête avec 24 %. Quinze jours plus tôt, le seul sondage Ifop avait donné un score exactement inversé : 24 % pour moi, 23 % pour le RN. Mais il n'avait pas été assez médiatisé pour déclencher un vote utile en ma faveur. Rien de personnel dans ce duel entre nous : un de nos amis communs m'a raconté que mon adversaire du jour – devenu député – avait traversé la France en voiture pour me faire dédicacer un de mes livres.

Jusqu'au bout de cette journée de dimanche, j'y avais cru. Tous les médias parisiens, descendus pour l'occasion, m'attendaient sur une charmante place, aux façades couleur pastel et aux arbres centenaires, de Cogolin. Je parvins finalement à prononcer le discours que j'avais rédigé quelques minutes plus tôt. Ma voix était blanche et mon regard embué.

On m'avait prévenu : la politique est cruelle et injuste. On ne m'avait pas menti. Dans les jours qui suivirent, j'épluchais avec mon équipe les fiches des résultats électoraux. Je tirais de mon examen deux leçons majeures. D'abord, la côte varoise m'avait plébiscité : de Saint-Raphaël à Cogolin, de Grimaud à La Croix-Valmer, jusqu'à Sainte-Maxime, mes scores s'échelonnaient entre 30 et 40 % des suffrages. À Saint-Tropez, j'obtenais 42 % des voix. C'est l'arrière-pays qui, avec ses territoires plus denses et plus populaires, avait renversé la vapeur au profit du candidat RN. Pourtant, même dans ces terres marinistes, j'améliorais de beaucoup mon nombre de voix par rapport à ce que j'avais obtenu lors de la présidentielle : mon « labourage de terrain » à Lorgues, Vidauban ou à La Garde-Freinet n'avait pas été vain.

Dans ma circonscription, le RN n'a pas progressé mais a conservé son socle : il avait déjà obtenu 24 % en 2017. Le score de la candidate macroniste s'est un peu effrité, mais elle n'a pas si mal résisté, passant en cinq ans de 32 à 28 %. De même pour la gauche qui retrouve ses chiffres habituels. La seule différence dans les deux scrutins se situe à droite de l'échiquier. En 2017, une candidate estampillée LR obtenait 17 % tandis qu'un dissident lui arrachait 6 points. En 2022, je parvenais à reconstituer sur mon nom l'ensemble du vote traditionnel LR : 23 %. La candidate désignée officiellement par LR, ne prenait que 4 points, peut-être ceux qu'avait dû abandonner la sortante macroniste.

Dans cette élection législative, le RN était resté le RN, les macronistes étaient restés macronistes, la gauche s'était rassemblée dans la Nupes. Seul LR n'était plus dans LR mais chez Reconquête. Le RPR avait ressuscité en Reconquête. C'était un constat implacable, une leçon irrécusable. C'est désormais une feuille de route indiscutable.

Paris, le 15 juillet 2022

Vérité ou radicalité ?

« Auriez-vous, comme Emmanuel Macron, régularisé le clandestin africain qui a sauvé un enfant qui risquait de tomber d'un balcon ? » Vous connaissez déjà ma réponse. Ce fut un non franc et aussi direct que l'avait été la question. Pourtant, j'admire l'audace et le courage du jeune sauveteur.

Le journaliste qui m'avait interrogé à ce sujet était en son for intérieur très satisfait de son « coup » : il avait réussi sans mal à me faire apparaître comme un être brutal, sans cœur, un monstre, pour reprendre la terminologie – la « démonologie » – médiatique à mon endroit. Des amis me reprochèrent, tout au long de la campagne, mon inflexibilité, qui renvoyait une image raide, voire antipathique, à l'opposé de ce qu'ils connaissaient de moi. On m'incitait à davantage de duplicité, d'hypocrisie, de rouerie. On m'encourageait, avec un sourire goguenard, à la *taqiya*, cette manœuvre faite de mensonge et de dissimulation, autorisée et absoute par le Coran, si elle sert à répandre l'islam. On moquait, regrettait ou tançait mon manque d'habileté, de cynisme, de sens tactique. Un ami cher me fit une remarque amusante : « En fait, tu ne sais pas jouer à ni oui ni non. Tu réponds sincèrement à toutes les questions qu'on te pose. »

Un jour, Loïk Le Floch-Prigent me conta une anecdote amusante. Alors qu'il était un jeune conseiller de François Mitterrand à l'Élysée, il dut intervenir à la télévision sur des questions de politique industrielle. Après qu'il eût satisfait à l'exercice obligé, Mitterrand l'interrogea d'un air réprobateur : « Pourquoi avez-vous dit telle chose ? » « Je n'ai fait que répondre à la question », se défendit Le Floch. Réponse du président : « Mais qui vous a demandé de répondre aux questions ? »

On me jugeait pas assez politicien, trop franc, trop honnête : les plus retors me traitaient de benêt, d'amateur, de naïf. D'idéaliste. J'ai choisi, depuis des années, de repousser ce machiavélisme de bar-tabac que les Français ne supportent plus mais dont ils sont pourtant imprégnés, toutes catégories sociales confondues. Je n'ignore pas ce que la politique recèle de manœuvres, de tromperies, de mensonges. J'ai lu Machiavel, le testament de Mazarin, *L'Homme de cour* de Baltasar Gracián ou les *Mémoires* du cardinal de Retz. Je n'ai pas besoin de cours de rattrapage pour comprendre comment le général de Gaulle a trahi ses partisans qui l'avaient hissé sur le pavois aux cris de « Vive l'Algérie française ! ». Je sais l'admiration que suscitait Mitterrand lorsqu'on le surnommait « François le Florentin ». Mais l'art incontestable de tous ces manœuvriers ne les a pas empêchés d'être dévoilés et haïs. Mazarin dut se cacher et fuir avant de revenir en triomphateur ; le cardinal de Retz ne fit jamais gagner ses « frondeurs ». En des temps plus récents, François Mitterrand fut longtemps le politicien le plus détesté de France.

On m'a beaucoup reproché de « cliver », c'est-à-dire, si je traduis correctement ce terme de la novlangue médiatico-politique d'aujourd'hui, de susciter des antagonismes violents autour de mes idées politiques. Avons-nous oublié que le général de Gaulle « clivait » tellement qu'il faillit être assassiné, tandis que beaucoup d'électeurs de droite craignaient de voir les chars russes stationnés sur la place de la Concorde si l'union de la gauche de Mitterrand prenait le pouvoir ? C'est pour conjurer cette ambiance de guerre civile froide que le président Giscard d'Estaing milita pour une « décrispation » et une vie politique « apaisée », à grand renfort de mises en scène de communication. On peut dire aujourd'hui que sur ce thème-là aussi, Giscard a gagné. Mais avec quel bénéfice pour la France ?

Le basculement décisif a sans doute eu lieu lors de la présidentielle de 1988. Jacques Chirac fut vaincu à plates coutures parce que, comme Premier ministre, il avait gouverné à visage découvert. On ne l'y reprendra plus. Il nous étonnera « par sa démagogie », ainsi qu'il avait prévenu ses troupes à la veille de l'échéance de 1995. Les commentateurs ont adoré ce Chirac machiavélien. Mais les Français ? À quoi leur a-t-il servi ? A-t-il osé affronter les maux qu'il avait pris à bras-le-corps lorsqu'il était Premier ministre en 1986 ? En quoi son habileté de tacticien a-t-elle contribué à régler les questions existentielles qui se posaient à notre pays ?

Le mensonge a fait le lit de l'immobilisme. De l'autre côté du Rhin, le social-démocrate Gerhard Schröder, lui, menait une politique à rebrousse-poil de son électorat, mais assurait l'hégémonie industrielle de son pays sur l'Europe pour vingt ans. Il avait pris le risque de sacrifier son avenir électoral sur l'autel de la puissance économique de son pays, tandis que son homologue français faisait l'exact inverse. À l'époque ministre de l'Intérieur, Nicolas Sarkozy, dénonçait « le roi fainéant » et le « Louis XVI de l'Élysée occupé à réparer ses serrures ». Le paradoxe est que, devenu son successeur, il usera de pareilles méthodes. Jacques Chirac déjà avait lui-même singé François Mitterrand, en embauchant son conseiller en communication, le brillant Jacques Pilhan.

J'ai souvent évoqué la question avec Nicolas Sarkozy. L'ancien président a théorisé sa posture d'équilibriste. Il considère qu'il doit sans cesse compenser une décision par une autre : s'il impose les peines planchers, il supprime la double peine. Nicolas Sarkozy est un adepte du sucré-salé, du doux-amer, de l'équilibre permanent : un ministère de l'Identité nationale, mais pas de restriction de l'immigration légale. On promet le Kärcher, mais on nomme Kouchner au gouvernement. On ramène la France dans le commandement militaire intégré de l'OTAN, mais on se rapproche de Vladimir Poutine. On n'est plus exactement dans le mensonge chiraco-mitterrandien. Sarkozy a inventé avant l'heure le « en même temps » macronien. L'ancien président continue de croire que cette habileté tactique permet de se protéger à droite comme à gauche ; il me semble au contraire, à voir son bilan, qu'elle fut son propre incapacitant. Des informations et des décisions contradictoires, qui vont jusqu'à des attitudes contradictoires. Fermeté et humanité, américanisme et russophilie, défense de l'identité nationale et ouverture des frontières, sévérité pénale et laxisme judiciaire donnèrent le tournis à un peuple français qui aurait aimé savoir seulement à quelle sauce il allait être mangé.

L'élection présidentielle a été conçue comme une épreuve sacrée, une sorte d'ordalie, où les Français tranchent souverainement entre les projets et les candidats et désignent un homme plébiscité par le peuple. Mais l'exercice a été dévoyé par les habiletés des uns et les mensonges des autres, qui empêchent les Français de comprendre les enjeux existentiels qu'affronte notre pays. Surtout, ils empêchent ensuite de gouverner. Chirac a été élu pour conjurer la « fracture sociale », mais il a décidé de « réduire les déficits pour préparer l'entrée dans l'euro ». Résultat : il n'a fait ni l'un ni l'autre, et a été vaincu dès qu'il a dissous l'Assemblée nationale. L'habileté et la dissimulation sont des sports appréciés par les esthètes de la chose politique, mais ils interdisent ensuite de défendre des convictions sincères.

Je me refuse à rentrer dans ce jeu du mensonge et de la dissimulation. Je ne concours pas au titre de politicien le plus habile. Un jour, un ami m'a confié : « Je vote pour toi pour une raison majeure : parce que tu dis la vérité. Quand on t'écoute, on sent que tu n'as pas passé toute ta vie à mentir comme tous les politiciens. » Son éloge est ambigu, je le sais. Je ne serai jamais un politicien madré et roué : il est trop tard pour le devenir. J'ai peut-être perdu des points quelques fois, mais je peux aujourd'hui me regarder dans une glace.

Paradoxe : on me prête parfois des intentions tactiques et une habileté médiatique que je n'ai pas. On prétend que mes propos les plus polémiques sont calibrés pour faire le « buzz ». On se trompe. Ma force n'est pas de jouer au chat et à la souris avec les normes moralisatrices de notre époque, mais de refuser de me plier à ce qu'elle autorise ou condamne. Je dirais même mieux : de préserver la farouche liberté qui n'admet pas que ce qui est vrai pourrait ne pas être dit, caché, ou même atténué. Je ne transgresse pas volontairement, mais je me refuse d'instinct à peser chacun de mes mots et à les empeser de l'onctuosité religieuse que l'époque exige.

Je suis un iconoclaste de tempérament. C'est ma faiblesse, car je suis incapable de pressentir ce qui suscitera un « scandale » médiatique et politique. Mais c'est aussi ma force car je parle un langage simple et compréhensible de tous. Un jour, à Charvieu-Chavagneux, un des maires que j'avais réunis pour l'occasion me confirma ce lien privilégié : « Dans ma commune, me confia-t-il, les gens sont de niveau modeste et sans prétention. Je parlais de vous avec un de mes administrés et il me dit : "Zemmour, je comprends tout ce qu'il dit. Je ne connais pas tous les gens qu'il cite, mais je comprends tout ce qu'il dit. Il n'essaye pas de nous arnaquer avec des mots ronflants qui ne veulent rien dire, comme tous les autres." » Les politiques sont accusés de parler la langue de bois, un jargon aseptisé, neutre, pour éviter toute polémique. Ils se soumettent volontairement à l'utilisation de cette « langue de coton », qui évite toute « micro-agression » et épargne avec un soin maniaque la susceptibilité de chacun.

On m'accuse de diviser la société et de monter les gens les uns contre les autres, alors que j'ai l'impression que personne n'a besoin de mon aide pour cela. Est-ce scandaleux de décrire le réel ? Est-ce un délit de combattre avec vigueur ses adversaires ? Lorsque les communistes et les Insoumis vomissent le « capitalisme », sont-ils tendres avec les riches, les privilégiés, les bourgeois ? Se laissent ils attendrir par les sirènes du « pas d'amalgame » ?

On ne tolère plus le moindre propos sincère et toute prise de position incisive est qualifiée de « radicale ». Cet opprobre jeté sur la radicalité serait comique dans un pays où le Parti radical a longtemps incarné dans notre histoire parlementaire la quintessence impuissante de la modération, s'il n'était pas mortel au vu de notre situation historique. La disparition du vocabulaire précédera de peu celle des réalités qu'il désigne. C'est la raison pour laquelle je m'obstine à user de mon langage, quelles qu'en soient les conséquences. Je l'ai dit : je parle le français, quand les autres parlent le politiquement correct. J'évoque la disparition du peuple français, de la nation française, de la culture française pour mieux la conjurer. Je parle un langage vrai pour ressusciter l'instinct de survie de notre peuple, intimidé par les menaces d'excommunication des Savonarole du vivre-ensemble.

Je le fais à mes risques et périls. C'est moi qu'on accuse de violence parce que je ne respecte pas les codes imposés par la gauche et la machine médiatique. C'est moi qu'on traîne devant les tribunaux. Je fus condamné il y a une dizaine d'années pour « incitation à la haine raciale », parce que, agacé par des propos moralisateurs sur les « contrôles au faciès », j'avais affirmé que « la plupart des trafiquants de drogue sont noirs ou arabes ». Vérité ou radicalité ? Un jour, un chauffeur de taxi algérien m'a dit : « Vous avez été condamné pour ça ?! Mais, s'ils ne sont pas arabes ou noirs, ils sont de quelle autre origine, les trafiquants de drogue ? »

Notre époque est tout à la fois affadie et violente, édulcorée et brutale. Elle ne supporte plus de se regarder sans fard. Pourtant la gauche, même dans ses outrances, n'est pas accusée de « cliver ». Certains, avec coquetterie, se paient même le luxe d'une « radicalité » assumée. Sandrine Rousseau est fière d'être radicale dans sa lutte pour les femmes contre le patriarcat. Les Verts réclament toujours plus de radicalité quand il s'agit de sauver la planète menacée par le réchauffement climatique. Jean-Luc Mélenchon réveille les spectres radicaux de Robespierre pour appeler à la révolte du nouveau tiers état contre les privilégiés d'aujourd'hui. Finalement, il n'y a que pour sauver le peuple français qu'on doit enfiler des gants, s'interdire toute véhémence, toute fureur, toute radicalité : « parle plus bas, car on pourrait bien nous entendre. »

Cette mise en demeure antiradicale est en vérité une mise à l'index. On habitue très tôt les enfants à l'école, à distinguer – là aussi sur le modèle totalitaire soviétique – ce qui est dicible en classe, dans ses copies, et ce qu'on doit garder pour la maison. Je repense à ma fille, préparant au lycée un exposé sur les « inégalités sociales et les discriminations de genre », qui me demandait de l'aider avec cet avertissement qui ne souffrait aucune discussion : « Je ne te demande pas de me dire ce qui est vrai ou ce que tu penses, mais ce que je dois dire pour avoir une bonne note. »

Les mots sont des armes qui tuent bien plus efficacement que des fusils. Le fameux *1984* d'Orwell, qu'on enseigne désormais à tous les collégiens de France, comme un hommage du vice à la vertu dans notre époque reine de la censure, où la vérité est interdite, judiciarisée et punie, nous montre bien que la soumission des masses est obtenue par une manipulation du langage et un retournement du sens commun.

Les grands dissidents du système soviétique comme Soljenitsyne nous ont appris que seuls des mots de vérité peuvent abattre le mur de mensonges qu'édifie tout système totalitaire autour de la réalité. J'ai retenu son auguste leçon. Un jour, alors qu'un journaliste me parlait de mes condamnations judiciaires, je lui ai répondu : « Je ne suis pas un délinquant. Je suis un dissident. »

Bayonne, le 2 août 2022

Pacifisme

J'ai souvent repensé à ce que m'avait dit Bayrou : « Ce que tu fais est très grave, Éric ; j'ai peur ! » J'ai compris ce jour-là que j'avais rencontré l'incarnation parfaite du pacifisme français, celui qui nous a menés à la catastrophe dans les années 1930, celui qui préfère toujours la paix dans la soumission à la défense courageuse de la France, celui qui, selon le célèbre mot de Churchill « choisit le déshonneur pour ne pas avoir la guerre, mais aura le déshonneur et la guerre ».

La question me taraude depuis lors. Le pacifisme m'a-t-il vaincu ? À force d'alerter les Français sur ce qui les menace mortellement, leur fait-on peur au point qu'ils se détournent de Cassandre ? Au fond d'eux, se disent-ils que « si seulement personne n'en parlait, peut-être que rien de tout cela n'arriverait… » ?

Je ne puis m'y résoudre, comme tous les cyniques et les lâches. Peu importe. J'ai fait ce que je devais faire et une fraction significative du pays m'a entendu. Celle qui croit encore en la France. Celle pour qui ce pays signifie encore quelque chose, une histoire glorieuse, un attachement sentimental, un avenir heureux pour nos enfants.

À ces Français, j'ai parlé, et nous nous sommes compris. À jamais.

Paris, le 10 janvier 2023

Et demain ?

J'ai su, depuis le premier jour, que je raconterai cette odyssée présidentielle. L'écriture est, depuis ma plus tendre enfance, ma façon de m'exprimer, de comprendre ce qui m'arrive, de savoir ce que je pense, de rationaliser ce que je ressens. Et de partager. Je savais que j'écrirais mais encore fallait-il que cette aventure méritât d'être contée, analysée, décortiquée.

Les innombrables articles et livres que l'on m'a consacrés m'ont tous laissé une impression de déjà-vu, de déjà-lu et de déformé. Je ne reconnaissais pas ce que nous avions vécu de l'intérieur. Les journalistes ont porté un regard sur cette campagne et sur les raisons de ma défaite, qui n'était pas le mien. De parti pris idéologique. Cette analyse imposée et controuvée m'a donné plus encore l'envie et la force de la contester. Ce récit quasi officiel de ma défaite appelait un contre-récit.

On nous a appris comment Napoléon, vaincu, proscrit, enchaîné sur son île lointaine, avait gagné son ultime bataille, celle de la postérité, avec le célèbre *Mémorial de Sainte-Hélène.* Son récit s'était imposé à celui de ses vainqueurs. Il redonna de l'espoir à tous ses partisans et forma des générations de jeunes Français et de jeunes Européens, pressés de l'imiter et d'achever glorieusement son destin inaccompli.

J'avais coutume pendant ma campagne, à la grande joie souvent moqueuse (à juste titre !) des journalistes qui m'accompagnaient, de comparer notre aventure présidentielle à l'épopée napoléonienne : les mois de septembre et d'octobre furent ma campagne d'Italie, Villepinte mon Austerlitz, la suite ressemblait davantage aux batailles les plus coûteuses en hommes, aux victoires les plus difficiles : Eylau, Wagram, Borodino. Le grandiose meeting au Trocadéro fut ma campagne de France (en 1814), la plus brillante de Napoléon, même si elle s'est mal terminée, face à des adversaires incomparablement plus puissants, tous ligués contre lui.

Alors que désormais nous connaissons tous la fin de l'histoire, une question m'est régulièrement posée : est-ce que je regrette ? Bien qu'elle soit vaine, je ne peux pas empêcher qu'on me la pose. Je vous rassure, je ne peux pas non plus m'empêcher de me la poser. Évidemment, la réponse dépend des jours. On n'est pas de fer.

Pourquoi ai-je abandonné une situation confortable, non seulement matériellement, mais psychologiquement ? J'étais un commentateur, un écrivain, un intellectuel contesté mais respecté. J'avais chaque soir, sur CNews, une tribune médiatique, donc politique, que beaucoup m'enviaient ; et que beaucoup, dans les médias, les partis politiques et au CSA, rêvaient de m'arracher. Chaque soir, des centaines de milliers de personnes arrêtaient leur activité – travail, loisir, bricolage, etc. – ou retardaient leur dîner pour regarder « Face à l'info ». Mes analyses étaient reprises sur les réseaux sociaux et perturbaient les grilles de lecture des élites et des décideurs. Certains finissaient même par être ébranlés dans leurs certitudes, sinon convaincus. C'est ce qu'on appelle avoir une formidable position d'influence. Une amie journaliste m'a dit il n'y a pas longtemps : « J'avais parié que tu n'irais pas. Tu avais trop à perdre. » Elle n'avait pas tort.

Je ne suis pourtant ni un casse-cou ni un joueur de poker. J'ai compris que si ma position était confortable, elle serait toujours insuffisante pour combattre les maux que je n'ai eu de cesse de dénoncer. C'était le piège de mon succès médiatique. Ma posture de Cassandre avait fière allure, mais Cassandre n'est jamais écoutée par les Troyens, qui acceptent le cadeau des Grecs, le fameux cheval, avec les soldats ennemis à l'intérieur... Son destin est finalement tragique : elle voit le mal venir mais reste impuissante. Je ne pouvais plus me contenter de ce rôle. Je voulais épargner à mon pays les tourments que je lui prophétisais. Et je remarquais avec satisfaction que mes premiers succès, à l'automne 2021, avaient réorienté le débat public vers les thèmes qui m'étaient chers.

Par ailleurs, je n'ai pas quitté les médias sans y laisser un certain héritage qui continue de servir nos idées. La situation a changé depuis le temps où je ferraillais solitairement sur les plateaux d'« On n'est pas couché ». Une jeune relève médiatique s'inscrit délibérément, et affectueusement, dans ma filiation. Vue la qualité intellectuelle et morale de mes héritiers, j'en suis très fier. Cependant, cette floraison médiatique ne signifie nullement comme je le lis, ici ou là, depuis quelques années, que la droite a gagné la bataille culturelle.

Si je devais tirer une seule leçon de cette campagne présidentielle, c'est bien celle-ci : le système médiatique penche plus que jamais à gauche et surtout, il continue d'exercer une influence puissante sur le peuple. Je crois avoir analysé longuement tous les aspects de cette hégémonie. Comme l'a très finement noté Mathieu Bock-Côté, c'est la force, et l'incroyable arrogance, de la gauche de se croire assiégée quand elle n'est plus la seule à s'exprimer ; et c'est l'ingénuité de la droite de croire qu'elle a renversé le rapport de force, uniquement parce qu'elle dispose d'un strapontin pour s'asseoir. Le candidat que je fus a pu toucher de près la puissance de feu de cette armée médiatique et culturelle. Or, comme on disait à Verdun, « le feu tue ». C'est tout le paradoxe de ma campagne présidentielle : je m'étais présenté, ayant pris conscience des limites du combat culturel que j'avais mené pendant des années ; et mon expérience de politique – les succès éclatants comme les échecs décourageants – me ramenait aux nécessités impérieuses de cette lutte culturelle.

Les lecteurs d'Antonio Gramsci savent que, pour l'intellectuel communiste emprisonné par Mussolini, la conquête des esprits (la fameuse « hégémonie culturelle ») est le préalable indispensable à la prise du pouvoir politique.

Cette analyse reste d'actualité, ce qui rend fort douteuses à mes yeux les prophéties récurrentes sur l'inéluctable victoire du Rassemblement national, toujours promise, toujours reportée à des jours meilleurs, parce que ce parti a renoncé à agir dans le champ idéologique et culturel et préfère se soumettre à une idéologie dominante qui lui est irréductiblement hostile.

Mais les héritiers de Gramsci ont perfectionné son message. Dans nos démocraties modernes, dans lesquelles les médias ont pris une place déterminante, l'action culturelle, métapolitique, ne sert plus seulement à la conquête du pouvoir, mais transforme la société sans avoir besoin de l'exercer. L'activisme des mouvements gay, celui des féministes comme les Femen, les opérations spectaculaires des défenseurs de migrants ou du climat, sans oublier les zadistes, donnent à ces minorités un pouvoir sans commune mesure avec leur réalité démographique et électorale. Tous ces gens n'ont ni ministre ni groupe à l'Assemblée nationale : ils sont beaucoup plus puissants. Ils imposent leurs mots, leurs revendications, leur vision du monde à une société atomisée et à des politiques sans colonne vertébrale idéologique.

C'est en observant depuis des années la rare efficacité politique de ces associations que j'ai élaboré le triptyque : idées, actions, élections. Chacun des trois éléments est également essentiel. Il n'y a pas de hiérarchie entre eux. Ce n'est ni l'élection présidentielle ni le résultat des législatives qui ont évité aux habitants de Callac la venue de migrants – et les désordres, sinon les malheurs liés à cette immigration – mais l'action résolue des militants de Reconquête sur le terrain et les réseaux sociaux. Nous devons nous adapter aux nouvelles formes de l'action politique pour mieux contrer celles de nos adversaires, pour ainsi être efficaces et utiles aux Français, et non pas endosser les costumes vieillots et surannés des notables de la IIIe République.

Je veux désormais marcher sur mes deux jambes. Quand j'étais journaliste et écrivain, on me reprochait d'être trop politique ; quand j'entrais avec fracas dans l'arène électorale, on me fit grief d'être resté un commentateur. J'ai dit et répété dans cet ouvrage que ce mélange des genres avait toujours été, pour le meilleur et pour le pire, une spécificité française, une autre marque de sa fameuse exception. On se souvient du mot touchant de la mère de Romain Gary qui, de sa Russie natale, rêvait de la France en confiant à son fils : « C'est le pays où Victor Hugo est président de la République. » Elle se trompait bien sûr, mais pas de très loin : elle ignorait, cette brave femme, que le « plus grand poète français » avait sérieusement songé à se présenter à l'élection présidentielle.

Alors non, je ne regrette rien. J'ai non seulement tiré de nombreuses leçons de cette folle aventure, mais je mène désormais ce combat avec plus de force qu'avant. Le mouvement que j'ai fondé dans la foulée du discours de Villepinte, Reconquête, servira au mieux ce projet ambitieux. Il le sert déjà. Un parti, ce sont des militants dans toute la France qui relaient et répandent vos mots d'ordre, vos idées, vos slogans, sur les marchés, dans les bureaux, lors des pauses-café, dans les universités et sur les réseaux sociaux. Et Dieu sait si mes militants, les jeunes mais aussi les moins jeunes, sont actifs, convaincus et convaincants, courageux et déterminés.

Quand je définis, lors de mon université d'été, le concept de « francocide », pour donner un sens politique à tous ces « faits divers » qui n'en sont pas, je dispose d'une armée qui, sur le terrain et les réseaux sociaux, explique, justifie, éclaire, donne un rayonnement à ce terme bien supérieur à ce que je pouvais faire seul lorsque j'étais journaliste et chroniqueur. La gauche et les médias ne s'y sont pas trompés. De nombreux éditorialistes se sont emparés de ce terme pour tenter de le « déconstruire ». La gauche a reconnu ses propres méthodes, elle qui n'a pas son pareil pour faire rouler un mot, une idée, un concept, de l'Université aux médias jusqu'à la rue, le transformer en slogan dans les manifestations, puis en expression courante dans le langage de tous les jours.

Quand je veux défendre ma vision de l'école, je peux désormais compter sur l'engagement de dizaines de milliers de Français, réunis au sein du réseau Parents Vigilants que j'ai créé, dans chaque académie scolaire, pour me faire remonter toutes les aberrations que subissent nos enfants à l'école. Quelques mois plus tard, ce réseau comptait déjà quarante mille membres, répartis dans toute la France et dans tous les établissements scolaires. La collecte de témoignages est déjà impressionnante ; on savait que notre école n'était plus que l'ombre d'elle-même et que le niveau de nos élèves s'enfonçait dans les profondeurs de tous les classements internationaux ; on sait désormais, exemples et preuves à l'appui que notre école est aussi le terrain de jeu favori de tous ces groupuscules et lobbys antiracistes, féministes, écologistes, islamistes, défenseurs de migrants, qui déversent à grands seaux leur propagande dans le cerveau de nos enfants.

Le « grand endoctrinement » qui nous frappe, à l'école, à l'université, dans les médias, les séries Netflix, les films de cinéma, les émissions de télévision, les publicités, mérite d'être combattu au même titre que le Grand Remplacement et le grand déclassement. Il les prépare et les facilite.

J'ai présenté la vision que j'avais pour mon parti lors d'un meeting, le 4 décembre dernier : idées, actions, élections. Je veux que nous nous battions sur les trois terrains. Nous participerons à toutes les élections, mais nous ne nous en contenterons pas. La politique ne se joue pas seulement les jours de scrutins. Nous sommes à la pointe de tous les combats qui nous tiennent à cœur. À Callac, pour empêcher l'installation de familles de migrants dans ce petit coin tranquille de Bretagne. À Calais, pour faire obstacle à une sortie scolaire dans un camp de migrants. Aux Sables-d'Olonne, pour refuser le déboulonnage de la statue de saint Michel. Pour éviter la visite d'une mosquée salafiste dans le cadre de la journée du patrimoine ou la venue en France de conférenciers islamistes. Pour que l'on n'oublie pas la mémoire de la petite Lola, suppliciée par sa tortionnaire algérienne qui n'aurait jamais dû se trouver sur le sol français. Je me suis rendu moi-même à Toulon afin de marquer mon hostilité à l'arrivée dans le port de la ville du bateau Ocean Viking, rempli de migrants clandestins, venus d'Afghanistan, de Somalie, d'Érythrée, de Syrie, d'Égypte. L'action et la pensée. La rue et les mots. Le terrain et les concepts. Toujours tenir les deux bouts de la chaîne.

Grâce au travail de ceux qui m'entourent, nos jeunes, nos cadres et nos élus bénéficient d'une véritable école des cadres, car nous voulons qu'ils soient les mieux formés, les plus armés pour défendre nos idées. Dans chaque département, nos fédérations s'organisent, travaillent, militent. Elles sont des espaces de réflexion, de discussion, d'action, mais aussi tout simplement des lieux de rencontre, de convivialité, dans une société déstructurée et anomique, des lieux où l'on se voit, se parle de vive voix, et non par l'intermédiaire du téléphone ou d'Internet, des lieux où on s'aide aussi, comme dans une famille, où le professeur, l'avocat, le policier font profiter les autres militants de leurs compétences, de leurs savoirs, de leurs relations. Des lieux de sociabilité française.

Ce travail en profondeur est le seul capable de résister au travail de sape de la société française, entrepris depuis des années par l'alliance funeste – la fameuse « intersectionnalité » des luttes – entre l'islamisation du pays d'une part, et l'idéologie woke d'exaltation des minorités d'autre part. Le seul moyen de lutter contre la déconstruction, la destruction, la défrancisation. Je suis convaincu que ce labourage profond, à la fois intellectuel et militant, est indispensable et vital. Il précède et prépare les futures semailles électorales. Elles nous seront données de surcroît.

On a pu observer dans toute l'Europe, en Suède, en Italie, sans oublier dans les pays de l'Est, bien sûr, et même aux États-Unis ou en Israël, partout en Occident, que gagnent nos idées et nos thèmes d'une droite civilisationnelle et conservatrice, qui défend l'identité française et européenne, et la prospérité fondée sur le dynamisme économique et la baisse des impôts et des taxes. Cette droite a nos idées et nos principes philosophiques. Elle repose tactiquement sur un principe simple mais redoutablement efficace : l'union.

La France est le dernier pays occidental à ne pas suivre cette voie victorieuse. Cela est dû à nos institutions, mais tout autant à la pusillanimité de la droite française qui, depuis la Révolution française, est la plus craintive d'Europe quand il s'agit de contester le magistère de la gauche. Cela est dû aussi à l'aveuglement des appareils du RN et de LR qui croient pouvoir gagner seuls, sans alliés, alors qu'ils enchaînent les défaites.

La France a montré depuis des décennies qu'elle suivait l'exemple de ses voisins mais toujours avec un retard de quelques années. Elle vote à gauche en 1981, alors même que la vague sociale-démocrate qui a cinglé toute l'Europe dans les années 1970, à la suite des révoltes juvéniles de 1968, a déjà reflué. Elle s'aligne sur le modèle libéral à la fin des années 1980, alors que Margaret Thatcher et Ronald Reagan ont conquis le pouvoir dans les pays anglo-saxons dès la fin des années 1970. Elle porte le populisme au pinacle des années après le Brexit et la victoire de Donald Trump, des années après le rapprochement de Salvini et des Cinq étoiles en Italie.

Avec Emmanuel Macron, la France connaît les « grandes coalitions » – ces alliances gouvernementales entre la droite et la gauche – qui étaient au pouvoir en Allemagne et dans les pays scandinaves il y a vingt ans. C'est ainsi. Nous devons en prendre notre parti. Notre pays n'est plus comme jadis à la pointe des révolutions et des innovations politiques. Comme s'il avait acquis au fil du temps, des révolutions, des guerres et des massacres, une peur panique de toute audace, de toute aventure politique. Mais nous avons vu qu'il finit toujours par suivre celles de ses voisins. Sans doute parce qu'il comprend que c'est inévitable. Indispensable.

Je crois que le peuple français finira par comprendre que l'option politique que nous lui proposons est la seule qui puisse sauver notre pays du destin tragique qui nous est promis : la libanisation du pays, sa partition en enclaves étrangères et hostiles les unes aux autres, la tiers-mondisation, la misère et la décadence.

Alors, il se souviendra de ceux qui étaient à Villepinte, à Lille, à Cannes ou au Trocadéro. Il se souviendra de ceux qui n'avaient pas renoncé à préserver les splendeurs de la France d'hier pour les transmettre aux enfants de demain.

Alors, il se souviendra de ceux qui n'ont pas cédé à la démagogie du « ce sera mieux demain ».

Alors, il se souviendra de ceux qui ont perdu leur travail pour le prix de leurs idées et de leur courage.

Alors, il se souviendra de ceux qui ont été agressés par la racaille antifa lors de collages d'affiches ou des distributions de tracts sur les marchés.

Alors, il se souviendra de ceux qui n'ont pas craint d'affronter le mépris des élites, des sachants, du « cercle de la raison », de leur patron, de leur chef de service, de leur voisin, de leur banquier, de leur fils, de leur fille, de leur frère, qui les traitaient de « racistes » et de « réacs ».

Alors, il se souviendra de ceux qui ont osé défendre leurs idées, leur amour de la France et de la vérité, dans les bureaux, les usines, les salles de classe.

Alors, il se souviendra de ceux qui avaient raison, quand les médias leur rabâchaient qu'ils avaient tort.

Alors, il se souviendra de ceux qui disaient ce qu'ils voyaient, et surtout, qui voyaient ce qu'ils voyaient.

Alors, avec nous, derrière nous, devant nous, le peuple français sera présent au rendez-vous que lui donnera l'histoire.

Il saura reconnaître ceux qui ont ouvert la voie et n'ont pas cédé sous la pression, les insultes, les menaces.

Le peuple français se souviendra de ceux qui n'ont pas courbé la tête et qui ont crié : « Et surtout, vive la France ! »

Table

DU MÊME AUTEUR

ESSAIS

Balladur, immobile à grands pas, Grasset, 1995
Le Coup d'état des juges, Grasset, 1997
Le Livre noir de la droite, Grasset, 1998
Une certaine idée de la France, Collectif, France Empire, 1998
Les Rats de garde, en collaboration avec Patrick Poivre d'Arvor, Stock, 2000
L'homme qui ne s'aimait pas, Balland, 2002
Le Premier Sexe, Denoël, 2006
Mélancolie française, Fayard/Denoël, 2010
Z comme Zemmour, Le Cherche Midi, 2011
Le Bûcher des vaniteux, Albin Michel, 2012
Le Bûcher des vaniteux 2, Albin Michel, 2013
Le Suicide français, Albin Michel, 2014
Un quinquennat pour rien, Albin Michel, 2016
Destin français, Albin Michel, 2018
La France n'a pas dit son dernier mot, Rubempré, 2021

ROMANS

Le Dandy rouge, Plon, 1999
L'Autre, Denoël, 2004
Petit frère, Denoël, 2008

Composition et mise en pages
Nord Compo à Villeneuve-d'Ascq

Imprimé en France par CPI
en février 2023

Dépôt légal : mars 2023

N° d'édition : 31108-93052/01
N° d'impression : 3051164